€ 8,-

DIE RAMPE

PORTRÄT ELISABETH REICHART
Herausgegeben von Christa Gürtler

3
13

Impressum:

Medieninhaber und Herausgeber:
Land Oberösterreich
StifterHaus, Literatur und Sprache in Oberösterreich
Leiterin: Dr. Petra-Maria Dallinger
Adalbert-Stifter-Platz 1
4020 Linz

Band 03/2013

Projektbetreuung und Koordination:
Dr. Petra-Maria Dallinger

Herausgeberin: Dr. Christa Gürtler

Lektorat: Dr. Christa Gürtler, Mag. Michaela Thoma-Stammler

Grafische Gestaltung: Gertrude Plöchl

Titelbild: Alexander Golser

Herstellung, Verlag und Vertrieb
Trauner Verlag, Köglstraße 14, 4020 Linz

© 2013 Linz, StifterHaus und BeiträgerInnen

Die Entscheidung der AutorInnen für alte bzw. neue
Rechtschreibung und persönliche Schreibweisen wurde respektiert.

ISBN 978-3-99033-132-3

Einzelheft: Euro 6,90
Porträt- oder Sondernummer: Euro 11,90
Jahresabonnement (4 Ausgaben): Euro 26,80

9 Christa Gürtler
Editorial

11 Elisabeth Reichart im Gespräch mit Christa Gürtler
„Was Literatur kann: Sehnsuchtsorte öffnen"

15 Elisabeth Reichart
Aus dem Romanprojekt *lieben*

21 Elisabeth Reichart
Abenteuer im Kopf

LAUDATIONES

26 Robert Schindel
Rede auf Elisabeth Reichart
Laudatio zum Österreichischen Förderungspreis für Literatur 1993

28 Sylvia Treudl
Laudatio zum Österreichischen Würdigungspreis für Literatur 1999

31 Wendelin Schmidt-Dengler
Laudatio für Elisabeth Reichart zum Anton Wildgans-Preis 2001

LESARTEN

36 Hans Höller
Die Amaterasu-Poetik
Zu Elisabeth Reicharts Gedichtband *In der Mondsichel und anderen Herzgegenden* im Kontext ihrer Prosa

44 Dana Pfeiferová
Kunst oder Leben?
Zur poetologischen Seite der Texte Elisabeth Reicharts

51 Christa Wolf
Struktur von Erinnerung

55 Brigitte Heusinger
Elisabeth Reicharts *Februarschatten* **als Theaterstück am Linzer Landestheater**

57 Markus Kreuzwieser
„Sie haben uns unsere Mütter unkenntlich gemacht"
Literatur-, motiv- und lebensgeschichtliche Beobachtungen zu Elisabeth Reicharts *Komm über den See*

63 Gerhard Moser
Auf den Spuren des weiblichen Widerstands
Elisabeth Reicharts Erzählung *Komm über den See*

68 Christiane Zintzen
Seele im Widerstand
Elisabeth Reicharts Erzählung *Komm über den See*

70 Gerhard Rühm
Prosa von erhöhter Temperatur
Ein provokanter Inhalt, hinreißend zur Sprache gebracht

72 Konstanze Fliedl
Wortschande
Zu Elisabeth Reicharts neuer Erzählung

74 Erika Wimmer
„Ortswechsel des Körpers". Elisabeth Reicharts *Fotze*
Zum literarischen Verfahren eines verstörenden Textes

78 Elisabeth Wäger
Wohnraum
Mit eingebautem Wintergarten

80 Brigitte Spreitzer
***Sakkorausch*. Elisabeth Reicharts Helene von Druskowitz**

85 Anna Mitgutsch
Elisabeth Reichart: *Sakkorausch*

87 Barbara Frischmuth
***Nachtmär* der ersten Nachkriegsgeneration**

89 Petra Nagenkögel
Die Leerstelle schreiben
Zu Elisabeth Reicharts Roman *Nachtmär*

92 Christa Gürtler
Pinsel statt Schwert
Zum Roman *Das vergessene Lächeln der Amaterasu*

95 Kathrin Wexberg
„Jahrelang diesen Schwachsinn mitmachen"
Zum Bild vom Kind in Elisabeth Reicharts Kinderbüchern

97 Andreas Tiefenbacher
„Ich lüge, wann ich will"
Elisabeth Reicharts vergnüglich-kritisches Kinderbuch *Lauras Plan*

98 Klaus Amann
Zu Elisabeth Reicharts Roman *Das Haus der sterbenden Männer*

101 Evelyne Polt-Heinzl
Wenn das Ich auf Reisen bleibt
Elisabeth Reicharts *Die unsichtbare Fotografin* als Kritik der globalen Flexibilisierung

106 Nicole Streitler-Kastberger
Archäologie der Kindheit
Zu Elisabeth Reicharts Roman *Die Voest-Kinder* mit einigen Randbemerkungen zu *Februarschatten*

IN EINE ANDERE LANDSCHAFT ÜBERSETZEN

114 Geoffrey C. Howes
**Elisabeth Reichart in Nordamerika:
Rezeption, Übersetzungen, Aufenthalte**

118 Linda C. DeMeritt
**Übersetzung als Akt des Übersetzens in eine
andere Landschaft**

124 Zalina A. Mardanova
**Translatorische Herausforderung des Romans
Februarschatten von Elisabeth Reichart**

ANSICHTSKARTEN

128 Erwin Einzinger
Gruß in die Ruckergasse

132 Karl-Markus Gauß
Die Frau für Überraschungen

134 Katharina Riese
So reden die Lilien

137 Marie-Thérèse Kerschbaumer
Literaturproduktion heute

143 Barbara Neuwirth im Gespräch mit Elisabeth Reichart
Haus der Frauen

150 **Biografie**
152 **Auswahlbibliografie**

158 **Kurzbiografien**

Editorial

Schreiben, das bedeutet für Elisabeth Reichart bei jedem neuen Werk ein neues „Abenteuer im Kopf". Und Literatur schätzt sie deshalb, weil sie „Sehnsuchtsräume" öffnen kann. Der Gestus des Fragens ist eine der zentralen poetologischen Konstanten in Elisabeth Reicharts Texten. Sie probiert verschiedene literarische Verfahrensweisen aus, wählt unterschiedliche Gattungen. Deshalb ermöglichen ihre Werke auch den Leserinnen und Lesern das Erlebnis von Lese-Abenteuern, so sie Lust haben auf Reisen ins Ungewisse, in ferne Länder, vergangene Zeiten oder eine visionäre Zukunft.

Von ihrem Prosadebüt *Februarschatten* (1984) bis zu ihrem jüngsten Gedichtband *In der Mondsichel und anderen Herzgegenden* (2013) durchziehen die Fragen von Schweigen und Sprechen und deren künstlerische Gestaltung ihr Werk. Sie sucht der Sprache ihre Geschichte wiederzugeben und die Zeichen der Geschichte, die in die Sprache eingeschrieben sind, hinter den Sprachformeln sichtbar zu machen, und deckt auf, wie kollektive und individuelle Geschichte unauflösbar verknüpft sind. Ausgangspunkt ihrer Spurensuche ist die zentrale Geschichtserfahrung des 20. Jahrhunderts – der Holocaust. „Wie nah ist Mauthausen? Wie fern ist Mauthausen?" – Das sind nicht nur zwei Titel von Erzählungen des Bandes *La Valse* (1993). Mauthausen ist und bleibt historischer und biografischer Bezugspunkt für Elisabeth Reicharts Schreiben über das Verschwiegene. Aber es geht in ihren Büchern nicht nur um die Thematisierung dieser Schatten, sondern auch um die Utopie einer „Wiederherstellung der vom Schatten der Geschichte befreiten Dinge" (Hans Höller).

Schon in ihrem hochgelobten Debüt *Februarschatten* wird der Zusammenhang von historischen Gewalt- und Geschlechterverhältnissen untersucht, ein Thema, das die Autorin in ihren nächsten Büchern weiter vertieft und das sich am eindrücklichsten im Titel ihrer Erzählung *Fotze* (1993) verdichtet. Nicht nur im persönlichen Gespräch bekennt Elisabeth Reichart, wie schwierig es für sie war, sich als Schriftstellerin zu definieren, sondern auch ihr Werk durchzieht die Suche nach der ästhetischen Position weiblicher Autorschaft. Erst sehr spät wagt sich die Autorin in ihrem jüngsten Roman *Die Voest-Kinder* (2011) an eine literarische Auseinandersetzung mit der eigenen Kindheit. Sie erzählt in ihrem Roman davon, wie aus einem Voest-Kind, geboren Anfang der 1950er Jahre, eine Schriftstellerin wird.

Dieses Porträtheft beleuchtet aus verschiedenen Perspektiven das umfangreiche Werk einer „kompromisslosen" (Wendelin Schmidt-Dengler) Autorin und es mag als glückliches Zusammentreffen zu werten sein, dass es zu ihrem 60. Geburtstag erscheint. Nach einem Ausschnitt aus einem Romanprojekt und dem Wiederabdruck eines poetologischen Essays von Elisabeth Reichart leiten einige Preisreden über zur Auseinandersetzung mit ästhetischen Positionen des Gesamtwerks und Beiträgen zu einzelnen Büchern. Eingefügt in neue „Lesarten" sind Besprechungen aus dem Entstehungszeitraum der Texte, die einen Einblick in die Rezeptionsgeschichte ermöglichen. In weiteren Abschnitten thematisieren ÜbersetzerInnen die Probleme der Übertragung „in eine andere Landschaft" – vor allem im angloamerikanischen Raum erfuhr ihr Werk große Beachtung. Das Kapitel „Ansichtskarten" versammelt abschließend kollegiale Grüße und Begegnungen.

Mein besonderer Dank gilt Elisabeth Reichart für unsere langjährige Freundschaft und Zusammenarbeit, die auch bei diesem Projekt wieder überaus produktiv war – so erfolgte die Auswahl der AutorInnen ebenso in gemeinsamer Absprache wie die Wahl der Künstlerin Irene Zaharoff. Bedanken möchte ich mich bei allen Beiträgerinnen und Beiträgern für ihre vielfältigen wissenschaftlichen und persönlichen Annäherungen an Leben und Werk von Elisabeth Reichart, bei Gertrude Plöchl für die gelungene grafische Gestaltung des Heftes und allen Mitwirkenden, die zu diesem Porträt beigetragen haben.

Christa Gürtler, Salzburg, August 2013

Fotos: Alexander Golser

Elisabeth Reichart im Gespräch mit Christa Gürtler

„Was Literatur kann: Sehnsuchtsorte öffnen"

Christa Gürtler: Du hast in den 1970er Jahren Germanistik und Geschichte studiert, manche studieren diese Fächer, weil sie schreiben, andere brechen ihr Studium deshalb ab. Wie war das bei dir? Hat das Studium zum Schreiben animiert, gab es eine bestimmte Erfahrung, einen bestimmten Impuls, der dich anregte?

Elisabeth Reichart: Ich habe 1975 zu studieren begonnen und zu der Zeit nicht geschrieben, aber viele Jahre zuvor sogar einen Roman. Dann war ich zum ersten Mal in Japan und dort habe ich wieder zu schreiben angefangen – einfach, weil ich endlich Zeit hatte und von so viel Schönheit umgeben war. In Salzburg war das anders, ich habe neben dem Studium gearbeitet und war politisch aktiv.

C.G.: Du hast in deiner biografischen Notiz aber angemerkt, dass du während des Studiums wieder zu schreiben begonnen hast? Jetzt antwortest du mir, dass es die Schönheit Japans war, die dich zum Schreiben animiert hat. Dein erster Roman hat allerdings viel mit Österreich zu tun, mit unserer Geschichte: Hat dieser Roman mit deinen politischen Aktivitäten zu tun?

E.R.: Mein erster Japanaufenthalt war in einem Sommer während des Studiums – mein Vater war gestorben und von der Erbschaft konnte ich mir diese Reise finanzieren, gewohnt habe ich bei Freunden. Das hängt wohl alles zusammen: Studium, Japan, mein früheres Schreiben, das ich wieder entdeckte und nicht mehr aufgab danach. *Februarschatten* hat vor allem mit der Entdeckung der „Mühlviertler Hasenjagd" im Museum von Mauthausen zu tun gehabt, die mir einen Schock versetzte, denn meine ersten fünf Jahre habe ich ja nicht so weit weg davon verbracht und die nahe liegende Frage war, ob Menschen, denen ich als Kind begegnet war bis hin zur eigenen Familie, damit etwas zu tun hatten. Mit dem Schreiben habe ich meine politischen Aktivitäten mehr und mehr reduziert – das ging nicht nebeneinander.

C.G.: Du hast 1983 mit einer Dissertation über den Widerstand im Salzkammergut promoviert, 1984 erschien das Buch *Februarschatten*. Du hast das Manuskript bei einem Wettbewerb eingereicht, der Preis war die Publikation. Dein Debüt wurde viel beachtet und von der Literaturkritik gut aufgenommen. Hast du dich damals entschlossen, Schriftstellerin zu werden? Du hast immer gearbeitet, auch während des Studiums, wurde Schriftstellerin nun dein Beruf?

E.R.: Ich habe mich während der Dissertation entschieden, literarisch zu schreiben, weil jeder Roman (oder jedes Stück oder Gedicht) ein neues Abenteuer bedeuten. Hingegen fand ich es langweilig, meine Forschungsarbeit aufzuschreiben, ich kannte sie ja. Trotzdem ist das mit dem Beruf komplizierter. *Februarschatten* wurde zuvor von mehreren Verlagen abgelehnt, es lag längst in der Schublade und ich habe an etwas Neuem gearbeitet, das wirklich in der Schublade landete. 1983 war ich schon in Wien und arbeitete dann einige Jahre als Lektorin. Erst als ich ein Jahresstipendium erhielt, ließ ich den Job sein. Ich habe mich lange Zeit nur während des Schreibens an einem Buch als Schriftstellerin empfunden. Vielleicht hatte ich deshalb eine Phase, in der ich jedes Jahr ein Buch veröffentlichte? Ich weiß nicht, wann sich diese Unsicherheit aufgelöst hat. Es war sicher kein plötzlicher Bewusstseinswandel, sonst würde ich mich erinnern.

C.G.: Du sprichst von deiner Unsicherheit, dich als Schriftstellerin zu begreifen. Dein erster Roman war erfolgreich, 1986 erschien eine Ausgabe mit einem Vorwort von Christa Wolf im damaligen DDR-Verlag Aufbau. Dein zweites Buch konntest du im renommierten S. Fischer Verlag in Frankfurt publizieren. Bot das Schreiben kein ausreichendes Einkommen, das es ermöglichte davon seinen Lebensunterhalt zu bestreiten und hast du es deshalb nicht als Arbeit definiert?

E.R.: Vielleicht hätte ein hohes Einkommen über längere Zeit die Situation vereinfacht. Es war eine tiefe innere Unsicherheit. Wer bin ich, wenn ich nicht schreibe? Wer bin ich, wenn mir nie wieder etwas einfällt? Das waren sehr beängstigende Fragen. In mir hat sich die Unterdrückung der weiblichen Stimme (privat, schulisch, historisch und in meinem Fall besonders auch die katholische Kirche) eindeutig Gehör verschafft, auch wenn das widersprüchlich klingt, denn es hat mich nicht vom Schreiben abgehalten. Aber mein Mut reichte anfangs nur für das Wie und Was ich schreibe, nicht für die innere Sicherheit, Autorin zu sein. Deshalb meine Bewunderung für Helene von Druskowitz – über die ich in *Sakkorausch* geschrieben habe –, die sich trotz massiver Unterdrückung nicht vom Schreiben abhalten ließ und sich den weiblichen Lebensmustern konsequent verweigerte. Auch mein Bedürfnis, denen eine Stimme zu geben, die verschwiegen wurden und werden, wie sie oder andere Künstlerinnen, die Widerstandskämpferinnen oder im letzten Roman die Kinder (*Die Voest-Kinder*), kommt aus der Erfahrung und dem Wissen, wie sehr die Stimmen der Frauen seit Jahrtausenden unterdrückt wurden.

C.G.: Es fällt auf, dass du in deinen Werken vor allem den Frauen eine Stimme gibst. Verstehst du dich als feministische Autorin? Wie wichtig ist es heute, sich als Schriftstellerin, als Künstlerin zu definieren?

E.R.: Ein paar interessante Männer sind mir inzwischen gelungen, trotzdem finde ich Frauen immer wieder interessanter als Figuren, sie regen meine Fantasie mehr an und dank feministischer Forschungen kann ich sie auch entdecken. Bei Artemisia Gentileschi, einer unglaublich guten Malerin, die in meinem Roman *Das vergessene Lächeln der Amaterasu* eine wichtige Rolle hat, war es so, dass die männlichen Kunstexperten nicht einmal ihre Signatur richtig lesen konnten, sie haben ihre Bilder einfach Artemisias Vater zugesprochen. Frauenverachtung erzeugt erstaunlich viel Dummheit in den Köpfen. Erst Kunstexpertinnen haben sich die Mühe gemacht, genau hinzusehen.
Selbstverständlich bin ich Feministin. Aber wichtig sind Definitionen angesichts der globalen Katastrophen wohl nicht mehr.

C.G.: In deinem Vorlass im Literaturarchiv der Österreichischen Nationalbibliothek habe ich viele Notizen und Typoskriptfassungen zu einzelnen Werken gesehen. Kannst du deine Arbeitsweise beschreiben? Ist es ein langsamer Schreibprozess mit vielen Überarbeitungen, recherchierst du lange oder ist es bei jedem Buch anders – eben immer ein neues Abenteuer?

E.R.: Ja, zum Glück ist es jedes Mal anders. Aber Vorstufen und Korrekturen bleiben. Recherchen betreffen vor allem historische Figuren wie z.B. die Malerin Artemisia Gentileschi. Meist ist es so, dass mir viele Informationen, die ich zumindest als Hintergrundwissen für Figuren brauche, von allein zufallen, sobald ich mich intensiv mit einem Buch beschäftige. Ich glaube, am wenigsten habe ich bei *Fotze* korrigiert. Das Buch war in zwei Etappen in meinem Kopf fertig und ich musste es nur noch hinschreiben. Komisch war nur die Unterbrechung. Wenn ich mich richtig erinnere, war nach mühelosem Schreiben von vierzig DIN-A4-Seiten plötzlich Schluss. Die Melodie war weg. Vierzig Seiten sind eine unmögliche Länge, dachte ich. Zu wenig für ein Buch, viel zu lang für einen Beitrag in einer Literaturzeitschrift.
Der Ort ist dann eben die Schublade. Zu meiner Verblüffung war die Satzmelodie nach einigen Monaten wieder da und hielt an bis zum Ende. Bei den Gedichten jetzt war es ähnlich: sie waren da. Manche musste ich stark überarbeiten, andere kaum.

C.G.: Erstmals ist jetzt im Sommer 2013 ein Lyrikband von dir erschienen. Ich habe im Vorlass gesehen, dass deine wahrscheinlich ersten Publikationen auch Gedichte waren. Bisher hast du Prosa veröffentlicht, Romane, Erzählungen, ein Kinder- und ein Jugendbuch, Hörspiele, Essays. Einige Arbeiten hast du für das Theater verfasst.

Elisabeth Reichart/Christa Gürtler

Wie entscheidest du dich für eine bestimmte Gattung, ist es das Thema? Und was reizt dich an der Lyrik und warum mussten wir so lange auf deinen ersten Gedichtband warten?

E.R.: Es war bisher noch nie eine Frage der Entscheidung, außer zuletzt, die Lyrik, dafür habe ich mich bewusst entschieden, nachdem ich immer wieder einzelne Gedichte – oft auf Nachfrage – geschrieben habe. Aber einzelne Gedichte sind etwas anderes als die Entscheidung, jetzt Lyrik zu schreiben. Es ist ein anderes Sein als Lyrikerin, viel gelassener, ruhiger, kontemplativer. Eine sehr reizvolle Variante, vielleicht bleibe ich dabei, außer der Roman drängt von sich danach, geschrieben zu werden.

Wieso jetzt erst ein Gedichtband? Vielleicht, weil ich die Anstrengung, die Spannung, die eine Romankomposition verlangt, nicht mehr brauche? Oder mich erst jetzt reif genug für die Lyrik fühle? Die Stücke waren selbstverständlich Stücke – auch sehr interessant zu schreiben, aber leider sind die Theater zu und ich habe diese Art von Kreativität bewusst beendet. Manches, wie die Essays, verdanken sich Aufträgen. Es fasziniert mich, Verschiedenes auszuprobieren.

C.G.: Es hat mich eigentlich überrascht, dass du in deinem 60. Lebensjahr einen Lyrikband vorlegst, der mich übrigens sehr beeindruckt hat. Gleichzeitig arbeitest du an einem Roman – ein Ausschnitt daraus ist ja in dieser Ausgabe der *Rampe* nachzulesen – und ich freue mich auf ihn. Eigentlich glaube ich nicht, dass deine Texte ruhiger und kontemplativer werden, auch wenn die Gedichte diese andere Seite deines Werkes zeigen.

E.R.: Das ruhig und kontemplativ habe ich auf mein Sein bezogen, während ich mich der Lyrik widmete.

C.G.: Sowohl in deinen Gedichten wie in deinen jüngeren Romanen bewegen sich die Figuren in der Welt. Wie wichtig waren deine vielen Aufenthalte in Amerika, in Japan und anderswo für deine Literatur?

E.R.: Ohne meine vielen Reisen rundherum und längeren Aufenthalten in Japan und den USA kann ich mir einige meiner Romane und Gedichte nicht vorstellen.
Bevor ich noch ans Schreiben dachte, war es mein Wunsch zu reisen. Statt zu meiner Brieffreundin nach Wales zu fahren, bin ich erst einmal zwei Wochen in London geblieben, um zu gammeln, wie wir das nannten. Ich habe es mir bedeutend aufregender vorgestellt, so frei zu leben, als es war. Dass ich durch das Schreiben zum Reisen kam, finde ich wunderbar. Ich bin auch allen, die mich an mehr oder weniger skurrile Orte eingeladen haben, sehr dankbar. Am eigenartigsten war sicher Japan, weil ich mich in kein anderes Land so verliebt habe – eigentlich in die Ästhetik dort. Und ich habe mich auch nirgendwo so sicher gefühlt, und es ist ein sehr gutes Gefühl, sich sicher zu fühlen. Weniger erfreulich war meine Russlandreise im Herbst – so viel auffallende Zerstörung in der Psyche vieler Menschen ist mir kaum zuvor wo begegnet. Fällt mir ein, darüber sollte ich schreiben. Ich war ja öfter dort, in einem „Vor"-Leben haben sich ein Lebensgefährte und ich sogar irgendein groteskes Auto gekauft, um damit durch Russland zu reisen. Was Literatur kann: Sehnsuchtsorte öffnen.

C.G.: Du hast in deinen Texten immer über die Schatten der Vergangenheit reflektiert und dich als wache Beobachterin der aktuellen gesellschaftlichen globalen Verhältnisse verstanden. In einigen deiner Romane – ich denke an *Das vergessene Lächeln der Amaterasu*, an *Das Haus der sterbenden Männer* oder *Die unsichtbare Fotografin* – hast du die Literatur auch als Beschreibung von negativen Zukunftsvisionen genutzt. Wie wichtig ist dir dein Schreiben als Warnung vor der Zukunft und nicht so sehr – wie du eben gemeint hast, als Möglichkeit „Sehnsuchtsorte" zu öffnen? Oder ist es eben beides, das Literatur ermöglichten soll? Die Warnung, damit die Zukunft besser wird, Schreiben als Aufklärung?

E. R.: Ich habe keine Absicht beim Schreiben – ich denke nicht, die Fotografin wird jetzt die Welt warnen oder aufklären, sondern die Figur entsteht und sieht dann die Welt so. Gerade nicht so feine Zustände öffnen doch die Sehnsuchtsräume in uns – die haben wir bestimmt alle! Da meine Texte in der Gegenwart angesiedelt sind (mit Ausnahme von *Sakkorausch*), reflektieren sie diese. Und ja, ich hätte gerne eine sichere Welt für alle. In jeglicher Hinsicht. Und das Recht auf Glück. Welche Wunder könnten geschehen!

C. G.: Du betonst jetzt die utopischen Momente der Literatur und Kunst, den Möglichkeitssinn – wie Robert Musil ihn genannt hat. Du probierst ihn in deinen Texten ja auch aus, erfindest Zukunftsszenarien, surreale und groteske Situationen, voller Witz und Ironie, die – ich denke beispielsweise an *Die unsichtbare Fotografin* – bisweilen sogar filmische Elemente beinhalten. Nicht immer werden diese Aspekte Deiner Texte geschätzt. Fühlst du dich von der Literaturkritik und den LeserInnen verstanden oder eher missverstanden?

E. R.: Christa, bitte stell mir leichtere Fragen! Du, als meine Immer-erste-Leserin bist da ja ganz wichtig für mich und ich freue mich gerade riesig, dass du meinen Witz erwähnst. Ich finde ja oft etwas witzig, was du dann nicht witzig, sondern banal findest, wie wir wissen.
Im Laufe meines Publizierens habe ich gelernt, dass ich nicht verantwortlich bin für die Lesart meiner Texte. Ein Schlüsselerlebnis war, als ein Literaturprofessor in einer öffentlichen Veranstaltung behauptete, die weibliche Hauptfigur in *Das vergessene Lächeln der Amaterasu* hätte Selbstmord begangen. Ich las ihm die Stellen, in denen sie in Wien über ihre Zeit in Japan nachdenkt, vor, aber das hat ihn nicht beeindruckt. Gut, das mag männliche oder professorale Eitelkeit gewesen sein, aber entscheidend ist, er, ein hoffentlich erfahrener Leser, hat einer Figur etwas angedichtet, das ich nie in sie eingeschrieben habe. Ich werde verstanden und missverstanden und ich finde das sehr, sehr spannend.

Juli 2013

Elisabeth Reichart

Aus dem Romanprojekt: *lieben*
(Arbeitstitel)

Leo liebte die großen Worte, die großen Versprechen, bis in alle Ewigkeit, sagte er, bis in alle Ewigkeit werde ich dich lieben, und drehte sich weg und sein Rücken wirkte angespannt. Wozu die Ewigkeit, mir reicht eine Nacht. Ja, lass uns rausfahren, unter den Sternen schlafen. Seine Sucht nach dem Sternenhimmel war die Erste, die ich teilte. Sie war lange vor ihm in mir, schon als Kind habe ich meine Mutter überredet, mich draußen schlafen zu lassen, und das Abenteuer begann, die schlaflose Nacht.

Leos Körper – ich spüre ihn nicht mehr. Wie hat er sich angefühlt, wenn ich hinter ihm auf dem Moped saß und ihn umklammerte? Er hat sich nicht eingeschrieben in meinen, nur sein Gesicht kann ich noch vor mir sehen, sein lachendes, weinendes, hoffnungsvolles, entsetztes Gesicht, und immer wieder sein erschöpftes – am Rande der Erschöpfung leben, sie greifen können, in ihr sein, das gefiel ihm. Seine leicht nach innen gerichteten Oberzähne, die dunklen Augen. Sein Gesicht kann ich noch in meinen Händen spüren, auch seine Lippen auf meinen, aber nicht seinen Körper, was mich verwirrt. War das Gesicht wichtiger als der Körper? Das Gesicht war zuerst, die Worte waren zuerst, die Verliebtheit war zuerst. Ich will das Gesicht wieder zum Körper fügen, aber mein Körper verweigert die Erinnerung.

Anfangs, die Anfänge/fortissimo. Nicht genug konnten wir voneinander kriegen – eine Wiese war ein unwiderstehliches Bett, die Feuchtigkeit von Matratzen in den Hütten bemerkten wir vielleicht im Nachhinein, wenn das Gestammel beendet und die Körper wieder unterscheidbar wurden. Wir waren nicht wählerisch, wir waren uns verfallen. Ich fiel in ihn und entkam ihm langsam wieder. Sogar in der Sauna drängten sich unsere Körper ineinander, anfangs, später gewann seine kriminelle Energie die Oberhand, interessierte ihn mehr, wie wir an das Geld in den Kästchen kommen konnten, als unsere Körper verschwimmen zu lassen.
Wie lange kann eine Verfallenheit dauern? Ein halbes Jahr, ein Jahr? Nicht länger als ein Jahr, glaube ich. Bei uns hielt sie ein Dreivierteljahr, lange genug, um mir verloren zu gehen, Dinge zu tun, die ich mir nicht hätte vorstellen können, und andere, die so dumm waren, dass das ganze Universum mich vor mir selbst beschützen musste.

Es begann verrückt – aber für diese Verrücktheit habe ich ihn geliebt, sie entsprach meiner, dieser Gier nach Abenteuer, dem Verlangen nach einem aufregenden Leben, mit ihm schien alles möglich, jede Sehnsucht stillbar. Wir lernten uns zwei, drei Monate vor meiner Matura kennen, alles verwebte sich, meine Vorfreude, endlich der Schule zu entkommen, mit der täglichen Vorfreude auf ihn. Jede Begegnung war eine Überraschung, er breitete die Welt vor mir aus, als gehörte sie uns. Was dann? Darüber habe ich nicht nachgedacht. Was passiert, wenn die Aufregungen alltäglich werden, jeder Schritt einer in den Abgrund wird, was geschieht dann?
In mir weckte es die Sehnsucht nach dem Studium wieder, und nach einem Dreivierteljahr, als er unbedingt nach West-Berlin ziehen wollte, weil dort bei der S-Bahn alle möglichen Jobs frei waren und München zu heiß wurde, nehme ich jetzt an, damals ahnte ich nichts von einer Gefahr, löste ich mich von ihm und entschied für mich, nein, ich lebe nicht freiwillig in einer geteilten Stadt, ich arbeite nicht freiwillig bei der S-Bahn, ich schaffe es allein, ich gehe zurück nach Salzburg und studiere, irgendwie – das geschah mit mir, als das aufregende Leben möglich war, und ich fühlte mich wie eine Verräterin an unserer Liebe.

Die ersten Verrücktheiten bleiben in Erinnerung, nicht die Wiederholung der Wiederholung. Die erste Höhlentour, nicht die zehnte; die Ausnahme-Höhlentour, nicht die, die von Anfang bis Ende ereignislos verlief – und ereignislos hieß in unserem Leben: ohne Katastrophe. Und die Ideen, die so verrückt waren, dass nicht einmal wir sie ausführten – uns ein Jahr in einer Höhle einschließen zu lassen, darüber konnten wir stundenlang reden. Die riesige Dantalhöhle sollte es sein, deren Eingang sich mit dem ersten Schnee, der ersten Lawine bis zur Schneeschmelze verschloss. Damals kannte ich noch keine Klaustrophobie, sage ich mir jetzt, während ich mich zu erinnern versuche, und verstehe trotzdem nicht, wie ich ernsthaft diese Eingeschlossenheit mit ihm planen konnte.

Was ich verstehe: dass ich Leo irgendwann hörig war. Es fühlt sich fremd an, so über mich zu denken, denn hörig sind immer nur die anderen. Damals habe ich nicht so gedacht. Im Gegenteil: ich empfand es als eine große Liebe. Inmitten dieses Widerspruchs suche ich nach mir. Wie war es möglich, mir in einem erfüllten Traum verloren zu gehen? War ich so ahnungslos oder verrückt? Angesichts all der Verrückten in meiner Familie wäre es nicht erstaunlich, wenn ein gewisser Anteil an Verrücktheit auch an mich gefallen wäre. Ein Urgroßvater hat seine Pension damit verbracht, sich Pläne auszudenken, wie er die Festung in Salzburg in die Luft sprengen kann, was ich verstehe. Der Bruder meiner Mutter ist mit dem Dienstmädchen Lydia durchgebrannt. Natürlich musste er in der Familienchronik durchgestrichen werden, was mich erst recht neugierig auf ihn machte. Er lebte mit Lydia in Arizona und litt zunehmend unter Verfolgungswahn, wie mir meine Tante bei unserem einzigen Zusammensein erzählte. Zuerst war es das FBI, das ihn beobachtete, dann eine private Security-Firma. Da nichts geschah, entdeckte er die Außerirdischen. Nun waren sie es, die ihn verfolgten und in ihrem Raumschiff entführen wollten. Sein Keller war voll mit Waffen, die weder Lydia noch ich anrührten, auf dem Dach hatte er eine Abhörantenne montiert, und im Wohnzimmer stand an jedem Fenster ein Fernrohr – ich genoss den Blick auf die Sterne, wach gehalten vom Schnarchen meiner Tante, die seit dem Verschwinden ihres Mannes ebenfalls an Außerirdische glaubt, um ihm nah zu sein. Genützt hat ihm all das Zeug ohnedies nichts, eines Tages kam er von seiner täglichen Schießübung nicht zurück und bis heute fehlt jede Spur von ihm. Meine Tante ist überzeugt, die Außerirdischen hätten ihn entführt. Eigentlich war er harmlos wie seine Frau – das sind doch nur Ticks, noch dazu weit verbreitete in dieser Gegend der USA, während meine Tante Sonja in Rom wirklich verrückt ist. Als militante Vertreterin der Mehrkindfamilie hat sie sich im reifen Alter von siebenundfünfzig befruchtete Eizellen einpflanzen lassen. Meine Mutter und sie reden seit dem Tag nichts mehr, als meine Mutter zum fünften Mal ein Kind verlor und sich entschied, nicht mehr schwanger werden zu wollen. Mich bemitleidete meine Tante Sonja als armes Einzelkind. Ich kenne meine Zwillingscousins nicht, aber sie sollen niedlich sein wie alle Babys. Nur meine Tante Sonja fühlt sich absolut überfordert und sucht für die beiden Adoptiveltern.

Leo hat mich begehrt, er wollte meinen Körper unbedingt, vielleicht hat er ihn sogar geliebt, einen jungen Körper lieben ist einfacher als den Menschen zu lieben, denke ich heute. Damals dachte ich nicht so, spürte nur, dass etwas fehlte. Vielleicht liebevolle Unterstützung bei meiner Maturavorbereitung? Oder zumindest die Akzeptanz, dass ich lernen musste? Fast jeden Nachmittag, wenn er sich irgendwie aus der Werkstatt entfernen konnte – und dafür war Leo alles recht, sogar eine schmerzhafte, langwierige Zahnbehandlung nach einem nicht ganz geglückten Stoß mit einem Schraubenzieher gegen einen Backenzahn –, hupte er vor meinem Fenster und überredete mich, mit ihm hinauszufahren. Das Moped war jedes Mal ein anderes. Ich kam nie auf die Idee, er könnte es gestohlen haben.

Ich wollte, nachdem ich das Internat, das Untermietzimmer und all die öden Unterrichtsstunden überlebt hatte, wenigstens den Schein in der Hand haben, den Zugang zur Uni, innerlich überzeugt, ich würde eine Möglichkeit finden, mir den Traum eines Studiums zu erfüllen, vielleicht nicht sofort, doch irgendwann.

Er war rührend, wie er mit einem Sack voll Schokolade neben dem fahrenden Zug herlief, weil er wie üblich zu spät war, obwohl er allein wusste, dass er sich von mir verabschieden wollte, ich fuhr nur für einige Tage nach Gmunden, um mich ungestört auf die Matura vorbereiten zu können. Ich drückte das Fenster hinunter und die Schokoladen landeten im Abteil. Es war nicht so rührend, dass er mich unbedingt in Gmunden besuchen musste, obwohl, es war wunderbar zu hören, dass er es ohne mich nicht aushält. All diese Sätze, die das eigene Manko erkennbar machen könnten, fand ich nur romantisch und herrlich und ach, ja, er liebt mich. Ich werde von einem richtigen Mann geliebt! Die Gleichaltrigen aus meiner Schule waren irgendwann nur noch langweilig mit ihren Fantasien von Karriere, Geld, schnellen Autos, und aus ihren Bemerkungen über uns Frauen/Mädchen sickerte so viel Verachtung auf den Boden, dass wir ausrutschten, gingen wir hinter ihnen. Leo war anders. Leo war vierzehn Jahre älter, verdiente sein Geld selbst, hatte ganz andere Interessen, war ein Abenteurer, so sah ich ihn anfangs. Und als meinen Erlöser aus dem unerträglichen Schulalltag. Dachte ich, er begehrt mich? Nein, in diesen Kategorien dachte eine Maturantin aus katholischer Gmundner Familie nicht. Begehren ist unanständig, fremd, sexuell. Liebe ist geistig, moralisch, gottgefällig. Es nützt nichts, aus der Kirche auszutreten, das sitzt tief, in jeder Zelle des Körpers, des Hauses, der Stadt. Ich hoffe, der See ist nicht davon verseucht, die Berge und Flüsse. Ich erinnere mich, dass es mich erregte, mit ihm am See zu schmusen, aber mehr war mir als Tochter dieser Stadt nicht möglich. Und übernachten kam für meine Mutter nicht in Frage – ich bitte euch, es geht sicherlich noch ein Zug, sonst bringe ich Sie in unsere Seehütte, es ist eine warme Frühlingsnacht, was glaubt ihr denn, wo ihr seid, hier ist jedes Fenster ein Fernglas. Ja, auch meine Mutter litt unter Verfolgungswahn, genau wie ihr Bruder, nur war der von meiner Mutter anerkannt in der Familie. Mein Vater nickte nur. Sein Schweigen war mir vertraut. Ich erinnere mich nicht, dass er sich je eingemischt hätte in Erziehungsfragen. Weiberkram, höre ich ihn verächtlich sagen, bevor er das Zimmer verlässt. Sonst war er umgänglich, er brachte mir das Fischen bei, beim Fischen muss man schweigen, um die Beute nicht zu verschrecken. Ich dachte, Fische sind dumm, wie können sie wissen, dass Stimmen für sie gefährlich sind? Keine Antwort.

Geschafft!
Die Schriftliche geschafft!
Die Mündliche geschafft!
Von der Maturafeier am Mondsee ist mir nur das Spanferkel, der viele Alkohol und wechselndes Geschmuse in Erinnerung. Und das schale Gefühl, dass wir uns bereits nichts mehr zu sagen hatten. Fast alle blieben dort, schliefen im Sitzen ein, mitten in einem gelallten Satz. Ich fuhr mit Leo nach Salzburg zurück, er hatte wie immer nichts getrunken, brachte mich ins Bett und weckte mich am frühen Nachmittag mit einem Katerfrühstück und Wiesenblumen, bevor er mich ins neue Abenteuer entführte. Eine Fahrt auf einem Moped in südliche Richtung, ein Spaziergang über Wiesen, gemütlich bergauf, mit immer herrlicheren Ausblicken auf die Berge und bis Salzburg. Irgendwann ging es nicht mehr weiter, der Berg oder Fels – ein Riesenfels – endete in einem nicht einsehbaren Abgrund.
Die Überraschung war kein Picknick im Freien oder ein Lagerfeuer für eine Nacht unter Sternen, nein, aus dem Rucksack holte Leo ein Seil, Gurte und zwei Metalldinger: Abseilgeräte. Ich war so perplex, dass ich ihn sprachlos beobachtete, wie er das Seil um einen Baum knüpfte, ein paar Mal fest daran riss und freudig verkündete: es hält, auch der Baum. Ich weiß, ab dem Moment, da er das Seil in den Abgrund warf, hatte ich Angst, ich kann die Angst sogar jetzt noch spüren. Leo wollte, dass wir uns abseilen. Wozu sollte er mich fragen? Liebende denken eins, fühlen eins, wollen eins, handeln eins. Wir hatten beide die gängigen Klischees tief verinnerlicht. Er war ein geübter Höhlenforscher, ich war kurz zuvor das erste Mal mit ihm in einer Höhle, aber das einzig Schwierige dabei war, eine Eisenleiter hinunter- und wieder hinaufzusteigen und in dem Felsspalt nicht panisch zu werden, was ich aber wurde, ich habe mich nie daran gewöhnt, so hautnah einen Berg über mir zu

spüren. Mit Seilen hatte ich noch nie im Leben etwas zu tun, ja doch, die Schaukel in meiner Kindheit hing an Seilen, vielleicht bin ich einmal mit Hilfe eines Seils auf einen Baum geklettert, daran erinnere ich mich nicht, aber hier ging es nicht darum, irgendwo hinaufzukommen, nein, hinunter sollte ich mich lassen, und obwohl wir uns gemeinsam abseilten, mussten wir uns gleichzeitig trennen, das Seil trug nur einen, und er war der Erste, würde mir nicht helfen können beim Einfädeln des Seils in das mir fremde Ding, denn sollte das Seil, das wir nur auf der Erde liegend bis zum Felsüberhang sahen, nicht frei schweben, zu kurz sein und mitten in der Felswand herumhängen, würde er wieder hochsteigen, mit irgendwelchen Aufstiegshilfen. Ich sollte warten, bis das Seil locker war, das wäre das Zeichen, dass er auf dem Boden gelandet oder abgestürzt sei. Er scherzte, er freute sich auf das Abseilen, während ich nicht mehr wusste, wo ich hinsehen sollte und mein Mund so ausgetrocknet war, dass ich mich zu keinem Gegenargument aufraffen konnte. Das war eigentlich unwichtig, denn die Angst verhinderte ohnedies das Denken. Er zog sich einen Hüft- und Brustgurt an, verpackte mich ebenfalls in solche Dinger, und spannte das Abseilgerät ein, meinte, ich solle genau zusehen! Würde ich das Seil verkehrt einlegen, würde ich nicht hinuntergleiten, sondern fallen! Ich war so nervös, dass ich nichts wahrnahm.

Warum habe ich es getan? Wieso habe ich meine Angst nicht siegen lassen? Niemand stand neben mir, der mich zwang, das Seil in dieses mir unverständliche Ding zu fädeln, mich auf den Bauch zu legen, über die Kante gleiten und ins Seil fallen zu lassen, nicht wissend, ob ich abstürzen würde oder gerettet war.

Als ich am Seil hing, die Angst sich auflöste, stieß ich einen fremd klingenden Schrei aus, danach war es ein traumhaftes Gefühl, so in der Luft zu schweben, mich ohne jede Anstrengung zu bewegen, es war, als könnte ich fliegen!

Ich glaube, ich ahne … ja, ich dachte, und wenn ich jetzt sterbe, dann sterbe ich eben. Und noch etwas war wichtig, war vielleicht am wichtigsten: Ich wollte mich nie wieder langweilen. Eine Abenteuerin musste mutig sein, sich Risiken aussetzen. Es war mir unmöglich, diese Herausforderung abzulehnen.

Oder war ich ihm bereits hörig? Meinem Erlöser aus dem unerträglichen Alltag? War jedes Nein bereits undenkbar?

Dieser Sommer nach dem Ende des Zwangs war wunderschön. Für einige Wochen. Dann fanden meine Eltern, ich müsse mir eine Arbeit suchen, meine Bildung sei abgeschlossen und ich hätte mich lange genug erholt. Mein Vater war Bauunternehmer und hatte eine Lehre gemacht, meine Mutter irgendwelche Kochkurse. Studieren kam nicht in Frage. Ich überredete sie mit fadenscheinigen Lügen dazu, mir noch den Führerschein zu finanzieren. Damals war ein Auto der absolute Inbegriff von Freiheit für mich. Jederzeit überallhin fahren zu können gehörte zu meinem Traumleben. Wie dienlich ich den beiden doch sein würde als ihre Chauffeurin. Sie sahen mich zwar verwundert an, aber die Idee fanden sie bedenkenswert. All die Taxirechnungen, die wir uns ersparen, Schatzi! Keine einzige. Kaum hatte ich den Führerschein und den Mini meiner alten Tante Clara, der einige Jahre in ihrer Garage vor sich hin rostete, verschwand ich zurück nach Salzburg und lebte zum ersten Mal in einer Wohngemeinschaft mit Studenten, die alle ihre Ferien genossen. Leo kam oft zu Besuch, wohnte nicht da, was mich nicht verwunderte. Er musste arbeiten, und ich ging fraglos davon aus, dass er irgendwo in der Nähe der Werkstatt ein Untermietszimmer hatte, genauso schäbig wie das, in dem ich gewohnt hatte. Natürlich war so ein Haus mit Garten angenehmer. Aber auch hier galt es zu zahlen, Miete, Strom, Gas, das Übliche eben. Und nach zwei, drei Wochen fragten mich die anderen, wie viel ich beitragen wollte zu all dem.

Ich fiel vom Himmel nicht auf die Erde, ich fiel in ein Loch. Jetzt erst begriff ich, dass ich ohne Geld nicht leben konnte. Bisher hatte ich mir nichts leisten können wie meine Schulfreundinnen, die Markenkleidung trugen, Parfums austauschten, während ich kein einziges besaß. Einmal bin ich wochenlang in der Getreidegasse immer wieder vor einer Auslage stehengeblieben, in der ein Traumpulli hing, und habe ihn mir wieder und wieder angezogen, bis er meiner war. Es war einfach so. Ich wollte die Matura, um endlich leben zu können. Mein Leben leben! Nicht nach Stundenplan, Lehrinhalten, die mich nur zum Gähnen brachten. Alle außer mir in der Wohngemeinschaft wurden von ihren Eltern finanziert. Für alle Eltern außer meine schien es selbstverständlich, ihren Kindern ein Studium zu finanzieren. Ich bot der Wohngemeinschaft an, für alle Taxi zu spielen, das lehnten sie ab. Sie seien keine Ausbeuter. Ich bot an zu putzen, abzuwaschen, zu kochen, alles einstimmig abgelehnt: Ausbeutung. Ich war nicht fähig zu argumentieren, ihnen zu sagen, ihr privilegierten Söhne und Töchter, denen das Geld jeden Monat überwiesen wird, ihr Linken, die ihr vom Ende der Ausbeutung redet, lasst mich nur in diesem winzigen Zimmer wohnen, ich habe euch keinen Platz weggenommen, es stand leer! Oder ich hätte mich auf die griechische Gastfreundschaft berufen können, hätte ich eine humanistische Bildung genossen: Wer erlaubt euch, eine Gastfreundschaft zeitlich zu begrenzen? All diese angehenden Künstler und Philosophinnen um mich, ich verstummte vor ihnen. Auch vor meiner Freundin Margit, die mich eingeladen hatte, bei ihr zu wohnen. Sie schwieg und zog sich bald mit Migräne in ihr Zimmer zurück. Taxi spielte ich trotzdem für alle, aber ohne dabei ausgebeutet zu werden. Solidarität nannten sie das.

Da kam Leo und sagte wieder, wir müssen hier weg. Salzburg ist ein katholischer Alptraum. Diese Wohngemeinschaft ist eine Geldgemeinschaft privilegierter Bürgerkinder, ziehen wir nach München, ich kenne ein paar Höhlenforscher dort, sie werden uns helfen.

Leo war der erste Mann, mit dem ich zusammenlebte, mitten im unerträglichen Alltag. Inzwischen bin ich überzeugt, der Alltag ist nur alleine genießbar, alles andere ist eine Zumutung. Aber damals war es faszinierend für mich, mit einem Mann zusammenzuziehen, mit ihm nach München zu übersiedeln.

Der Anfang in München war eine Herausforderung. Ein Zimmer mit Waschbecken in einem Hochhaus mit lauter Einzimmerwohnungen. Ich war nicht verwöhnt nach Internat und Untermietszimmer, mit Dusche und Toilette auf dem Gang, und dem winzigen Zimmer während der letzten Wochen. Aber dieses lärmbedrängte Leben zerrte am Schlaf, der Hindernislauf morgens und abends durch das Stiegenhaus an den Nerven. Die Nadeln für die schönen Träume waren die verlassenen Zeugen, die überall herumlagen. Und diese Zumutung nur, um sich dem Behördenirrsinn auszusetzen – alles hätten wir zuerst haben müssen: einen Arbeitsplatz, den es ohne Arbeitsgenehmigung nicht gab, eine Aufenthaltsgenehmigung, die es ohne Arbeitsplatz nicht gab – ich habe nie eine Arbeitsgenehmigung erhalten, mich durchgeschwindelt, Jobs gewechselt, die Arbeitsgenehmigung bereits beim vorigen eingereicht; auch Leo hat nie eine bekommen, aber sein Chef nahm die Sache weniger ernst, und Leo behauptete, ihm sei es egal, was er mache. Für mich war es anders, ich wollte studieren, nicht in einem Büro vor Langeweile sterben. Studieren wäre in Salzburg einfacher gewesen, aber in Salzburg wollte er nicht bleiben. Als wir uns kennenlernten, wollte er alle seine Freunde dazu bringen, sich für eine monatliche Summe an mich zu verpflichten, damit ich eine finanzielle Grundlage hätte. Als ich das hörte, habe ich mich in ihn verliebt. In München war nie mehr die Rede von meinem Studium. Wenigstens fanden wir nach einigen Wochen eine angenehme Wohnung, konnten die Nadeln hinter uns lassen. Das Schlafzimmer wollten wir rot ausmalen, daraus ist nie etwas geworden.

Die Wohnung war fast leer, die Höhlenforscher halfen uns, brachten einen Tisch, ein Bett, ein paar Stühle, ein Schrank wäre ein überflüssiges Möbelstück gewesen. Unsere Vermieterin, eine zierliche Dame im Altersheim, hatte ein paar Dinge zurückgelassen, die sie offensichtlich nicht mitnehmen wollte in ihr neues Domizil: *Mein Kampf*, signiert für ihren Gatten und einige Schallplatten mit den Reden Hitlers. Wir borgten uns einen Plattenspieler – mich verwirrte dieses hysterische Geschrei, zum Glück hat Leo gelacht, sein Lachen war ansteckend, befreite mich aus meiner Verwirrung. Wir haben oft gelacht, mehr gelacht als geweint, zumindest ist mir das Lachen stärker in Erinnerung geblieben. Der Gedanke, in einer ehemaligen Naziwohnung zu leben, noch dazu von einem Obernazi, irritierte uns nicht besonders, wir witzelten nur darüber. Doch der Gedanke, dass es sich um eine arisierte Wohnung handeln könnte, war nicht mehr zum Lachen. Es gab noch zwei Hausparteien. Ich fing vorsichtig an, nach der Vergangenheit unserer Vermieter zu fragen, doch niemand wusste etwas vom anderen. Es war eine verschwiegene Hausgemeinschaft.

Einmal kam Post für unsere Vermieterin, ich brachte ihr den Brief ins Altersheim, sie zerriss ihn, ohne ihn gelesen zu haben. Leo hatte ihn zuvor geöffnet, es war ein Brief ihres Schwagers mit der Bitte, ihm die alten Erinnerungsstücke an die schönste Zeit seines Lebens zurückzugeben, zum tausendsten Mal bat er sie darum, was Leo begeisterte, ein Mann, der tausend Mal um etwas bittet, weiß, was er will, meinte er, und sonnte sich in dem Wort tausend. Von nun an liebte er mich tausend Mal mehr, war alles tausend Mal schöner oder hässlicher. Wir durchsuchten tausend Mal die Wohnung nach einem Geheimversteck, nichts. Ich vermutete, dass unserer Vermieterin die Nazizeit peinlich war und sie nach dem Tod ihres Nazimannes alles vernichtet hatte. Leo glaubte nicht, dass die Witwe *Mein Kampf* und die Schallplatten zufällig zurückgelassen hatte. Gut, sie wollte diese Dinge nicht mehr, aber warum hat sie das Zeug nicht weggeschmissen? Sie will uns testen, meinte er. Bitte, Leo, das ist absurd. Wir waren beide so ahnungslos, wie man nur sein kann: Schwingungen, die Macht der Worte, Quantenphysik – wir hatten noch nie etwas davon gehört.

Abenteuer im Kopf

Mein Ort ist mein Körper – mein größtes Werk, unübertrefflich und einmalig. In dieser Einsicht wird jeder Ehrgeiz absurd. Zugleich ist die Vollkommenheit meines Körpers der Maßstab für jedes weitere Werk, das aus ihm entsteht und ihn mittels Sprache verlässt. Immer wieder bemerke ich die Diskrepanz zwischen gesprochener und schriftlicher Sprache bei mir. Die gesprochene hinkt der schriftlichen um Häuserlängen hinterher. Dies war nicht immer so: Wenn ich auf dem gemeinsamen Schulweg (Volksschule) den Kindern Geschichten in Fortsetzungen erzählte, war ich mir der Bedeutung des mündlichen Wortes und seiner Wirkung, die ich an den Gesichtern und an meiner eigenen Erregung ablesen konnte, sehr wohl bewusst. Die Schrift kam später, hat die mündliche Erzählung abgelöst, mich meine Erzählanfänge vergessen lassen, bis eine andere mich an mich erinnerte. Das Gesprochene ist flüchtiger, schneller – es mangelte mir, nachdem ich mir die Schrift als Ausdrucksmittel wählte, an Achtung für dieses vergängliche Filigrane. Hingegen achte ich die Schrift, das Bleibende daran. Ich schreibe nur Bücher, die ich selber gerne lesen würde. Bücher, die mich überraschen, mir einen neuen Blick ermöglichen, etwas Entscheidendes sagen wollen, die den Menschen achten. Für die mündliche Sprache bedeutet dies, erst mir selbst zu sagen, was ich anderen mitteilen will. Da ich so und so hören muss, was ich anderen sage, kann ich durch diesen Schritt den Sprachmüll immer mehr weglassen.

Allerdings muss ich diesen Schritt inzwischen bewusst vollziehen, da mir meine ursprüngliche Symbiose entweder verloren ging oder ich absichtlich eine Trennung herbeiführte, dabei nicht nur die Entwicklung der Menschheit von den mündlichen Erzählungen zu den schriftlich festgehaltenen nachvollziehend, sondern mich vor allem einem Bildungsdünkel unterwerfend, um ihn schließlich zu verinnerlichen, für den sowohl die Hochsprache (die für mich eine zu erlernende Fremdsprache war, die ich anfangs nur schriftlich beherrschte) jedem Dialekt und erst recht die Schriftsprache jeder mündlichen gegenüber bedeutender erschien. Schriftliche und mündliche Sprache sind zwar immer noch verschiedene Ausdrucksformen, aber jetzt haben beide denselben Ursprung in der Achtung meiner selbst und der anderen.

Ich wusste noch bei keinem Buch, das ich begann, wohin es mich führen würde. Für mich ist immer noch der größte Reiz beim Schreiben das Abenteuer im Kopf. Ein Abenteuer beinhaltet Irrwege, Fehler, fantastische Überraschungen, das Bedürfnis aufzugeben, umzukehren, das ganze Unterfangen abzubrechen, Pausen, intensive Arbeitszeiten wie mühsame, einfallslose Tage, an denen es keinen Satz weitergeht. All dies empfinde ich als Gegenteil von Routine, Erstarrung. Es gibt unter den Abenteuern – allerdings sind das seltene Glücksfälle – auch die Besonderheit, dass ein Text irgendwo in mir, ich nehme an in meinem Kopf, bereits fertig ist und ich mit dem Schreiben kaum nachkomme.

Jedes Buch schwingt, jeder Satz, jedes Wort. Manchmal ist diese Schwingung leicht zu erkennen. Vor einigen Tagen fragte mich ein Gesprächspartner: „Und wo sind Sie wohnhaft?" Ich erschrak. Spontan antwortete ich: „Meine Wohnung ist keine Haftanstalt." Wir alle schwingen in dem herrschenden Massenbewusstsein. (Dies ist der Hauptgrund, warum Krebspatienten, die eine schulmedizinische Behandlung ablehnen, weil sie glauben, ihr Bewusstsein sei so weit entwickelt, dass sie sich alternativ heilen können, sterben. Ein Teil *von* ihnen ist sich über die Schädlichkeit von Chemotherapie, Strahlenbombardierung im Klaren. Der andere Teil aber schwingt im Massenbewusstsein, das eben genau diese Behandlungen mit enormen Geldern entwickelte und zur einzigen – schädlichen – Behandlungsmethode erklärt und verhindert, dass sich Alternativen im Massenbewusstsein festsetzen können. Der Zynismus des Krebsbewusstseins der kollektiven Einflüsterer geht sogar so weit, jeden Toten alternativer Behandlungen als Beweis für die Wirksamkeit ihrer Methoden anzuführen, während sie ihre eigenen Toten nicht einmal mehr wahrnehmen.)

Mit der Literatur ist es genauso. Bücher, die im Massenbewusstsein schwingen, erreichen die Masse. Bücher, die anders schwingen, können vom Massenbewusstsein nicht wahrgenommen werden. Lächerlich ist die Klage über die Realität. Pervers ist die Realität, dass Autorinnen und Autoren, die ihre Figuren verraten, sich und die Lesenden verachten, die folglich im Defizit schwingen, in den letzten Jahren wieder sehr erfolgreich sind.

Viele Menschen wollen sich von der Masse unterscheiden. Als Schriftstellerin habe ich den Weg aus der Masse gewählt, und es erschiene mir als Selbstverrat und als Verrat an den Lesenden, die sich ebenfalls für einen individuellen Weg entschieden haben, über ein die Masse bedienendes Schreiben wieder in sie zurückzukehren. Der Druck, dies zu tun, ist enorm. Nicht nur auf das Werk, das den Körper bereits verlassen hat, wird Druck ausgeübt – es angepasster, weniger kompliziert, lesefreundlicher zu gestalten –, sondern direkt auf den Körper, der für seine geistige Leistung kein materielles Äquivalent erhält und in letzter Konsequenz von Seiten der Verleger, Herausgeber dem Hunger überlassen wird. Die Anfragen um kostenlose Beiträge sind inflationär gestiegen, vor allem von saturierten Menschen. Ich könnte Tag und Nacht arbeiten, ohne je einen Euro zu verdienen. Dies nicht als Verhöhnung zu durchschauen, zeigt, wie armselig es um die Literatur und die Schriftstellerinnen und Schriftsteller bestellt ist.

Wodurch zeichnet sich unser jetziges Massenbewusstsein aus, in dem ich mitschwinge? Bei Sándor Márai und anderen heißt es nicht Massenbewusstsein, sondern ‚die Welt'. Die Welt ist für mich mehr als wir Menschen, und der Mensch wiederum ist mehr für mich als das Bewusstsein. Trotzdem ein Weltsatz, denn Welt klingt zugegebenermaßen schöner als Massenbewusstsein: Unter dem Stichwort ‚Erfolg' notiert Márai neben anderem: „Du hast Erfolg? Vorsicht. Erfolge sind immer verdächtig. [...] Denn was die Welt akzeptiert, ist immer nur das und so viel, wie in dir wesensverwandt ist mit ihr. Und das ist zuwenig."[1] Zurück zum Massenbewusstsein, an dem ich, wie gesagt, teilhabe und das ich – vor allem schreibend – immer wieder verlasse. Wobei die Frage offen bleibt, warum es mir schreibend ein Bedürfnis ist, auf der Einmaligkeit und Besonderheit jedes Einzelnen zu bestehen – eine Beobachtung, die durch den Alltag nicht unbedingt gedeckt wird, höflichst formuliert.

Ich nehme als Beispiel nur ein Buch, weil ich meine Literatur ungern analysiere, und die Frage eher an die Germanistin weitergeben will, sofern sie sie aufgreifen möchte. Ich wähle *Sakkorausch*, meinen Monolog über Helene von Druskowitz, in den ich zahlreiche Gedanken und Sätze aus ihrem (unbekannten) Werk montierte. Obwohl Helene von Druskowitz die erste österreichische Philosophin ist (1856–1918), steht sie auf der Liste der Unbekannten ganz oben. Natürlich klingt ihre Sprache etwas veraltet, aber das kann, wenn ich von dem anhaltenden Erfolg ihrer männlichen Zeitgenossen Nietzsche, Weininger weiß, deren Sprache nicht minder altertümelt, nicht der entscheidende Grund sein. Vielleicht ist er eher in ihrer Philosophie zu finden, die, solange sie noch in Freiheit schrieb, von menschlicher Wärme und Achtung durchdrungen ist. (Und es sagt mindestens so viel über uns wie über sie, dass ihr wieder aufgelegtes Buch ihr einzig zynisches ist, wobei sie für sich verschärfte Bedingungen reklamieren könnte, da sie dieses Werk nach Jahren in der Irrenanstalt geschrieben hat.) Mich faszinierte ihre Idee, dass der Mensch – durch sich selbst! – einst zur Vollkommenheit fähig sein würde, indem er seine Intuition gleich seinen anderen Fähigkeiten (Verstand, Sinneswahrnehmung, Gefühl) entwickelt. Angesichts unseres technischen Machbarkeitswahns eine sehr bescheidene Hoffnung, ja, sie ist unserem Massenbewusstsein geradezu diametral entgegengesetzt: Fortschritt, Innovation heißt heute immer: Menschenersatz. Und das Wissen, dass wir so sein werden, wie wir uns begreifen, vorstellen, ist angesichts des Todeswissens entweder in Ohnmacht ertrunken oder in Zynismus erstarrt.

Da Helene von Druskowitz in ihren persönlichen Ansprüchen nach einem selbständigen Leben ihrer Zeit weit voraus war, sperrte die Gesellschaft diese Außenseiterin einfach weg in die Irrenanstalt. Ähnliches geschieht heute mit Menschen, die sich zum Beispiel der Globalisierung in den Weg stellen. Es ist ständig die Rede von der (behaupteten) Gewalt der Globalisierungsgegner, nicht von der Gewalt der Globalisierer. Heute muss es nicht mehr das Irrenhaus sein, heute sind es Gefängniszellen oder das Verschweigen der – friedlichen – Anliegen anders Denkender, aber das Prinzip, nicht massenkonforme Geister wegzusperren, ist sich im Grunde gleich geblieben. Und die Masse akzeptiert es, schweigt, richtet ihre Aggressionen eher gegen Nichtangepasste als gegen Mächtige, die sich zur Zeit allerdings ohnmächtiger geben als je zuvor in der Geschichte. Es herrschte und herrscht ein Klima von Dumpfheit, eine Art Totenstille, die von Stacheldraht, leergeräumten Straßen und Waffengewalt gesichert wird, sobald das Leben dagegen aufschreit. Wer denkt noch an die Utopie von Druskowitz, dass der Mensch Vollkommenheit erlangen kann – durch sich, nicht durch außen? Wer will sich noch kennenlernen? Wer ist auf sich neugieriger als auf den neuesten Film, den Fernsehabend, die nächste Theaterpremiere, ein Sportereignis und so weiter und so fort?

Wie sagte es mir ein Traum: Andere interessieren sich für Königinnen, du findest es faszinierend, wenn du Vergessene entdeckst. Ich wachte zufrieden über mein Einverständnis mit mir auf. Die Frage, „Wovon lasse ich mich faszinieren?", ist noch eine Alltagsfrage, aufschlussreich einzig für die eigene Psyche. Nur die Faszination, die sich im Alltag nicht verschleißt, aufreibt, in ihm keine Lösung entdecken kann, die beharrlich und drängend nach einer Antwort schreit, wobei dieses Schreien nur für mich hörbar ist, erzeugt genug Energie, um alle Widerstände gegen das Schreiben (die im Laufe der Zeit mehr wurden und nicht weniger, wie ich anfangs naiv meinte) zu überwinden.

---

1 Sándor Márai: *Himmel und Erde*. München: Piper 2001, S. 213.

Schreibweisen. Poetologien. Die Postmoderne in der österreichischen Literatur von Frauen, hg. von Hildegard Kernmayer/Petra Ganglbauer. Wien: Milena 2003, S. 119–122.
Die Rechtschreibung wurde aktualisiert.

LAUDATIONES

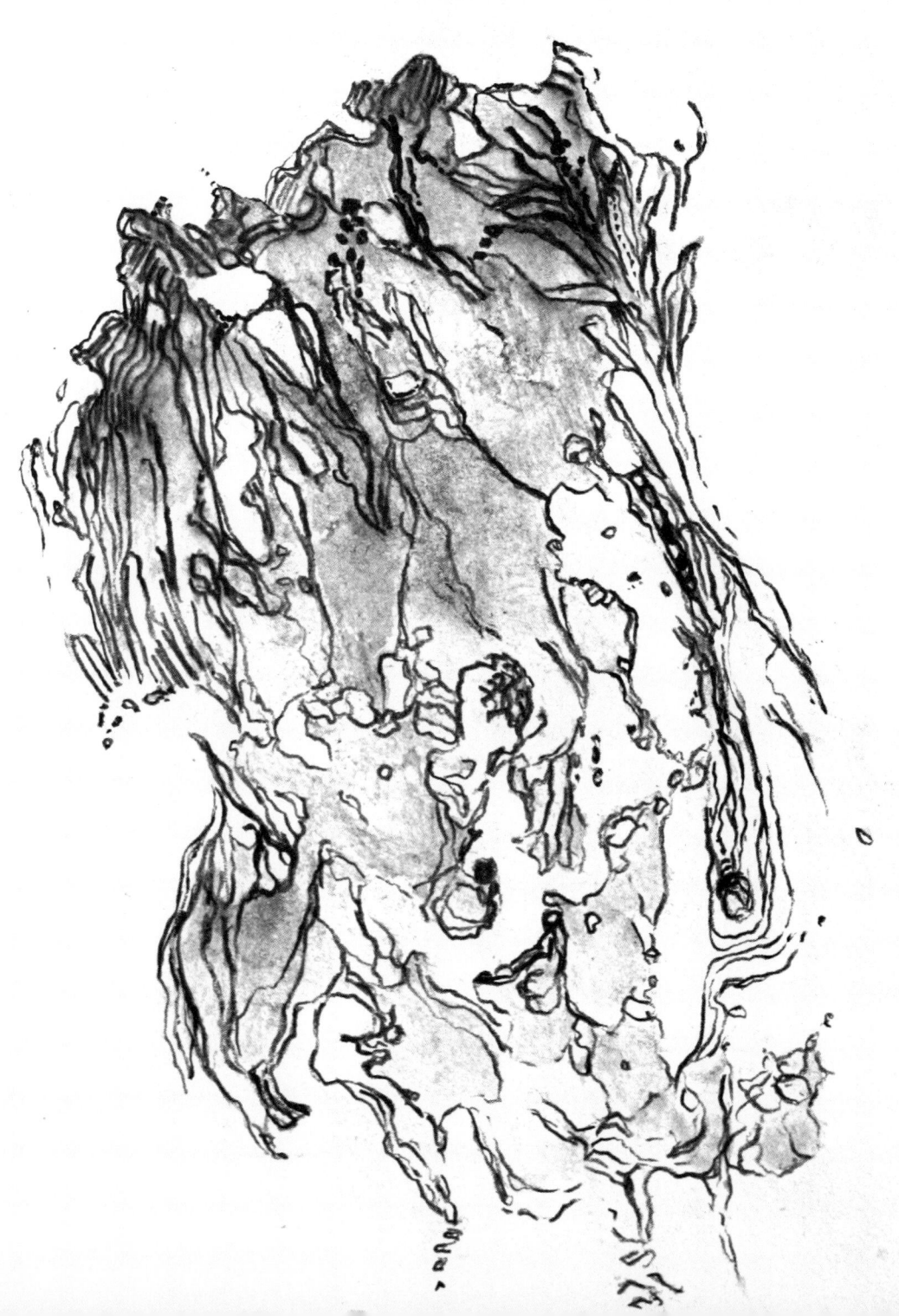

Robert Schindel

Rede auf Elisabeth Reichart
LAUDATIO ZUM ÖSTERREICHISCHEN FÖRDERUNGSPREIS FÜR LITERATUR 1993

Jemand sagte einmal, die Kriegsgeneration hätte ihren Kindern jene Melancholie vererbt, zu der sie selbst keine Zeit und Gelegenheit hatte. Man kann sich das auch so vorstellen: Der aus Rußland zurückgekehrte Mann, seiner Jugendideale beraubt, mit gräßlichen Erlebnissen für Führer, Volk und Vaterland auf immer verwoben, beugt sich im Nachkrieg gelegentlich über die Wiege des Nachwuchses. All sein vergebliches, zerschundenes Leben, das Zugrunde-gegangen-Sein eingefleischter Werte verwest nun in ihm und gibt der Neigung zum Wickelkind ein eigenes Fluidum. Eine schweigende oder schleppende Körpersprache, tiefe und doch an der Oberfläche bleibende Blicke (man hat genug gesehen), an andere Automatismen orientierte Körperbewegungen verfremden diese Zuneigung, und all dies sickert ein in den Nachwuchs, läßt dort Kapseln entstehen, aus denen nach jeweiliger Platzung (wenn sie reif sind) das Melancholische strömt.

Die Temperatur zu messen, die Entfremdung von Zuneigung und die Schübe der Entfremdung sichtbar zu machen, das leistet Elisabeth Reichart.

Eine Zeugin im Hintennach, deren Sprache jeweils der gehetzten Atmung adäquat ist oder der verhaltenen, selten der gleichmäßigen, denn Ruhe war nirgends, freies Ausschreiten und Bemächtigtwerden der Möglichkeiten geglückter Vorgänge war nirgends, und die Versuche dazu liefen gewiß nicht ohne Monstrositäten ab.

Ich könnte nun als Lobredner für Elisabeth mich im Sprachanalytischen, auch im Poetologischen ergehen, die unterschiedlichen Vorgangsweisen preisen, mit welchen Reichart sich den unterschiedlichen Gegenständen nähert. Ich könnte das Wort angemessen dafür wählen und erstaunt konstatieren, daß jegliche Manier fehlt, etwas Seltenes in Österreich. Doch das sollen und werden andere machen. Gestattet, daß ich als Schriftsteller und jüdischer Österreicher hier spreche.

Als Schriftsteller hab' ich in *Gebürtig* – wie Elisabeth in *Februarschatten* – versucht zu zeigen, wie die Vergangenheit der Gegenwart in den Schritt fährt. Als jüdischer Österreicher bin ich ein knappes Jahr vor den Ereignissen des *Februarschattens* unweit von dort und auch in der engeren Heimat des Führers geboren. Ich habe zu untersuchen versucht, wie Täter bzw. Mitläuferkinder und Opferkinder selbst beide Opferkinder jener barbarischen Zeit sind. Doch als Kind von Juden, als Übriggebliebener, ist es vergleichsweise leichter, seine Totenklage zu literarisieren. Die große Klage hob nach dem Krieg an, unzählige Berichte wurden veröffentlicht, viele, wenn auch zu wenige, haben Zeugnis abgelegt. An diese Wiederholung von Geschehen durch Geschichte und Geschichten – blasser zwar und für Spätere bizarr und unglaublich – brauchte ich bloß meine Sprache anzudocken. Ich mußte bloß meine eigenen Einfleischungen, welche durch die Zuneigungen meiner Davongekommenen entstanden sind, diese Angstflaxen, die nächtlichen Schreiorgien sukzessive auf den poetischen Begriff bringen, der Sehnsucht nach Normalität gegenüberstellen, um in diesem Unterschied die Gegenwart zu entdecken.

Was tut man aber, wenn geschwiegen wird, daß einem die Ohren abspringen. Am buckligen Land gegenübergestellt dem brüllenden und sirrenden Schweigen der Blutbuchen neben dem Stadel? Und keiner redet? Die Archäologie des Schweigens als Literatur, das ist meines Erachtens die Untat der Elisabeth Reichart, Untat in dem Sinne, daß Adorno jedes Kunstwerk für eine abgedungene Untat hält. Doch anders als beim geschätzten Meister Gerhard Roth ist dies bei Elisabeth ein Kampf um Atem, eine Erarbeitung freier Atmung, eine kulturelle Therapie am schweigenden Körper Österreich.

Ein Beispiel genügt: Die Mühlviertler Hasenjagd ist schon beschrieben worden, dokumentiert, wohl auch literarisch verarbeitet, etwa in Abwandlung durch Hochwälders *Himbeerpflücker*. Doch was sie wirklich war, und daß sie nicht zu Ende ist, hat uns erst Elisabeth Reichart gezeigt. In *Februarschatten* kommt diese Menschenjagd durch Einheimische kaum vor, und doch ist sie immer da, sie bestimmt das DAVOR und durchherrscht das DANACH. Das Verhältnis zu den Eltern, zu den Tätern und Mitläufern, den Wegschauern und Nicht-gewußt-Habenden, das ist die Mühlviertler Hasenjagd, der Februarschatten; da ist überhaupt der Schatten, der auf diesen und jenen lastet.

Dieser bestimmt auch indirekt die anderen Arbeiten von Reichart. Ihre Erzählungen, wovon immer sie handeln, immer bricht die vergangene Untat in die Gegenwart. Stets ist die verspätete Gegenwehr das Einzige, was bleibt, wenn man noch atmen will und nicht verschwinden wie Hanna in *La Valse*.

Diese literarische Stimme ist so wichtig in Österreich, in Deutschland, in Wels, in Rostock und Magdeburg, in Mölln, in Klagenfurt und im Bayerischen Wald. Sie ist so wichtig in der Literatur, sie ist voll Facetten und doch vom freien Atem mehr und mehr gestützt.

Ich gratuliere.

Mit der Ziehharmonika 2 (1994), S. 3 f.

Sylvia Treudl

Laudatio zum Österreichischen Würdigungspreis für Literatur 1999

Die Verleihung des Würdigungspreises für Literatur an Elisabeth Reichart ist mehr als Ausdruck der Wertschätzung ihres mehrfach ausgezeichneten Werkes. In der momentanen gesellschaftspolitischen Situation, in der die Kunst seitens eines sattsam bekannten (politischen) Lagers wieder einmal aufgesplittert werden soll in das, was gut und schön, und das, was verkehrt und vernachlässigbar ist, hat die Zuerkennung dieses Preises auch Signal- und Symbolcharakter.

Seit Erscheinen ihres ersten Romans *Februarschatten* hat Elisabeth Reichart nicht aufgehört, gegen das Vergessen, das Verdrängen und das Lügen anzuschreiben. Reicharts Literatur ist dem Menschen zumutbar.

Wenn einem in der Alltagsrealität Sätze begegnen, die da lauten, „Was hat denn der ganze Krempel ‚von damals' mit mir zu tun?" Oder „Kann man das denn nicht endlich ruhen lassen?" wird mehr als evident, daß das, was AutorInnen wie Elisabeth Reichart mit ihrem Schreiben leisten, gebraucht wird. Es geht nicht um das Zuweisen von Schuld in der vielzitierten „Gnade der Spätgeborenen" – es geht um das Enthüllen von scheinbar gut Verstecktem, um Wahrnehmung und Wahrheit, letztlich auch um den Versuch, zu begreifen.

Geschichte entsteht nicht im abstrakten Raum, und sie kann niemals faßbar gemacht werden, wenn sie verschüttet, zugedeckt, verscharrt wird und auf dem Humus der Verdrängung neue Lügen gedeihen. Die promovierte Historikerin Elisabeth Reichart hat den Weg der Feder gewählt, um sich der Aufgabe des kritischen Hinsehens zu stellen.

Zu dem „Schock im nachhinein" (O-Ton Reichart) kam das persönliche Interesse an ihrer oberösterreichischen Heimat, und die Autorin hat den mehr als gelungenen Versuch unternommen, dem Erinnern eine Sprache zu leihen. Die Verquickung nachvollziehbarer, persönlicher Alltagsgeschichte mit jenen Eckdaten, die sich in den Geschichtsbüchern oftmals seltsam flach lesen, die – höflich formuliert – oftmals eigenartig interpretiert werden, macht die Virtuosität bei Reichart aus.

Dieses Interesse geht aber weit über die unmittelbare Betroffenheit hinaus, die Beschäftigung mit „anderen Fremdheiten" – wie sie formuliert – ist es, das sie ebenfalls auszeichnet, und auch die Befassung mit den Arbeiten von KollegInnen. So leitete sie das erste AutorInnenlabor in der Alten Schmiede und gab einen Band heraus, in dem österreichische Dichterinnen über Dichterinnen berichten. Nicht unbedingt eine Selbstverständlichkeit in einem Betrieb, der nicht ausschließlich von Solidarität und gegenseitiger Förderung gekennzeichnet ist. In diesem Betrieb bestehen zu können, ist eine Leistung an sich, aus vielfachen Gründen. Elisabeth Reichart hat einen geradezu klassischen Werdegang hinter sich, sie hat sich entschieden und ist dabei geblieben, hatte die Kraft, ihrer Stärke zu vertrauen.

Und zu recht, denn es ist nicht unbedingt Usus, bereits mit der ersten Veröffentlichung den literarischen Durchbruch zu schaffen. Elisabeth Reichart bleibt in der Folge bei ihrem Thema, betreibt das, was sie dem Werk Barbara Frischmuths zuschreibt, selber, nämlich die „Auseinandersetzung mit dem heimischen Mythos, wie er nicht unbedingt in den Geschichtsbüchern steht". In die historische Recherche, in die Arbeit mit Regional- und Zeitgeschichte bindet sie die Darstellung familiärer und sexueller Gewalt ein. Sie radikalisiert ihre Sprache, indem sie sich die bestehende Gewaltsprache an- und enteignet, umwendet, die Scham vor der Schamlosigkeit ablegt. Sie begeht Tabubrüche, gerade im Bereich des Familiären, und immer wieder sind es die Töchter, nach denen sie fragt. Ob es sich nun um *La Valse* oder *Fotze* handelt, Sprache, Gewalt und Sexualität, physische und psychische Verstümmelung, die Deformation von Individuen kommen aufs Tapet – und das ist nicht nett und nicht bequem, und auch die Frage „Wie nah ist Mauthausen" bleibt im Kanon ihres Erzählens.

Mit *Sakkorausch* geht sie formal noch einen Schritt weiter, steigert das Berichten in ein Furioso und widmet sich dem Sprechen über eine Unkonventionelle, Unangepaßte, eine verächtlich Gemachte, der sie die Stimme zurückgibt. Daß über Reicharts Protagonistin Helene von Druskowitz gesagt wurde, sie wäre eine „kleine Literaturgans" – just in dem Moment, wo diese es wagt, einem wie Nietzsche zu widersprechen, zwingt an dieser Stelle, auch über die gegenwärtige Funktion und das Funktionieren von Kritik, von Literaturkritik im besonderen, zu reden.

Bei der Beschäftigung mit dem Œuvre einer Autorin gerät die Leserin/Betrachterin auch an die Rezeption der Rezeption des Werkes. Und das, was da manchmal als Kritik und/oder Auseinandersetzung daherkommt, ist in Teilen oberlehrerhafte Häme, blanker Zynismus – oder schlichte Dummheit in einem beliebigen Mäntelchen. Wer sich und seine Arbeit öffentlich macht, ist verpflichtet, sich einem Diskurs zu stellen. Das ist die eine Seite des Jobs. Das Aushalten von Verächtlichmachung, die im Moment wieder hoch im Kurs steht, was künstlerisches Arbeiten anlangt, die salonfähig und schick gehandelt wird, ist es nicht. Deshalb sei an dieser Stelle gesagt: Zu Würdigung und Anerkennung gehört das Zurückweisen der Schmährede.

Daß sich eine Autorin, die sich immer wieder und unkorrumpiert für die Frage nach der Befindlichkeit weiblicher Existenz interessiert, exponiert, ist evident. Dafür unter anderem verdient sie Anerkennung, denn das explizite Parteiergreifen ist nicht leicht, so lange die gesellschaftliche Ausgangslage noch immer bedeutet, daß die Macht zugeteilt ist und in weiten Teilen immer noch unterschieden wird zwischen beherrschten Frauen und unbeherrschten Männern.

Egal in welchem Ambiente Elisabeth Reichart ihre Geschichten von der Geschichte, oder besser, von deren Verlust, erzählt, immer wieder beharrt sie: Aus dem Nichtbewältigten, dem vorgeblichen Nichtwissen, aus dem Nichtwissenwollen entstehen Selbstbetrug und Verrat, die neuen Lügen bedingen eine Ignoranz, die schließlich wieder blanke Unmenschlichkeit evoziert. In *Nachtmär* beispielsweise entkommt auch die Kulturschickeria nicht dem Vorwurf des bloß verkleideten Spießertums, das sich im Kleid des Opfers sieht, während es an der Vernichtung des Gegenübers arbeitet. Auch die Gleichgültigkeit ist eine Waffe.

Mit dem Roman *Das vergessene Lächeln der Amaterasu* wagt die Autorin einen ungezügelten Wurf, zieht alle Register des Erzählens, und bleibt in diesem Triptychon doch ungebrochen an ihrem Thema: Auch hier geht es ums Fremdsein, um Herrschaft und Herrschaftsphantasien, um Extreme und radikale Lösungen. Die Entfremdung vom eigenen Kern durch den Verlust der Sprache greift sie ebenso auf wie die erneute Thematisierung des Weiblichen, metaphorisch überhöht und im vorgeblich Exotischen präsentiert. Drängend und dringend und mit dem deutlichen Anliegen, über Grenzen zu gehen, so kommt dieses Buch daher.

Das Ringen um Identität, um Kreativität, das stete Benennen und Aussprechen, auch wenn es schmerzt, das sind die Kernpunkte im Werk von Elisabeth Reichart. Weiße Flecken in der kollektiven wie in der persönlichen Biographie machen den Menschen zu einem haltlosen Wesen, welches das Bewußtsein von sich selbst verliert. Das Private ist nach wie vor politisch, und der Auftrag an jene, denen es zugefallen ist, den Erinnerungen und den Schatten, die aus dem Gewesenen herüberreichen, das Wort zu leihen, ist ebenfalls aufrecht. Deshalb ist es auch der Auftrag einer Jury wie dieser, einer Autorin wie Elisabeth Reichart hier und heute einen Preis zu verleihen. Einer, die sich und ihr Schreiben nicht als ornamentale Tändelei oder höflichen Zierrat versteht, sondern die in ihrer Arbeit immanente Verantwortung wahrnimmt.

„Zum Menschen gehört die Verantwortungsfähigkeit für sich und andere", sagt Elisabeth Reichart im Rahmen ihrer Rede „Inmitten des Wahns". Zur Autorin gehört die Verantwortungsfähigkeit für das Wort, ließe sich fortsetzen. Und „Ohne Sprache sind wir nicht. Ohne Sprache ist nichts", heißt es.

Fraglos gilt: Elisabeth Reichart ist.

Es gäbe noch viel zu sagen zum Werk der Autorin, aus germanistischer, aus literaturwissenschaftlicher Sicht – das steht mir nicht an – ich habe die Ehre, als Kollegin zu sprechen, und möchte Elisabeth Reichart herzlichst zu dem verdienten Preis gratulieren.

Wendelin Schmidt-Dengler

Laudatio für Elisabeth Reichart
ZUM ANTON WILDGANS-PREIS 2001

Es beginnt mit der Geschichte, mit der Geschichte Österreichs, der jüngsten Geschichte: *Februarschatten* (1984) und *Komm über den See* (1988) – das waren die zwei Bücher, die den Namen der Elisabeth Reichart mit einer festen Signatur versahen: Geschichte anders herum erzählt, in der Mitte der achtziger Jahre, da in Österreich eine jüngere Generation von Schriftstellern und Historikern begann, die Selbstverständlichkeiten nicht mehr selbstverständlich sein zu lassen, sie nicht mehr in der euphemistischen Verbrämung zu belassen, die man nach 1945 für lebensnotwendig hielt. *Februarschatten* handelt von der „Hasenjagd", bei der die Bewohner eines kleinen Dorfes in Oberösterreich den Nazischergen bei der Jagd nach sowjetischen Kriegsgefangenen halfen und rund 500 töteten; es geht aber nicht darum, die Gegenwart so nachzustellen, wie dies im historischen Roman der Brauch ist, sondern die Geschichte ergibt sich aus der Nachkriegszeit, die Kriegsereignisse werden gebrochen durch diese gedeutet; auch *Komm über den See* versucht die vergessene Geschichte ebenfalls dialogisch zu erfragen.
Entscheidend aber ist für mich, daß dies kein moralisches Schauturnen ist, das den Leser stets zum Partisanen des guten Erzähler-Egos machen möchte, sondern dieses Erzählen stets die Position befragt, von der aus berichtet wird. Berichtet wird von jenen, denen die Stimme weggenommen wurde, von jenen, denen die Sprache verwehrt wurde. So geht es meist um das Schicksal von Frauen, es geht – wie ein Titel eines Buches Marie-Thérèse Kerschbaumer lautete – auch um die weibliche Geschichte des Widerstandes, aber da wird nicht im nachhinein verklärt. Diese Berichte bewähren sich, weil sie die Risse, Brüche, mutiges und feiges Verhalten, raffinierte Planung und klägliches Versagen in ihrem Ineinanderwirken zutreffend und auch glaubhaft darstellen. Die oral history, der die promovierte Historikerin viel verdankt, verkümmert nie zur moral history. Erzählt wird keineswegs linear, sondern in Vor- und Rückblenden, aus der Kraft und Schwäche des Gedächtnisses resultiert eine Dynamik, die uns Lesende immer dazu anregt, unser eigenes Gedächtnis zu prüfen, ja es geht weniger darum, mit Emphase die Überlegenheit der eigenen Geschichtsauffassung episch zu demonstrieren, sondern vielmehr darum, unsere Instrumente, mit denen wir diesen Umgang pflegen, zu prüfen. Vor allem aber geht es um Kontinuitäten, und diese sind am nachdrücklichsten in dem Roman *Nachtmär* (1995) erkennbar, worin Jugendliche, deren Großeltern den Juden Unterschupf verweigert hatten, nun selbst eine Jüdin aus ihrem Kreis ausschließen und der Schwangeren die Hilfe verweigern: Esther, die Jüdin, ist der „potentielle Störfaktor", doch bleibt den Dasigen die Ausflucht in ihre Träume. Die Konstanz der Motive und Themen ist zwar gegeben, entscheidend ist jedoch der sorgfältig reflektierte Wandel im Stil, der sich bereits in *La Valse* (1992) ankündigt, einer Sammlung von Erzählungen, deren erste den schönen Titel „Der Sonntagsbraten" trägt; es sind nur drei Seiten, die auf beklemmende Weise deutlich machen, wie Geschichte im Alltag präsent ist, wie die Keimzellen unserer Gesellschaft so strukturiert sind wie das Ganze, wie dieses Land sich um den Sonntagstisch versammelt, wie das Idyll zum Schreckbild wird:
„es begann während des Mittagessens, beim Aufteilen des Sonntagsbratens, die Männer die großen, schönen Stücke, die Frauen die kleineren knorpeligen, die Kinder ein paar Brocken oder auch die nicht, daß die Kinder den heimgekehrten Helden und den zu Hause gebliebenen Heldinnen als Misthaufen dienten, mitten in der guten Stube ohne Fluchtmöglichkeiten ...
es begann morgens, es begann abends und kannte keine Sonntagsruhe, der Krieg wurde fortgesetzt, und er hat kein Ende und er hat kein Ende ..."

Es geht um die Sprache, um eine deutliche Sprache, es geht darum, wie mit dieser Sprache, mit den „Todeswörtern", erzogen wurde, so etwa in der Titelerzählung „La Valse" – der deprimierende Bericht einer Frau, die ihren krebskranken Vater vor seinem Tod pflegt, die Geschichte vom Schlagstock, mit dem das Mädchen abgerichtet und vergewaltigt wurde.

Provokant, aber nur für den, der sich provozieren läßt, ist der Titel des nächsten Buches *Fotze* (1993) –, eines jener Worte, dessen mehrfache Bedeutung in jedem Falle zu denken gibt, ein Wort, das die Sprachpraxis marginalisiert hat. Es geht um den Zusammenhang von Sprache, Macht und Gewalt. Das Wort Fotze war, so erinnert sich die Erzählerin, an eine Bunkerwand geschmiert, das Wort signalisiert ein Tabu, mehr aber noch die Praxis, die dazu führt, daß tabuisiert wird, daß das Tabu mehr über die aussagt, die tabuisieren als die tabuisierte Sache selbst. „Exakt registriert die Erzählerrede, daß die korrekte Grammatik das Subjekt regieren läßt und den herrschaftsfreien Satz nur als Fehler und Abweichung kennt" (Konstanze Fliedl).

Ein Buch, dessen „rhetorischen drive" Gerhard Rühm würdigte, nicht zuletzt weil diese Prosa den „Allerweltsrealismus" eben weit hinter sich läßt und damit auch die Konventionen, die sich auf diesen eingeschworen haben. Diese Texte stören die schöne Idylle der postmodernen Literaturlandschaft der neunziger Jahre empfindlich, einer Landschaft, da man plötzlich wieder in die gründerzeitliche „Makartsche Schatulle" (Walter Benjamin) zurück möchte. Diese Bücher verwehren eben jene Rückkehr in die historisierende Fiktion auf Grund der Kenntnis der Geschichte. Ich möchte nachdrücklich auf das kleine Büchlein *Sakkorausch* (1994) aufmerksam machen, ein Buch, das dem Andenken der Helene von Druskowitz gewidmet ist, ein Monolog, der von der Abweichung von der Normalsprache seine Energien bezieht und zugleich diese Normalsprache in ihrer Ungeheuerlichkeit bloßlegt: Das ist nicht das voyeuristische Gefallen, das wir alle an neurotischen und psychotischen Phänomenen haben, sondern vielmehr der Versuch, diesen Phänomenen mittels der Sprache auf den Grund zu kommen, ein Text, der ver-rückt, der das ver-rückt, was uns den Zugang zu Menschen sperrt, die der Alltagsrede entsagen zu müssen meinen.

Mit dem zuletzt erschienenen großen Roman *Das vergessene Lächeln der Amaterasu* ist Elisabeth Reichart ihren Themen im Grundsätzlichen treu geblieben: Es geht wieder um das Tabu, den Sprachverlust, vor allem den Crash, das Zusammenprallen zweier Kulturen, der europäischen und der japanischen. Die Österreicherin Alwina, die mit ihrem Freund Japan bereist, wird ausgeschlossen von dieser Gesellschaft, sie erlebt die Fremde, sie sieht sich gerade dort, wo sie sich integrieren zu können hoffte, radikal abgewiesen. Das alles bietet sich in der sehr gut lesbaren Form des Reiseromans mit starkem Pendant zum Kriminalroman an, mit einem überraschenden Schluß; in jedem Falle wird der Leser bei Laune und Spannung gehalten.

Ich habe, so gut mir das möglich war, eine Überblick über das zu geben versucht, was Elisabeth Reichart in den letzten siebzehn Jahren dem Publikum vorgelegt hat: Freilich steht in der Mitte dieses Werkes immer wieder Österreich, das Schicksal österreichischer Frauen, und das alles in einer Form, die für mich trotz aller harschen Kritik weniger Ausdruck der Polemik als der Sorge ist. Eine Autorin, die nicht kompromißlos formuliert, hat in diesem Land der Kompromisse schon verloren. Und kompromißlos ist Elisabeth Reichert in ihrem Werk zu Werk gegangen. Ihre Texte beweisen, wie wichtig gerade in einer Zeit, da alles nach hemdsärmeligen Fachleuten ruft, Politiker Muskeln spielen lassen und Österreich wie mit dem Zauberstab zu einem Land der Bildung machen wollen, für einen technokratischen Menschenschlag bis in die höchsten Stufen der Ministerien, ausschließlich an den Computer gebunden. Noch dazu darf sich die Intelligenz jetzt auch privatisieren und an dem neuen Wort Vollrechtsfähigkeit berauschen, so als ob je ein Autor, eine Autorin nicht immer schon vollrechtsfähig gewesen wäre – das Finanzamt hat ihn immer schon so verstanden. Die LiteratInnen waren schon privatisiert, ehe unsere Regierung überhaupt daran dachte, sie sind die echte wirtschaftliche Avantgarde. Elisabeth Reichart hat, vor einigen Jahren schon, Politikern die Möglichkeit zum Dialog geben wollen, und festgestellt, daß von diesen das Gespräch nicht fortgesetzt wurde, schon gar nicht durch eine Gegeneinladung. Die SchriftstellerInnen sehen sich, so verstehe ich Elisabeth Reichart in diesem Zusammenhang, einem verhängnisvollen double bind ausgeliefert, sagen sie nichts, heißt es, sie würden sich in den Elfenbeinturm zurückgezogen haben, mischen sie sich ein, heißt, sie würden „ihren verblassenden Ruhm" „aufpäppeln" wollen. „Ein geistesfeindlicherer Umgang mit den Geistesarbeitern ist kaum vorstellbar." Das Werk Elisabeth Reicharts und die Preisverleihung könnten vielleicht ein Anlaß sein, diesen wenig befriedigenden Zustand zu beenden.

Wir danken Maria Schmidt-Dengler für die Erlaubnis zum Abdruck der Laudatio von Wendelin Schmidt-Dengler.

LESARTEN

Hans Höller

Die Amaterasu-Poetik
ELISABETH REICHARTS GEDICHTBAND *IN DER MONDSICHEL UND ANDEREN HERZ-GEGENDEN* IM KONTEXT IHRER PROSA

Seit dreißig Jahren schreibt Elisabeth Reichart Romane und Erzählungen. Im Sommer 2013 erschien im Otto Müller Verlag ihr erster Lyrikband. Wer Reicharts Gedichte liest und ihre Romane kennt, wird die Übergänge oder vielmehr das Übergängige von Prosa und Lyrik nicht übersehen und überrascht bemerken, wie sich ihr Werk in dieser Übergängigkeit erweitert. Eines wird nun im anderen besser erkennbar, es ergeben sich neue Perspektiven, die bisher wenig bemerkten „Heterotopien" (Michel Foucault) werden zu Zentren mehrerer Gedichte, und in den wechselseitigen Spiegelungen tritt der poetische Werkzusammenhang deutlicher hervor. Die sichtbar werdende „Richtung" eines Werks, „die durchgehende Manifestation einer Problemkonstante, eine unverwechselbare Wortwelt, Gestaltenwelt und Konfliktwelt", könne uns veranlassen, „einen Dichter als unausweichlich zu sehen", heißt es in Ingeborg Bachmanns Frankfurter Poetik-Vorlesungen.[1]

Um diese werkgeschichtliche Richtung und lebensgeschichtliche Konsequenz des Schreibens nach 1945 geht es in meinem Beitrag zum ersten Gedichtband *In der Mondsichel und anderen Herzgegenden* von Elisabeth Reichart.[2] Die Konstellationen, die der Lyrikband zum Romanwerk herstellt, sehe ich als Chance, die bisher von der Literaturkritik und von der Forschung zu wenig beachtete ästhetische Dimension ihres Werks zu würdigen.

AUS DEM SCHATTEN INS FREIE KOMMEN

In ihrem Debütroman *Februarschatten* (1984) hat die Schriftstellerin zu ihrem Thema gefunden. Es ist die Frage des Lebens und Schreibens nach Krieg und Vernichtung, bei ihr akzentuiert als die Frage weiblicher Autorschaft nach 1945. Für die in der Umgebung von Mauthausen aufgewachsene Autorin stellte sich diese Frage mit einer besonderen Dringlichkeit. Seit Beginn der achtziger Jahre führte die promovierte Historikerin ihre intensive Forschungs- und Aufklärungsarbeit zur Shoah in der literarischen Auseinandersetzung mit der fortdauernden Vergangenheit weiter. Ein anderes Ich, das der Literatur, kommt nun ins Spiel, das Erzählerinnen-Ich bezieht sich auf die eigene Geschichte, ohne sie aufs Biografische zu verengen, es verbindet die Analyse mit der Imagination, und es versteht Kunst und Utopie als Möglichkeit, den dunklen Schatten des Vergangenen aufzulösen. Vom ersten Roman an hat Reichart im Erzählprozess die familiären Konstellationen dargestellt, in denen das schreibende Ich zum Bewusstsein seiner selbst gelangen muss und seinen Weg finden, der hinausführt aus dem Bann der eigenen Herkunft und aus der Gewalt der Väter und Mütter. Die Historikerin hat als Schriftstellerin auch in den am weitesten entfernten Weltgegenden nicht aufgehört zu fragen, von wo wir herkommen, wie wir in unsere Familien und deren Schuldzusammenhang verflochten sind – und wie wir zur Autorschaft über unser Leben gelangen, für die die künstlerische Arbeit das exemplarische Modell darstellt.

In Reicharts frühen Büchern war es die in Oberösterreich vor der Tür liegende Geschichte der NS-Vernichtungspolitik (*Februarschatten*), aber auch die Geschichte des nach 1945 weitgehend verdrängten Widerstands (*Komm über den See*, 1988) brachte sie zum Schreiben. Später kam die Autorin in den Büchern, deren Handlung in großen Weltstädten spielt, immer wieder auf die Welt ihrer Herkunft zurück: „[E]s begann oder hatte nie aufgehört in den fünfziger Jahren, in einem Dorf in Österreich", „es begann in den Aufbaujahren, die waren zufällig unsere Kinderjahre", „es begann morgens, es begann abends und kannte keine Sonntagsruhe, der Krieg wurde fortgesetzt, und er hat kein Ende, kein Ende ...", das ist der zeitliche und örtliche Index in einzelnen Absätzen der Erzählung „Der Sonntagsbraten" in *La Valse* (1992).[3]

Die Herkunftslandschaft ist auch der Ausgangspunkt der Suche nach Landschaften, nach Orten und Räumen, die dem Bann der Geschichte entzogen sind. Der Lyrikband enthält eine Sammlung solcher rettenden Orte, die eine lichte Raumpoetik des gelingenden Hier und Jetzt repräsentieren. Das Ich der Gedichte erfährt sich an solchen Orten befreit von den Fragen nach sich selber, es geht über in die Dinge und löst sich auf in deren bloßem Sein: „Inmitten der Frage / wer bin ich / frage ich und frage ich und / bin / bin / der Baum vor dem Haus / und der Himmel über ihm / sein Blau und seine Wolken / bin die Stille und jedes Geräusch" („Das Leben lebt sich", S. 29).

Die Orte können weit entfernt liegen, in Japan oder direkt vor der Haustür in Wien, wie im Gedicht „Ginko", das den Band einleitet. Sie strahlen eine Aura kultischer Verborgenheit aus, auch wenn sie noch so sichtbar sind und jedem zugänglich. Sie verdanken sich einem Blickwechsel, sei es durch eine heraufbeschwörte Erinnerung, wie das Märchen von „Tausendundeine Nacht" in einem buddhistischen Tempel, in welchem die „1001 weibliche[n] Buddhas" ihr Lächeln an die Besucher weitergeben; oder eine „Kirschbaumallee", die zum „Spazierweg" des Ich „nach Utopia" wird („Kirschblüte", S. 11); durch die Farbe Blau, die eine Wohnstätte der Ärmsten im Gedicht „Nagoya" in einen Gegen-Ort zur reichen und lauten Stadt verwandelt: „Unter der Stadtautobahn / in den Parks / hinter den Tempeln / blaue Planen gespannt / – glänzendes helles Blau – / gestampfte Erde davor" (S. 8); „gleich ums Eck, nur eine Stunde Fahrt", liegt bei Wien eine Klosterruine, „Frösche paaren sich zuhauf / in dem dunklen Teich / Blumenfelder weiß, blau, gelb" („St. Anna in der Wüste", S. 17). Immer wieder findet man, vor allem im ersten Teil des Gedichtbands, in den folgenden Teilen nur mehr selten, Seenlandschaften, in denen das Ich eins wird mit den Dingen der Natur: „eingetaucht / in das Licht / deines Gesichts im See / Haben dich Wolken ans Ufer / getragen / atemlos" („Nacht", S. 74).

SCHÖNHEIT UND MYSTIK DER DINGE
Bereits in den Romanen kann man einzelne narrative Entwürfe dieser lichten Landschaftsräume finden, in der Beschreibung des Qinghai-Sees im Roman *Die unsichtbare Fotografin* (2008) zum Beispiel, dem wir im Gedicht „Qinghai-See" wieder begegnen. Auch die Überlegungen zur Landschaftsfotografie sind poetologisch relevant, sowohl was die Haltung des lyrischen Ich angeht als auch die Semantik der Farben. Es gehe darum, „nicht an sich zu denken", wenn man fotografiert, eine Forderung, die Alice, die Protagonistin des Fotografinnen-Romans, aus den Selbstvergessenheit ausstrahlenden Aufnahmen einer angehenden jungen Fotografin ableitet. Diese erzählt selbst, wie sie einmal in den Farben gestanden sei, „ganz begeistert von dem sich verändernden Braun, den Funken, Spiegelungen."[4] Alice erlebte solche Ich-Entgrenzungen vor allem in Küstenlandschaften, wo sich eines im anderen öffnete, die Landschaft „konkav" würde und ihr Körper, leicht geworden, sich „in die Umgebung hinein auflöste". „Stärker als je zuvor" habe sie „das am Qinghai-See erlebt", sie sehne sich „nach diesem Zustand, nach dieser Entgrenzung", die sie haltbar machen möchte.[5]

Noch früher findet man in einer der Erzählungen aus dem Band *La Valse* in der Beschreibung einer „Straße am Rande von Wien" diese leicht machende, sich für das Licht und die Farben öffnende Raum-Poetik, die zwanzig Jahre später zum Ereignis des Lyrikbands wird. Die Ich-Erzählerin nennt sie „‚meine' Straße", von der sie davor „nicht ahnte, daß es sie gibt", und die dann doch, als sie die ersten Schritte ‚hinein' ging, „sofort mit allen Zeiten anwesend" ist. Diese Straße am Bisamberg ist ein Ort der Verborgenheit, aber wenn man sie einmal betreten hat, „verbirgt sie nichts mehr von ihrer Schönheit": „Leicht abfallend zieht sie sich zur Stadt hinunter, ist hier tief eingeschnitten, links und rechts Hänge, erdig, sandig, sie geben die Wurzeln der Sträucher und Bäume frei, die stellenweise ein Dach formen, durchsichtiges Dach, unerreichbar wie der Himmel darüber, gewölbtes Dach über der schmalen Straße. Jetzt, im Herbst, rascheln die Blätter, viele sind noch grün, viele bereits von einem strahlenden Hellgelb, nur die Blätter der vereinzelt stehenden Kastanienbäume verfärben sich braun, von den Spitzen her."[6]

Der Erzählung der Straße am Bisamberg liegt die Idee der Schönheit zugrunde, die wir im ersten Teil ihres Gedichtbands – „Jeder Ort / Kein Ort" (S. 7–33) – finden. Es ist eine verborgene Schönheit, deren Evokation ans Mystische streift. Sie offenbart sich dem Ich, das in sie eintritt und einen Blick für sie hat. Ihre konkave Form verspricht Geborgenheit und Schutz, die üblichen Gegensätze von Unten und Oben und von Licht und Dunkel geraten ins Gleiten. Es entsteht eine Art mystische Coincidentia oppositorum, wenn die Wurzeln, als das sonst Unterste der Bäume, frei liegend, das gewölbte, zum „Himmel darüber" durchsichtige Dach bilden, und die Farben der Blätter die sonst voneinander getrennten Jahreszeiten, vom Grün des Frühlings bis zum „strahlenden Hellgelb" und dem Braun des Herbstes, im Hier und Jetzt zusammenrücken. In der tief in den Grund eingeschnittenen Straße, die doch dem Licht entzogen scheint, glänzen die farbigen Naturdinge auf besondere Weise. Die Stille des Orts, an dem nur das Rascheln der Blätter zu hören ist, oder das nahe Dach der freigelegten Wurzeln, das dem Blick „unerreichbar wie der Himmel darüber" vorkommt, ergeben jene Magie des Ortes, der auf ideale Weise Walter Benjamins Begriff der Aura „von natürlichen Gegenständen" als „einmalige Erscheinung einer Ferne, so nah sie sein mag", entspricht.[7]

DIE UNMENSCHLICH GEWORDENEN DINGE
Benjamin erklärt den Verfall der Aura aus den Reproduktionstechniken und aus „der zunehmenden Bedeutung der Massen im heutigen Leben", aber er hält daran fest, dass der Wunsch, „die Dinge […] räumlich und menschlich ‚näherzubringen' […] ein genau so leidenschaftliches Anliegen" sei, „wie es ihre Tendenz einer Überwindung des Einmaligen jeder Gegebenheit durch die Aufnahme von deren Reproduktion ist".[8] Ich möchte dieser Argumentation Benjamins folgen und doch einen anderen Akzent setzen, wenn ich die geschichtsbewusste kritische Dimension in Reicharts poetischer Verteidigung der Aura der „natürlichen" Dinge aus dem Gegensatz zur tödlich entfremdeten Dingwelt herleite. Der bildhafte Inbegriff der nach 1945 verdunkelten, den Menschen feindlich anstarrenden Dinge ist der „Februarschatten". Ein freierer Blick auf die Welt ist erst zu gewinnen, nicht indem er verdrängt wird, sondern indem das schreibende Ich sich dem Schatten des Vergangenen aussetzt und durch ihn hindurch sich die Welt neu erobert. Den Dingen ihre Aura zurückzuerstatten, das ist nach 1945 auf andere Weise das „leidenschaftlich[e] Anliegen", die unverletzte Gestalt der Dinge und mit ihnen die menschliche Integrität wiederherzustellen, ein Anliegen, das weiter reicht als die Klassenfrage der Reproduktionsmittel, sosehr sie damit verflochten ist.

Die Schriftstellerin steht mit diesem Versuch der Wiederherstellung dem Werk Ingeborg Bachmanns nahe, aber auch der chassidischen Mystik Fred Wanders, mit dem sie befreundet war. Seine mystischen Geschichten vom siebenten Brunnen erzählen vom Wiedergeborenwerden im Erzählen, in welchem sich das Ich nach der Vernichtungserfahrung als etwas Drittes neu hervorbringt. Ruth Klüger sieht darin die Wiederherstellung einer unverstümmelten Erfahrung, im „staunenden Blick, mit dem jeder das Leben anfängt", liege der „Schlüssel" zu seinem Werk.[9] Wander selbst sah den Sinn seines Erzählens darin, den vernichtenden Blick der anderen aufzuheben und die Autorschaft über das eigene Leben zurückzugewinnen.[10]

Die erzählerische oder dichterische Rettung der Dinge in der Kunst erhält aus dieser geschichtlichen Erfahrung einen neuen Stellenwert. Denn entfremdet und feindlich, wie sie dem Ich gegenüberstehen, tragen sie zu seinem Selbstverlust bei: „Ich finde mich nicht, so allein mit den *Dingen*, die im Blut waten. […] Bedrohlich wirken sie in ihrer Übermacht, und sie wissen es",[11] sagt die Malerin in *Das vergessene Lächeln der Amaterasu* (1998). „Die Dinge brauchen uns nicht, sie lachen uns aus mit ihrem Klirren und Quietschen";[12] sie fühlt sich vom „bösen[n] Blick" der Dinge „angestarrt" und geht sich in diesem Blick selber verloren.[13] Wenn man diese „Übermacht" der „toten Dinge" mitdenkt, gelangt man zu einem tieferen Verständnis der Bedeutung der Dinge als lebendige Wesen, unter denen sich das Ich der Gedichte wie neu zum Leben erweckt vorkommt.

Auf das bedrohliche Fremdwerden der Ding-Welt hat die Literatur spätestens seit der Industriellen Revolution reagiert. Zum ersten Mal findet man bei Adalbert Stifter die Schreckensvision einer Welt, in der die Dinge unter der Herrschaft des Geldes ihre Farben verlieren, sich das Geld an die Stelle der Bilder setzt und etwas Abstraktes, das Tauschmittel, sich auf gespenstische Weise verselbständigt, „statt Bild der Dinge selbst Ding werdend, ja e i n z i g Ding, das all die andern verschlang".[14] In Hugo von Hofmannsthals *Briefe[n] des Zurückgekehrten* (1906) registriert ein Financier und Globalisierer avant la lettre dieses Unwirklichwerden. Ein „Fast-Nichts" habe sich an die Stelle der wirklichen Dinge gesetzt, sogar die Landschaft erscheint ihm als „bösartig[e] Unwirklichkeit".[15] Erst der Zufall, dass er in eine Ausstellung mit Bildern van Goghs eintritt, heilt ihn von seinen krankhaften Unwirklichkeitsgefühlen, plötzlich konnte er, „von Bild zu Bild", das „Untereinander, das Miteinander der Gebilde fühlen", das „Wunder ihres Daseins" erleben – konnte sehen, „wie ihr innerstes Leben in der Farbe vorbrach und wie die Farben eine um der andern willen lebten und wie eine, geheimnisvoll-mächtig, die andern alle trug".[16]

Auch in den Romanen und Gedichten Elisabeth Reicharts liegt die Rettung vor dem „böse[n] Blick der Dinge"[17] in den Farben, als würde sich in ihnen, im Sinne von Goethes *Farbenlehre,* das „menschlich[e] Wesen" offenbaren. Die Farben müssen, um einen menschlichen Gegenentwurf bilden zu können, im künstlerischen Schaffensprozess „Form annehmen", weiß die Malerin als Ich-Erzählerin in *Das vergessene Lächeln der Amaterasu*, die Farben bedeuten für sie Selbstbewusstsein – „Noch habe ich meine Farben" – und begründen die Notwendigkeit der Kunst. Denn die Farben wollen ihrerseits „endlich Form annehmen […] dürfen. Die Form gestalte ich, nicht das Schicksal. Sie ist meine Antwort auf die Unwirklichkeit der leblosen *Dinge.*"[18] Es geht der Malerin um jenes „ander[e] Sehen" in der Kunst, „in dem die Farben beständig waren": Es ist „das Wichtigste in meinem Leben!"[19] Die Farben verbürgen ihr die Auferstehung in den Dingen: „Alwina war einverstanden damit, zum Reisfeld zu werden, grün würde sie werden, und das Haus würde ergrünen, mit dem Reis würde es seine Todesfarben ablegen dürfen und in seiner ursprünglichen Farbe wiedergeboren werden […] ".[20]

Wörter und Worte wie „Todesfarben" oder der „böse Blick" der Dinge, Sätze wie „die toten *Dinge,* die uns hassen",[21] „sie lachen uns aus mit ihrem Klirren und Quietschen", die „*Dinge* werden mich erdrücken",[22] stellen den dunklen Hintergrund der Rettung der Dinge und ihrer Farben dar, die, diskursiv in den Romanen angelegt, die neue Poetik des Gedichtbands bestimmt.

DAS SPRACHBILD DES SCHATTENS
Die Wiederherstellung der vom Schatten der Geschichte befreiten Dinge ist als Intention direkt oder indirekt in den Büchern Reicharts von Beginn an enthalten. Das einprägsame Bild vom *Februarschatten* im ersten Roman und die charakteristische, in mehrere Figuren sich aufspaltende Erzählerinnen-Rede sind das Medium der bewusst-unbewussten Auseinandersetzung mit der traumatischen Geschichte des NS-Terrors in ihren Romanen. In fast jedem wird diese Geschichte in familiären Konflikten verhandelt, die Texte zeigen, wie tief die prägenden Instanzen, vor allem die Mütter und Väter, in das Ich hineingesenkt sind und dessen Wahrnehmung der Welt bestimmen. Sie sind der „Schatten" in uns, die in der Atmosphäre der Geschichtslandschaften und der Häuser, im Verhalten und in den Haltungen weitergegebene geschichtliche Gewalt. „Februarschatten" ist das erste, unvergessliche Sprachbild für die körperlich-atmosphärische Dimension des geschichtlichen Traumas der NS-Vernichtung. Aber das Sprachbild selbst weist indirekt bereits auf das kritische Moment des analytischen Erzählens. Es will den Bann der Verfinsterung einer Geschichtslandschaft brechen, indem es ihn im Medium der Kunst benennbar macht.[23] Die Künstlerinnengestalten in Reicharts Werk, die schreibende Tochter in *Februarschatten*, die Malerin in *Das vergessene Lächeln der Amaterasu* oder die Fotojournalistin in *Die unsichtbare Fotografin* reflektieren die künstlerische Arbeit in

einer Welt der nicht erhellten Vergangenheit und der fortgesetzten Kriege und sie beurteilen ihre Kunstwerke danach, ob und wie es ihnen gelingt, die schattenhafte, stumme Gewalt in den Dingen mit der Sprache, mit den Farben und mit dem Licht zu durchdringen, um so etwas Anderes erfahrbar zu machen, jenen utopischen Entwurf von „Schönheit" und „Wahrheit", zu denen es die Protagonistin in *Die unsichtbare Fotografin* hinzieht.[24]

Im Lyrikband, so märchenhaft romantisch der Titel *In der Mondsichel und anderen Herzgegenden* klingt, ist dieser frühe, auf die Befreiung vom Bann des dunklen Schattens zielende Antrieb von Reicharts Schreiben nicht verloren gegangen, aber in den Gedichten ist er zum dichterischen Gegenentwurf einer Poetik der Farben und des Lichts geworden, der auratischen Räume, die Schutz und Stille gewähren, und eines leichteren, freieren Daseins der Dinge. In ihnen erfährt sich das Ich wie angekommen, gleichzeitig öffnet es sich für die Welt und erlebt die eigene Vergangenheit nicht mehr länger als bedrückend.

GINKOBLÄTTER IN WIEN

Im ersten Gedicht des Lyrikbands sind es die Ginko-Blätter auf der Straße vor der Haustür „mitten in Wien", die an „[all] die Ginkos / auf all den Inseln / im Land der / vergessenen / Göttin" erinnern, als würden die west-östlichen Lebenshälften des autobiografischen Ich im „Jetzt" des erlebten Augenblicks eins werden (S. 7).

> Ginko
>
> Auf dem Asphalt
> vor meiner Haustür
> mitten in Wien
> Ginkoblätter
> in diesem Sommer
> zum ersten Mal
>
> All die Ginkos
> auf all den Inseln
> im Land der
> vergessenen
> Göttin
> Jetzt grüne Fächer
> vor meiner Haustür
> Wiener Ginko

Mit der Erinnerung an die Ginko-Blätter wird der kleine städtische Raum – ein Haus, eine Straße in Wien – in ein west-östliches Bezugssystem versetzt, und Vergangenheit und Gegenwart verbinden sich „zum ersten Mal" im glückenden Hier und „Jetzt". In den folgenden Gedichten – im ersten Teil des Bands – findet man noch öfter dieses Nunc stans der Mystiker vor allem in der fernöstlichen Variante des Buddhismus. Der Ginko ist ja der buddhistische Tempelbaum und der charakteristische Baum Japans – „All die Ginkos / auf all den Inseln".

Den urbanen Raum mit dem „Wiener Ginko" könnte man als eine Form der „Heterotopien" bezeichnen, worunter Michel Foucault Räume versteht, die in unserer Wirklichkeit zu finden sind und doch hinausweisen in andere, alternative Ordnungen und Zusammenhänge. Foucault besteht auf deren kritischer Beziehung zur Wirklichkeit, er spricht von „Widerlager[n] und Gegenplazierungen" und betont den Unterschied zum – bei ihm sehr eng gefassten – Utopie-Begriff, wenn er die „Heterotopien" „gewissermaßen Orte außerhalb aller Orte" nennt, „wiewohl sie tatsächlich geortet werden können".[25] Die Denkfigur des Hinausreichens über die wirklichen, tatsächlich aufsuchbaren Orte ist aufschlussreich für Reicharts „Ginko"-Gedicht, in welchem der Ort „mitten in Wien" in einen Ort „außerhalb aller Orte" verwandelt wird. Er wird nämlich aufgehoben in einem System von Korrespondenzen, dadurch wirklicher und unwirklicher zugleich, was paradox klingt, genau so paradox wie der Titels des ersten Zyklus des Gedichtbands: „Jeder Ort / Kein Ort". Aus der Titel-Formulierung ist die persönliche Lebenserfahrung des schreibenden Ich herauszulesen, aber auch die allgemeinere Problematik von Utopie und Dichtung. *Kein Ort. Nirgends* war die wissende Chiffre dieser Problematik bei Christa Wolf, deren resignative Komponente Elisabeth Reichart mit ihrer Titelformulierung aufbricht. „Jeder Ort" kann sich als „Kein Ort" auch in dem Sinn erweisen, dass er zur U-Topie wird, zum Raum eines gelingenden Lebens.

Auch die auffallenden Goethe-Beziehungen in Reicharts erstem Gedicht betont die dichterisch emphatische Bedeutung des Orts als Raum menschlicher Entfaltung und Schönheit. Das kunstvolle „Ginko"-Gedicht, das den Lyrikband eröffnet, spielt diskret auf Goethes „Ginko biloba" im *West-östlichen Divan* an, auch das Bild des Fächers im Gedicht erinnert an Goethes berühmten Vers „Das Wort ist ein Fächer",[26] und nicht zuletzt spiegelt Reichart die eigene biografische West-Ost-Erfahrung im gleichnishaft poetisch-kosmopolitischen Titel des *West-östlichen Divan*. Eine nachdenkliche Gelassenheit gegenüber ihren Lebensreisen spricht aus dem Erlebnis der miteinander korrespondierenden Räume und Zeiten, die im Hier und Jetzt „mitten in Wien" zu einem Einklang zusammenfinden. Das Japan als die östliche Hälfte des lyrischen Ich wird mit dem Amaterasu-Mythos in der mittleren Strophe – das „Land der vergessenen Göttin" – angesprochen, der schon im Roman als befreiender Selbstentwurf verstanden wird.

DIE AMATERASU-POETIK
Der Mythos vom vergessenen Lächeln der Amaterasu ist im Gedichtband in einen poetischen Lebensentwurf verwandelt worden, in eine lyrische Poetik des Lächelns, der Farben, des Glanzes, des Lichts und der Spiegelungen. Die Göttin „Glanz des Himmels" verschloss sich, erfahren wir in der Mythen-Erzählung des Romans, vor der Gewalt ihres kriegerischen Bruders in eine finstere Felsenhöhle. Aber die anderen Götter lockten sie mit einer List hervor, die sie zum Lächeln brachte, wodurch die Göttin der Welt zurückgegeben wurde. In einem der längsten Gedichte des ganzen Lyrikbandes – „Das Leben lebt sich" – will das lyrische Ich selber zum „Spiegel" werden „für die vergessene Göttin": „inmitten des Seins / alles / Höhle sein / Amaterasu sein / ihr Spiegel sein" (S. 32). Dieses mystische Verlangen wird in der Poetik der Gedichte verwirklicht, es „zeigt sich", könnte man mit einer Anspielung auf Ludwig Wittgensteins *Tractatus*[27] sagen, es „zeigt sich" in der Licht- und Farbsemantik, in der Zurücknahme des Ich, im Durchlässigwerden von Ich und Landschaftsnatur, im Ineinander von Innenwelt und Außenwelt, mit anderen Worten, in der Selbstvergessenheit, die man mit den buddhistischen Lehren verbinden könnte, umso mehr, da nicht wenige Gedichte buddhistischen Kultstätten gewidmet sind.

DIE GEWALTIGE ANTISTROPHE GEGEN DIE LICHTE RAUMPOETIK
Der lächelnde Blick, das Leichter-Werden, ins Schweben-Geraten, die oft begegnende Landschaftsszene mit dem See „inmitten", die Wendung zum Licht, zu den Farben als lebendige Wesen, bestimmen nur den ersten Teil des Gedichtbands, auch wenn er der umfangreichste ist. Die Gedichte der folgenden drei thematischen Zyklen, „Träume" (S. 37–45), „Herzgegend" (S. 49–68) und „Nacht" (S. 71–82) stellen die lichte Raum-Poetik als Ich-Entwurf in Frage. Fast alles trägt hier die Spuren einer schmerzenden Defizienz, von tiefgreifenden Verletzungen, von etwas Bedrohlichem, oder es ist Ausdruck eines wilden, ungestillten Begehrens, mit dem sich das Ich allein gelassen erfährt. „Anrufung", das Gedicht, das den „Träume"-Teil eröffnet, ist ein in kurze Verse gegliederter Aufschrei eines begehrenden Ich, seines unbändigen Verlangens nach körperlicher Nähe im Raum der Natur, der die gesellschaftliche Kälte und Isolation wettmachen soll: „Umarme mich Sommer / Streichle mich Wind / Glüht mir Sterne / Berge mich Wasser", ein Schrei gegen das „Asche zu Asche" erkalteter Beziehungen (S. 37).

In anderen Naturbildern, auch hier ist es oft die thematische Seenlandschaft, bricht das Versenkte, Unterdrückte, das Stillgelegte hervor, und der See „inmitten", der buddhistische Traum vom In-der-Mitte-Sein, wird davon zerrissen. „Die vergangenen Sehnsüchte / zerzausen das Schilf" („[Die vergangenen Sehnsüchte]" S. 42), „Krähen schwärzen / die dünne Decke des Sees / ihr ansteigender Schrei / zerreißt das Eis" („Mondsichel", S. 39), das eigene „Leben" „überfällt" das Ich jeden Tag neu („Morgentau", S. 38). Nichts heilt den Widerspruch in sich selber, und die Versagungen durch den Anderen lassen die „Herzgegend" zum Ort der Verletzung werden: Das „Herz gehört jetzt dem Messer" („Klosterruinen", S. 64). Wie ein Hohn „wölbt sich ein Regenbogen" über „dem See": „vollendetes Farbenspiel", aber „das Wasser steht" den Liebenden „bis zum Hals", und ihr „blutender Mund verträgt keine Küsse" („Regenbogen", S. 66). In den „Herzgegend"-Gedichten „steckt ein Messer im Herz", die „Wunder / die Wunden / sie liegen hautnah" und sie „schleifen" das Ich („[Zwischen Staub saugen]", S. 55).

Wenn die Gedichte in „Jeder Ort / Kein Ort" oft eine genaue, knappe Raumstruktur entwerfen – „*Auf* dem Asphalt / *vor* meiner Haustür / *mitten in* Wien" („Ginko", S. 7, Hervorh. von mir) –, das Ich sich ganz zurücknimmt in den Raum eines ‚stehenden Jetzt', stellen die Ich-Dynamik und die wilde Gestik genauso wie die bewusst eingesetzte melodramatische Bilderwelt in den folgenden Teilen des Gedichtsbands die große Antistrophe zum ersten Teil dar. So schön die Raumstrukturen und Farben in den Gedichten des Eingangsteil sind: „All die Ginkos / auf all den Inseln" (S. 7); die „Reinheit" der Armut „ [u]nter der Stadtautobahn / in den Parks / hinter den Tempeln" („Nagoya", S. 8); „[a]ll die Kirschblütenfeste" („Kirschblüte", S. 12), die „Tausendundeine" „Lächeln" der „1001 weibliche Buddhas" (S. 14), all die „wundervolle Schönheit" und die „Worte / die diese Wunder zaubern" („Wasser", S. 20), all das Licht und das Sein „inmitten des Seins" („Das Leben lebt sich", S. 32), der „Baum vor dem Haus / und der Himmel über ihm / sein Blau und seine Wolken" (ebd., S. 29) – all diese Schönheit braucht den großen dramatischen Gegentext des maßlos begehrenden, verletzten, verstümmelten, sterblichen Ich, und sie braucht den Einspruch einer wilden, oft unreinen, vor Abstürzen in Kalauer und Kolportage nicht zurückschreckenden Sprache. Denn so wie die schöne Raum-Poetik im ersten Zyklus des Gedichtsbands die Dinge vom Schatten der Vergangenheit befreit, verteidigen die Gedichte der drei folgenden Teile das begehrende, zerrissene, beschädigte und sterbliche Ich und damit den Widerspruch und Widerstand in uns selber.

NACHTGEDICHTE

„Nachtgedicht II" (S. 81), das vorletzte der Todes- und Sterbegedichte des thematischen Zyklus „Nacht", gehört zu den schönsten der vielen See-Gedichte des Bands, und nicht nur von Reicharts Gedichtband. Es setzt ein mit einer vierzeiligen Strophe, auf die, grafisch abgesetzt, das Wort „Stille" folgt und der Satz „Am Ufer lauert ihr Gegner":

> Nachtgedicht II
>
> Schon legt sich die Dunkelheit auf das Wasser
> ertrinkt ein Schrei in dem schwarzen See
> leckt das Boot, das seinen Hafen nicht fand
> kehren die schwebenden Nebel heim ins Gebüsch
>
> Stille
>
> Am Ufer lauert ihr Gegner

Dann, noch einmal grafisch abgesetzt, die letzten fünf Verse, in denen nicht gesagt wird, wer dieser „Gegner" ist, nur dass ihn „ein Kind" gestern „hörte", dass ihn heute „die Sonne" „wärmte", jetzt „der Mond" „spiegelt" und die Finsternis verschluckt, dass seine Klagen „das Wasser zum Tanzen" bringen. Die letzten beiden Verse lauten: „Glucksende Wellen nässen die Ufer, füllen die Stille / die immer tiefer gleitet, trunken von Schmerz". – Aber wer ist „ihr Gegner", der „am Ufer lauert", und wer ist es, der im „schwarzen See" verschwunden ist? Ist es Undine, und er, der zurückbleibt am Ufer, der treulose Geliebte, der nun klagt und dessen

Klage „das Wasser zum Tanzen" bringt, den See übergehen lässt und die Stille füllt, die nun „trunken von Schmerz" ist und „immer tiefer gleitet"? Müssen wir uns diese Seen-Landschaft als Traumszene eines Ich vorstellen, das sich aufspaltet und in sich die Liebende ermordet hat?

Wie ein dunkler, rätselhafter Mordschauplatz nimmt sich das Traumbild dieser anderen „Herzgegend" aus. Die schwarze Romantik dieser Topografie ist der Kontrapunkt zum quasi klassischen „Ginko"-Gedicht, das am Beginn des Lyrikbandes steht. „Nachtgedicht II" erschafft in seiner Fülle von Assonanzen und Alliterationen, von Spiegelungen und Echos der Wörter, in den Synästhesien von Sehen und Trinken und Schlucken und Hören und Fühlen ein sinnlich-musikalisches Gewebe, das in die große Tradition der Wasser- und Seen-Gedichte gehört, in denen das Männliche und das Weibliche oft wie verloren einander gegenüberstehen. Deren Form aber gibt durch ihre sprachsinnlichen Effekte das erotische Ineinander von allem mit allem zu verstehen, ohne dass der Ausdruck des großen Schmerzes über das in uns Verdrängte, Erstickte und Abgetöte verkleinert würde.

---

1 Ingeborg Bachmann: Frankfurter Vorlesungen: Probleme zeitgenössischer Dichtung. In: Dies.: *Werke*, hg. v. Christine Koschel, Inge von Weidenbaum, Clemens Münster, Bd. 4, München/Zürich: Piper 1978, S. 181–271, S. 193.
2 Elisabeth Reichart: *In der Mondsichel und anderen Herzgegenden*, Salzburg/Wien: Otto Müller 2013. Im Folgenden im Text mit Seitenangaben zitiert.
3 Elisabeth Reichart: Der Sonntagsbraten. In: Elisabeth Reichart: *La Valse. Erzählungen*, Salzburg/Wien: Otto Müller 1992, S. 5–7.
4 Elisabeth Reichart: *Die unsichtbare Fotografin. Roman*, Salzburg/ Wien: Otto Müller 2008, S. 66.
5 Ebd., S. 96.
6 Elisabeth Reichart: Straße am Rande von Wien. In: Reichart, *La Valse*. S. 76–80, S. 76.
7 Walter Benjamin: Das Kunstwerk im Zeitalter seiner technischen Reproduzierbarkeit. In: Ders.: *Das Kunstwerk im Zeitalter seiner technischen Reproduzierbarkeit. Drei Studien zur Kunstsoziologie*, Frankfurt a. Main: Suhrkamp 1969, S. 7–64; S. 15.
8 Ebd., S. 15.
9 Ruth Klüger: „Meine Toten sind zahlreich und gesprächig". Nachwort. In: Fred Wander: *Der siebente Brunnen. Roman*. Göttingen: Wallstein 2005, S. 151–162, S. 159.
10 Vgl. Fred Wander: *Das gute Leben oder Von der Fröhlichkeit im Schrecken. Erinnerungen*. Göttingen: Wallstein 2006, S. 34f.
11 Elisabeth Reichart: *Das vergessene Lächeln der Amaterasu. Roman*. Berlin: Aufbau 1998, S. 284f.
12 Ebd., S. 287.
13 Ebd., S. 284.
14 Adalbert Stifter: Aussicht und Betrachtungen von der Spitze des St. Stephansthurmes. In: *Wien und die Wiener, in Bildern aus dem Leben*, hg. v. Johann Lachinger, Stuttgart: Kohlhammer 2005, S. V–XXI, S. XII (= A. Stifter: *Werke und Briefe. Historisch-Kritische Gesamtausgabe*, hg. v. Alfred Doppler u. Hartmut Laufhütte; Bd. 9.1).
15 Hugo von Hofmannsthal: Die Briefe des Zurückgekehrten. In: Ders: *Gesammelte Werke. Prosa II*, Frankfurt a. Main: S. Fischer 1959, S. 298 u. S. 301.
16 Ebd., S. 303 f.
17 Reichart, *Amaterasu*, S. 204.
18 Ebd., S. 298.
19 Ebd., S. 115.
20 Ebd., S. 206.
21 Ebd., S. 287.
22 Ebd., S. 288.
23 „Reicharts weibliche Figuren sind ständig bemüht, sich auf dem Weg zur Wiedergewinnung der eigenen Identität von den ‚dunklen Schatten' der Vergangenheit und Sprachlosigkeit zu befreien. Sie werden von dem Schattenreich der mit Schuld beladenen faschistischen Vergangenheit verfolgt (*Februarschatten*) und eingeholt (*Komm über den See*). […] Die dunklen Schatten der Vergangenheit bedeuten aber auch die brutale Gewaltausübung innerhalb der Familie […]". Vgl. Renata Cornejo: *Das Dilemma des weiblichen Ich. Untersuchungen zur Prosa der 1980er Jahre von Elfriede Jelinek, Anna Mitgutsch und Elisabeth Reichart*. Wien: Praesens 2006, S. 63.
24 „Ich verstehe deine Sehnsucht nach Schönheit", sagt James zu Alice, der Fotografin, die er auf ihrem Weg zu einer Verbindung von Schönheit und politischer Aufklärung bestärken möchte. Vgl. Reichart, *Fotografin*, S. 80.
25 Vgl. Michel Foucault: Andere Räume. In: *Aisthesis. Wahrnehmung heute oder Perspektiven einer anderen Ästhetik. Essais*, hg. v. Karlheinz Barck u. a. Leipzig: Reclam 1990, S. 34–46, S. 39.
26 Johann Wolfgang Goethe: *West-östlicher Divan*, hg. v. Hendrik Birus. Frankfurt a. Main: Deutscher Klassiker Verlag 1994, S. 160 (= *Sämtliche Werke*, II. Abtlg., Bd. 4.1).
27 Ludwig Wittgenstein: *Tractatus logico-philosophicus / Logisch-philosophische Abhandlung*. Frankfurt a. Main: Suhrkamp 1969, S. 115.

Dana Pfeiferová

Kunst oder Leben?
ZUR POETOLOGISCHEN SEITE DER TEXTE ELISABETH REICHARTS

Die promovierte Historikerin[1] Elisabeth Reichart geht in ihren Büchern der Frage nach, inwieweit die Geschichte die Gegenwart prägt beziehungsweise welche schlimmen Folgen es im privaten sowie im gesellschaftlichen Bereich hat, wenn die verhängnisvolle Vergangenheit nicht aufgearbeitet wird. Bereits ihr erster Roman *Februarschatten* wirft dieses für Österreich so wichtige Thema auf. 1984, als das Buch erschien, suhlte sich die politische Repräsentanz der Alpenrepublik noch in der Opferrolle. Die Affäre Waldheim, die den Bundespräsidenten als Lügner und mit seiner Kriegskarriere als Offizier bei der Wehrmacht als Mittäter bloßstellte, sollte erst zwei bzw. vier Jahre später losgehen.[2] Reicharts literarisches Debüt trug zur Aufdeckung des Unschuldsmythos der Zweiten Republik bei und half durch die Schilderung der sogenannten Mühlviertler Hasenjagd, als im Februar 1945 die oberösterreichische Bevölkerung geholfen hatte, 500 Häftlinge, die aus dem Konzentrationslager Mauthausen ausgebrochen waren, einzufangen, die aktive Rolle Österreichs an den Gräueltaten des Zweiten Weltkriegs zu thematisieren.

Auch in der Erzählung *Komm über den See* geht die Mittäterschaft im Krieg mit der Verdrängung der Geschichte Hand in Hand und gefährdet die Identität der Hauptfigur. In *Nachtmär* erscheint wiederum das Motiv des Holocaust bzw. Antisemitismus sowie die Strategie, deren Thematisierung in der Nachkriegsgesellschaft zu verhindern, da die Rede der Nachgeborenen von der ‚typisch jüdischen Opferrolle' noch immer stigmatisierend wirkt und die Freundschaft in einer ehemaligen StudentInnenclique zerstört. Maria-Regina Kecht deutet den Roman aufschlussreich als Kritik der Erinnerungskultur im Nachkriegsösterreich.[3] Auf die Poetologie des Romans verweist eine kursiv markierte Textstelle, in der die Handlung langsam zu Ende geht und Marlen beschließt, die gemeinsame Geschichte des Verrats zu rekonstruieren, die ersten Worte zu schreiben, die „ersten gültigen Worte, damit alle Worte wieder gültig sind".[4] Ihre Sätze sind identisch mit dem ersten Romanabsatz, was den Text als kritische Auseinandersetzung mit der Vergangenheit ausweist. Sogar im fernen Japan, im Roman *Das vergessene Lächeln der Amaterasu*, wird die Protagonistin mit der „Reinkarnation des NS-Faschismus"[5] in der Gestalt des Bösewichts Nagoya konfrontiert. Der gebürtige Österreicher spinnt im technisch hochentwickelten Land die nationalsozialistische Ideologie von den Auserwählten weiter[6], indem er, als Gentechniker Gott spielend, für teures Geld den Privilegierten einen Platz in seiner Unterwasserstadt garantieren will. In den neueren Romanen werden die Schatten der nationalsozialistischen Diktatur durch das kommunistische totalitäre Regime ersetzt. So wird die Integrität der Hauptfigur in *Das Haus der sterbenden Männer* durch die tschechoslowakische Staatspolizei, die StB, gebrochen, im Roman *Die unsichtbare Fotografin* wird wiederum die Frage diskutiert, inwieweit man das Leid in einer Diktatur – diesmal geht es um das kommunistische China – in der Kunst vermarkten kann. Diese enge Verbindung zwischen der gesellschaftskritischen Intention der Prosabücher Elisabeth Reicharts mit der Frage nach deren entsprechender literarischer Umsetzung, die enge Beziehung zwischen der Aufdeckung der Vergangenheit mit der poetologischen Seite der Texte wird im Folgenden untersucht.

Gerade diese metatextuelle Seite des Romans *Februarschatten* (1984) ist es, die bereits Christa Wolf in ihrem Nachwort thematisiert hat: „Die Struktur des Textes, die einer Enthüllung zutreibt, entspricht dem Gang der Erkundung, den die Autorin unternommen hat, und sie entspricht auch dem Vorgang des Sich-Erinnerns. Ich hatte das Gefühl, an einer Ausgrabung mitzuarbeiten, vor deren Ergebnis mir graute. Wir nehmen teil an den Zuckungen einer Frau, die etwas Entsetzliches herauswürgen soll."⁷ Der historische Stoff des Romans wird im Rahmen einer Familie zur Sprache gebracht. Die Rolle der Entdeckerin der Wahrheit fällt der Tochter Erika zu, die zwar der Generation der Nachgeborenen angehört, jedoch spürt, wie ihre Familie durch die verdrängte Geschichte eingeholt wird. Während der Vater bereitwillig über seine Kriegszeit bei der Wehrmacht erzählt hat, verharrt die Mutter auch nach seinem Tod in ihrem Schweigen. Nach und nach gelingt es Erika, dieses Schweigen zu brechen: Die schrecklichen Bilder jener Nacht vom 2. Februar 1945, als sich die Nachbarn bereitwillig an dem Massaker der entflohenen sowjetischen Offiziere beteiligt haben, kommen wieder ans Tageslicht. Genauso wie der Tod des geliebten Bruders Hannes, der als Einziger versucht hat, einen Häftling zu retten, durch den Verrat seiner Schwester Hilde aufgeflogen ist und sich schließlich umgebracht hat. Die Bedeutung des Buchs liegt in der Thematisierung der Schuld der Österreicher am Zweiten Weltkrieg, seine Qualität unter anderem in der Hinterfragung einer vereinfachenden Schuldzuweisung im Bezug auf die Hauptfigur.⁸ Hilde, das Kind von damals, fühlt sich ihr ganzes Leben lang schuld an dem Tod des Bruders, denn sie „[h]atte sich für Deutschland entschieden"⁹, und ist zugleich Opfer der nationalsozialistischen Ideologie. Für meine Untersuchung ist die Thematisierung der Relation zwischen der Geschichte und deren Literarisierung von besonderer Relevanz. Denn die Frage, inwieweit die literarische Historiografie objektiv ist, stellt im Text Hilde selbst, als sie das Manuskript ihrer Tochter kommentiert: „Diese Frau bin ich nicht. Die ist ein Hirngespinst der Tochter. Ich habe nie eine schwarze Katze gehabt."¹⁰ Somit wird explizit darauf aufmerksam gemacht, dass die Einbettung der verhängnisvollen Geschichte Österreichs in diese eine Familiengeschichte zur literarischen Fiktion gehört, deren Bilder, wie bereits Christa Wolf betont hat, sehr stimmig sind und einen wichtigen Beitrag zur Aufarbeitung der Schuldfrage leisten. „Aber da steht nun das Haus, schwer zu vergessen. Da ist der trinkende Vater, da ist das Dorf. Dies alles so hingestellt zu haben, wie aus Stein, wie aus Fleisch und Blut, und es zugleich als Erfindung zu kennzeichnen und in der Schwebe zu halten, erscheint mir als die eigentliche künstlerische Leistung von Elisabeth Reichart."¹¹

Auch in *Komm über den See* werden die Gräueltaten des Zweiten Weltkriegs und deren Folgen im Rahmen einer Familie untersucht. Ruth gibt ihre Stelle als Dolmetscherin auf, studiert Geschichte und promoviert über den Frauenwiderstand gegen den Nationalsozialismus. Schließlich geht sie aus Wien nach Gmunden, um Geschichte zu unterrichten und zugleich die Kriegsgeschichte des Ortes aufzudecken. Denn hinter der Naturidylle tut sich ein Abgrund auf: Im Zweiten Weltkrieg gab es in der Nähe von Gmunden ein Konzentrationslager. Zugleich war in Gmunden eine kommunistische Frauenwiderstandsgruppe tätig, deren Mitglied auch Ruths Mutter war; der Ortswechsel der Romanheldin wird durch private Gründe motiviert. Als Ruth in ihren Unterricht Zeitzeugen mitbringen will und die Schüler zu Hause nach den individuellen Geschichten im Rahmen der großen Geschichte recherchieren sollen, verbietet der Schuldirektor alle Aktivitäten zur Aufdeckung der Vergangenheit. Gmunden als Modellgemeinde für ganz Österreich will seine falsche Identität als Naturparadies aufrechterhalten.¹² Letztendlich findet Ruth heraus, dass die Mutter ihre MitkämpferInnen verraten hat, um ihr Kind zu retten. Nach der Verhaftung der Mutter hat Ruth unter einem anderen Namen bei ihren Tanten gelebt. Ruths Recherchen nach ihrer Identität sind mit der Suche nach der Identität ihres Landes verbunden, denn beide wurden durch den Zweiten Weltkrieg verhängnisvoll geprägt. Zugleich versteckt sich in der Suche nach der Stimme der Mutter eine Anspielung auf Ingeborg Bachmanns poetologische Erzählung *Simultan*: Wie Bachmanns Simultandolmetscherin Nadja hat Ruth das Gefühl, durch den ständigen Sprachwechsel den Weg zu ihrer Muttersprache zu verlieren, sie fühlt sich sprachlos. Deswegen gibt sie ihren lukrativen Beruf auf und wendet sich der Geschichte zu. Dabei hofft sie, zu ihrer Mutter, zu ihrer Mutter-Sprache und zu sich selbst zu finden. Ruth deckt die Vergangenheit durch die Kombination von Oral History und Archivarbeit auf. Über die narrative Ebene dieser Methode hinaus führt die Spur zur Autorin selbst, die in ihrer Dissertation den Widerstand der Frauen im Salzkammergut untersucht hat. Somit hat der historische Stoff den Weg in die Romanfiktion gefunden.

Das nächste Buch Elisabeth Reicharts modifiziert das Thema der verhinderten Frauenstimme; der Unterdrückungsmechanismus hängt nicht mehr mit der nationalsozialistischen Diktatur zusammen, sondern ist in den Kontext der letzten Jahre der Habsburgischen Monarchie eingebettet. *Sakkorausch* greift die bewegende Geschichte der Helene von Druskowitz auf, einer Frau mit vielen Begabungen, die durch ihre Emanzipation die männliche Dominanz auf den Gebieten der Wissenschaft, Philosophie und Literatur gefährdet hat.[13] Mit 35 Jahren wurde sie auf Grund von Halluzinationen für weitere 21 Jahre, bis zu ihrem Tod, ins Irrenhaus eingesperrt. Und gerade dort hat sie zu ihrer ‚Stimme des weiblichen Widerstands' gefunden, statt Poesie schreibt sie Manifeste, in denen sie für Frauenrechte kämpft und gegen die Opferrolle der Frau in der patriarchalischen Gesellschaft anschreibt. „Scharf ist das Wort, das Helene mit ihrem Schreibstift führt; Klage und Anklage und der Ruf nach Befreiung für ihr ganzes Geschlecht sind darin – nur will niemand ihren Ruf hören."[14] Die Gewalt gegen die Frauen unterscheide sich nicht von der Gewalt im Krieg: „[W]enn ich längst nicht mehr hier bin, wird das andere Sterben beginnen, von dem keiner glauben wird, daß es mit meinem begonnen hat."[15] Diese Zeilen weisen auf beide Weltkriege hin. Die Gleichsetzung der Gewalt gegen Frauen mit jener im Krieg deutet wiederum auf den berühmten Roman Ingeborg Bachmanns hin, dessen Protagonistin nach einem der letzten Gespräche mit Malina begreift, „daß man hier eben nicht stirbt, hier wird man ermordet. [...] Es ist immer Krieg. Hier ist immer Gewalt. Hier ist immer Kampf. Es ist der ewige Krieg."[16] Sowohl *Malina* als auch *Sakkorausch* sind poetologische Texte. Ingeborg Bachmann thematisiert das Schreiben ihrer weiblichen Hauptfigur vor allem in der kursiv gesetzten „Kagranlegende". Der Text von *Sakkorausch* wird dafür entweder der Hauptfigur, der Dichterin und Kämpferin[17] zugleich, oder gar Helene von Druskowitz und Elizabeth Barrett-Browning, die von Reichart als Koautorinnen angegeben werden, zugeordnet. Das weibliche Schreiben, nach dem in *Malina* vergeblich gesucht wird – es klingt zwar in den utopischen Passagen an, wird jedoch durch das Verstummen der weiblichen Ich-Figur am Romanausgang negiert –, macht somit den Monolog *Sakkorausch* aus; die Utopie ist Realität geworden, zumindest in dem biografisch konzipierten Buch Elisabeth Reicharts.[18]

Um eine durch patriarchalische Strukturen verhinderte Künstlerin geht es auch im Roman *Das vergessene Lächeln der Amaterasu*, und dies gleich doppelt. Die Österreicherin Alwina folgt ihrem Geliebten Ichirō nach Sasebo in Südjapan. Sie freut sich auf das Leben in ihrem Traumland, das sie in ihren neuen Bildern darstellen will. Weder ihre privaten noch ihre künstlerischen Hoffnungen gehen auf, denn ihr Mann betrügt sie mit anderen Frauen, ihre Schwiegereltern schikanieren sie als Fremde, als ‚Gaijin', und verbieten ihr zu reden. „Sie hatte sich daran gewöhnt, ein Sprachfehler zu sein. Ein Sprachfehler, nichts sonst."[19] Durch etliche patriarchalische Mechanismen wird sie auch an ihrem künstlerischen Ausdruck verhindert. Ihr Ringen nach der Sprache wird zugleich zum Ringen um die Kunst. Schließlich findet sie wieder zum Malen, als sie im surrealistischen Finale des Romans den Pinsel für das Schwert umtauscht und über das Patriarchat, repräsentiert durch den Bösewicht Nagoya, siegt.[20] Ihre Bilder, die sie schließlich als ihre Lebensgeschichte an die Decke bei Nagoya malt, repräsentieren die Kunst des weiblichen Widerstands. Diese Lesart wird intertextuell unterstützt. Denn im Roman erscheint noch eine andere künstlerische Biografie: Jene von Artemisia Gentileschi, einer italienischen Malerin des 17. Jahrhunderts, die vom Malerfreund ihres Vaters vergewaltigt wurde. In ihren Bildern griff sie immer wieder das Thema Judith und Holofernes auf, das „als künstlerischer Racheakt am männlichen Geschlecht"[21] verstanden wird. Alwina beschwört Artemisia als ihre Schwester im Leid und zugleich als ihr künstlerisches Vorbild, ihre Bilder werden zur Inspiration für ihr eigenes Schaffen.

Nach dieser doppelten privaten Geschichte der Verhinderung der weiblichen (Kunst-) Existenz setzt die Autorin ihre Heldinnen den gesellschaftlichen Unterdrückungsmechanismen aus, wobei es sich diesmal um eine kommunistische Diktatur handelt. *Das Haus der sterbenden Männer* spielt zwar in Wien, in einem Hospiz für Männer am Donau-Ufer, eine der Protagonistinnen, Antonia, ist jedoch tschechischer Abstammung. Im Unterschied zu ihrer engen Freundin und Hospizleiterin Viktoria, die gleich am Romananfang als Autorin von philosophischen Essays vorgestellt wird, erfindet sie spannende Geschichten. Der Unterschied zwischen Dichtung und Wahrheit geht jedoch über die Charakteristik beider Frauenfiguren hinaus: Auf der Diskursebene weist er auf den Schreibprozess hin, in dem aus der Fiktion, aus der Erfindung, Literatur wird, die wiederum in der Wirklichkeit wurzelt.[22] So berichtet Antonia, die sich, um sich ihrer verdrängten, verhängnisvollen Geschichte zu stellen, nach der Wende von 1989 wieder in ihr Heimatland begibt, in einem Brief an Viktoria vom toten Land im Grenzstreifen. *„An der Grenze entschied ich mich, zuerst ins Niemandsland zu fahren, Du weißt schon, dorthin, wo kein Mensch zu Hause sein durfte, jahrzehntelang. Niemand hat je darüber gesprochen, nur Andeutungen gab es über die Vertreibungen, einen Landstrich, der nicht sichtbar sein sollte als entvölkertes Land. Deshalb die Eichen, überall nur Eichen, die Soldaten haben die Eicheln von den Lastwägen abgeworfen, Eichen wachsen schnell, du mußt sie nicht eingraben, sie pflanzen sich von selbst ein, das waren die Worte meiner Großmutter. All die abgerissenen, niedergewalzten Häuser, auch das die Worte meiner Großmutter. Die Stimme meiner Eltern hörte ich nicht, während ich den überwachsenen Weg entlang ging im Eichenwald. Ab und zu Mauerreste, aber ich mußte genau schauen, um die mit Moos überwachsenen Steine zu entdecken. [...] Der Archäologe erzählte mir, wie die Häuser im Grenzgebiet abgerissen wurden. Ein Stahlseil wurde um das Haus gelegt, das Stahlseil an einem Panzer befestigt, der nur noch loszufahren brauchte, und das Haus stürzte in sich zusammen."*[23]

An dieser realistischen Beschreibung ist die Wahl der Berichterstatter äußerst interessant. Die Romanheldin wird über das ‚Niemandsland' von der Großmutter bzw. von einem Archäologen informiert. Während Antonia *„die Stimme ihrer Eltern nicht hört"*, sie sind ja in der kommunistischen Tschechoslowakei aufgewachsen, wo man neben anderen Verbrechen auch die Vertreibung der Deutschen verschwiegen hat, steht die Großmutter für eine Generation, die in der Ersten Republik (1918–1938) groß geworden ist und an die Ideale der bürgerlichen Demokratie, vertreten durch den Staatsgründer T. G. Masaryk, geglaubt hat. Für den ersten tschechoslowakischen Präsidenten war die friedliche Koexistenz der tschechischen und deutschen Bevölkerung ein Anliegen – Großmutters Klage über *„[a]ll die abgerissenen, niedergewalzten Häuser"* weist auf die Zerstörung dieses Miteinanders hin, die durch den Zweiten Weltkrieg und die folgende Vertreibung der deutschen Bevölkerung als Akt der Vergeltung für die Okkupation der Tschechoslowakei durch die Nazis verursacht wurde. Muss man bei der Großmutter als Repräsentantin der bürgerlichen Erinnerungskultur über historisches Wissen verfügen, ist der Archäologe als Vermittler der Geschichte leicht zu dechiffrieren: Er steht für ein wissenschaftliches, objektives Verfahren, durch welches die Historie behutsam freigelegt wird. Um dieses Verfahren bemüht sich die Hauptfigur, um wieder *„die zu werden, als die [sie] geboren wurde"*[24]. Diese Freilegung der Vergangenheit, die schichtweise vor sich geht, entspricht sowohl der Romanintention als auch dem Erzählverfahren.

Wie die Geschichte der Tschechoslowakei nach der kommunistischen Machtübernahme von 1948 wurde die Geschichte der Romanprotagonistin verhängnisvoll durch das totalitäre Regime geprägt. Die traumatische Erfahrung, als das Kind unwissentlich seinen Vater an die StB ausgeliefert hat, prägt ihr Erinnerungsvermögen. Das lückenhafte Gedächtnis der Hauptfigur weist auf eine traumatische Erfahrung hin, die sich nach Freud als Lücke in Erinnerungsbildern manifestiert.[25] So gesehen sind Antonias Lügengeschichten eine Strategie zum Überleben. Der ganze Erinnerungsprozess[26], der schließlich zu Antonias Enthüllungsreise nach Prag führt, wird durch die Erfahrung des Todes eines Hospizpatienten ausgelöst. Diese Konfrontation mit dem Tod ruft in ihr Erinnerungen an den Tod des Vaters hervor. Dies ist jedoch nicht das eigentliche Trauma. Als sie sich weiter erinnert, wird ihr klar, dass ihr schlimmstes Erinnerungsbild – jenes an das Verschwinden des geliebten Hundes Baldo – jahrzehntelang die eigentliche traumatische Erfahrung, den Vaterverlust, überblendet hat: „[…] später, auf dem Boot, verwandelte sich die Erinnerung an Baldo in die Erinnerung an meinen Vater, der abgeholt wurde und nicht in den Zug steigen wollte. Ich hörte ihn mit meiner Mutter flüstern, daß sie sich an seinen Freund um Hilfe wenden sollte, hörte ihn zu mir sagen, daß er zum Arzt müsse, er würde bald zurück sein, hörte mich schreien, ihr lügt, ihr lügt!"[27]

Bemerkenswert ist auch, wie vielfältig sich das lückenhafte Gedächtnis als Hinweis auf ein verdrängtes Trauma auf der Strukturebene des Textes manifestiert: Vom häufigen Wechsel der Erzählinstanz – von Viktoria zu Antonia zum auktorialen Erzähler – und des Erzählverfahrens – Dialoge, innere Monologe, Briefe, Geschichten in der Geschichte bis zur doppelt angelegten Konzeption der Hauptfigur, die an den Aufbau des *Malina*-Romans[28] Ingeborg Bachmanns erinnert. Folgender innerer Dialog in der Romanmitte spiegelt strukturell wie narrativ die Aufspaltung der Romanheldin, für deren Identität die Rekonstruktion der Geschichte durch Geschichten von zentraler Bedeutung ist: „die Wunde ist offen, schlecht vernarbt, gut vernarbt, all das Gewebe, das entsteht, dort, wo einst ein Organ war oder ein Teil von mir

ich habe dich nie gefragt

ich liebe dich dafür

und wenn ich dich jetzt frage […]

Ich spüre es, du vergräbst dich in ein Geheimnis

ich kenne es nicht

soll ich dir die Geschichte Viktorias erzählen?

noch nicht […]"[29]

Dieses Kopfgespräch erinnert strukturell an das psychoanalytische Verfahren, das die weibliche Ich-Figur in *Malina* aufgreift, um auf den Grund ihrer Gefährdung zu kommen. Wurde jedoch bei Bachmann die Aufspaltung der weiblichen Ich-Figur als Folge der Verinnerlichung des Patriarchats und zugleich der Suche nach dem weiblichen Schreiben dargestellt, wird im *Haus der sterbenden Männer* die Dichotomie rational (Animus) und irrational (Anima) als Produkt des stalinistischen Regimes in der Tschechoslowakei der 1950er Jahre gezeigt. Die ‚notorische Lügnerin' Antonia wird ja als (Teil)-Figur in dem Moment geboren, als sie als fünfjähriges Kind die kommunistische StB zu ihrem Vater, der als Arzt den Dissidenten bei der Flucht geholfen hat, führt. Um die Tatsache, dass ihr Vater durch ihre ‚Schuld' zu sieben Jahren Einzelhaft verurteilt wurde und aus dem Gefängnis gebrochen, schweigsam und schwer krank zurückgekehrt ist, zu verdrängen, erfindet sie Geschichten und konstruiert dadurch eine neue Identität – mal ist sie Detektivin (jemand, der der ‚Wahrheit' auf der Spur ist), mal ehemalige Leiterin eines Chemielabors. Am Romanende bleibt sie als erfundene Figur, die nach Viktoria sucht, zurück, denn Viktoria, die ‚siegende Vernunft', ist verschwunden.[30] Poetologisch gesehen ist der Romanausgang als Sieg der Erzählstimme zu deuten. Bereits zuvor hat Antonia „ein Loblied auf das Erzählen angestimmt, das alles immer wieder neu erschuf, anders"[31]. Und außerdem wollte Viktoria von Anfang an von Antonia ‚lügen lernen'[32]. Da dies nicht nur für den Umgang mit der Vergangenheit steht, sondern auch als Chiffre für ‚Geschichten erzählen', d. h. für die Literatur selbst, verstanden werden kann, kann Antonias Präsenz am Romanende als Triumph der Literatur interpretiert werden: Sie bleibt als Erzählerin zurück. Sie muss nicht mehr die Geschichte Viktorias rekonstruieren, sondern kann eine Geschichte über Viktoria, die sich auf die Spuren der Donausklaven begibt, erfinden. Die Einrahmung der Romanhandlung in die Korrespondenz Antonias mit dem Verleger lässt uns das Buch vom Ende her neu lesen, Viktorias Frage, „ob eine Erinnerung wahr ist oder nur eingebildet"[33], bleibt zwar nach wie vor brisant, tut jedoch nicht mehr weh.[34]

Nachdem ich mich als tschechische Germanistin beflissen gefühlt habe, dem Tschechien-Roman der Autorin die meiste Aufmerksamkeit zu widmen, schließe ich meinen Aufsatz mit einem Blick auf den Roman *Die unsichtbare Fotografin* ab, in dem es um einen kausalen Zusammenhang zwischen Erinnerung, Diktatur und Kunst geht: Alice, eine österreichische Fotografin, die in der ganzen Welt unterwegs ist, um die Schönheit zu fotografieren, glaubt ihre Bilder, an die sie sich jedoch nicht erinnern kann, in einem Magazin zu erkennen. Diese Aufnahmen muss sie unter spektakulären Umständen im kommunistischen China gemacht haben. Da ihre Fotos die Folterung der Häftlinge durch amerikanische und chinesische Soldaten zeigen, gefährden sie als direkte Beweise deren Leben. Die Heldin muss sich nicht nur mit dem Verrat ihres Geliebten, eines chinesischen Dolmetschers – er hat ihre Fotos an das Magazin verkauft, woraufhin er ein Visum in die USA bekommen hat – auseinandersetzen, sondern sich auch der Frage stellen, inwieweit sie sich als Künstlerin dem sozialen und politischen Engagement entziehen kann. Auch in diesem Roman sind Kunst und Moral nicht zu trennen, Ästhetik wird durch Ethik bedingt.

---

1 Elisabeth Reichart: *Heute ist morgen. Fragen an den kommunistisch organisierten Widerstand im Salzkammergut*. Univ.-Diss. Salzburg 1983.
2 In ihrem Interview mit Linda DeMeritt bleibt die Autorin bezüglich der Aufarbeitung der Vergangenheit skeptisch. Obwohl viele Österreicher nach dem Wahlkampf Kurt Waldheims 1986 die Mitschuld ihres Landes am Zweiten Weltkrieg nicht mehr leugnen, gebe es „sozusagen kein Geschichtsbewußtsein", keine Verbindung zur Gegenwart. In: Linda DeMeritt, Peter Ensberg: „Für mich ist die Sprache eigentlich ein Schatz": Interview mit Elisabeth Reichart. In: *Modern Austrian Literature* 29 (1996), S. 1–22, S. 6.
3 Vgl. Maria-Regina Kecht: Erinnerungskultur im Textgewebe von *Nachtmär*. In: *Script* 17 Elisabeth Reichart. (1999), S. 50–57.
4 Elisabeth Reichart: *Nachtmär*. Salzburg/Wien: Otto Müller 1995, S. 194.
5 Elaine Martin: Persönlicher Faschismus im Roman *Das vergessene Lächeln der Amaterasu*. In: *Script* 17 Elisabeth Reichart (1999), S. 74–79, S. 78.
6 O. P. Zier spricht von „rassistisch motivierten Herrenmenschenrettungsphantasien". O. P. Zier: Elisabeth Reichart: Das vergessene Lächeln der Amaterasu. In: *Deutsche Bücher* 1 (1999), S. 18–21, S. 20.
7 Christa Wolf: Struktur der Erinnerung. Nachwort. In: Elisabeth Reichart: *Februarschatten*. Berlin: Aufbau Taschenbuch 2000, S. 117–119, S. 117.
8 Karl Müller bezeichnet das Buch als „ein penibles Psycho- und Soziogramm einer inzwischen verwitweten Frau, die als ein von den gesellschaftlichen Verhältnissen zu- und hergerichtetes Objekt, unbeachtet, übersehen, außer acht gelassen, dennoch oder gerade deswegen während der letzten Tage der NS-Herrschaft schuldig geworden ist". Karl Müller: Gespräch mit Elisabeth Reichart. In: *Deutsche Bücher* 2 (1997), S. 83–98, S. 84.
9 Reichart, *Februarschatten*, S. 108.
10 Ebd., S. 74.
11 Wolf, Struktur der Erinnerung, S. 119. Elisabeth Reichart spricht bezüglich ihrer Erzählstrategie von „Brüchen", die in meiner Lesart dem Verfremdungseffekt Brechts sehr nahe sind: „Ich habe mich gefragt, wie ich es vermeiden kann, manipulierend zu schreiben. Die Lösungsmöglichkeiten, die ich suche, bestehen darin, daß ich zwar einerseits will, daß das spannend und interessant zu lesen ist, auf der anderen Seite aber Mechanismen entwickle – ich nenne diese jetzt einmal Brüche –, damit die Leser nicht zu sehr in diesen Sog hineinkommen, sondern immer wieder raussteigen können und das Gelesene reflektieren und darüber nachdenken sollen, können, dürfen, müssen." In: Müller, Gespräch mit Elisabeth Reichart, S. 96.
12 Zur Kritik des latenten Faschismus vgl. Christians Bericht von der öffentlichen Reichskristallnachtfeier, bei der die Prominenz des ganzen Ortes vertreten ist und den der ORF nicht senden will. (S. 59 f.)
13 Sie konnte 1878 in Zürich als erste Österreicherin zum Doktor der Philosophie promoviert werden. Vgl. Elisabeth Reichart: Frauentafel. In: Dieselbe: *Sakkorausch*. Salzburg/Wien: Otto Müller 1994, S. 69–79, S. 72.
14 Marlies Obier: „Aber was nützt es, über die Sprache zu verfügen, im Land der Tauben, der Blinden." In: *Script* 17 Elisabeth Reichart (1999), S. 28–31, S. 29.
15 Reichart, *Sakkorausch*, S. 52 f.
16 Ingeborg Bachmann: Malina. In: Dieselbe: *Werke 3. Todesarten: Malina und unvollendete Romane*. München/Zürich: Piper 1978, S. 266.
17 Laut Marlies Obier hat Elisabeth Reichart „Helene von Druskowitz in die Wirklichkeit zweier Dichterinnen gespalten". Während Elisabeth „die verstummte Dichterseele" sei, wird Helene als „Kämpferin" bezeichnet. Marlies Obier, Aber was nützt es, S. 28.
18 Die zahlreichen intertextuellen Bezüge sowie die Affinität der Texte Elisabeth Reicharts zur Poetik Ingeborg Bachmanns wären einer eigenen Untersuchung wert. Während ich später auf einige Übereinstimmungen zwischen *Malina* und *Das Haus der sterbenden Männer* eingehen werde, hat Elaine Martin das Konzept des ‚persönlichen Faschismus' im Roman *Das vergessene Lächeln der Amaterasu* mit den *Todesarten* Ingeborg Bachmanns verglichen. Vgl. Martin, Persönlicher Faschismus, S. 78.
19 Elisabeth Reichart: *Das vergessene Lächeln der Amaterasu*. Berlin: Aufbau 1998, S. 150.
20 Alwinas Hilfe beim rituellen Selbstmord ist laut Elisabeth Reichart eine ironische Antwort auf Yukio Mishima: „Der hat eine lange Erzählung geschrieben, wo er das Seppuku haargenau darstellt, mit der

Frau als Dienerin, die aber nicht helfen kann. Ich fand das so pervers und habe es deshalb ganz kurz, prägnant und eher ironisch dargestellt." Vergessenes Lächeln, verlorene Identität. Elisabeth Reichart im Gespräch mit Karina Kleiber. In: *WeiberDiwan* (Winter 1998), S. 20.

21 Christa Gürtler: Pinsel statt Schwert. Zum Roman *Das vergessene Lächeln der Amaterasu*. In: *Script* 17 Elisabeth Reichart (1999), S. 14–16, S. 15.

22 Die enge Verknüpfung ihrer Poetik mit der Wirklichkeit hat die Autorin im abgewandelten Wittgenstein-Zitat „Die Grenzen meiner Welt sind die Grenzen meiner Sprache" zum Ausdruck gebracht, das sie als Titel ihrer Wiener Poetikvorlesung gewählt hat, „aus der Erfahrung heraus, daß ich über mir Unvorstellbares, nicht Nachvollziehbares nicht schreiben kann". DeMeritt, Interview mit Elisabeth Reichart, S. 4.

23 Elisabeth Reichart: *Das Haus der sterbenden Männer*. Salzburg/Wien: Otto Müller 2005, S. 273; 282.

24 Ebd. S. 389. – Dieser leitmotivische Satz beinhaltet das Thema des Romans, und zwar die Bewältigung des Traumas aus der Vergangenheit. Lange konnte Antonia die Wahrheit über ihren Vater nicht verkraften und hat Geschichten erfunden, um sich der Vergangenheit nicht stellen zu müssen: „es ist noch nicht lange her, daß sie davon schwärmte, wie wunderbar es ist, immer wieder eine andere zu sein, vor allem eine andere, als von Geburt her vorgesehen" (S. 237).

25 Zur Literarisierung der Traumata vgl. Lyn Marven: Falling Down: Images of Trauma in Moníková's Fragmentary Novel, *Der Taumel*. In: Haines/Marven (Ed.): *Libuše Moníková in Memoriam*. Amsterdam: Rodopi 2002, S. 93–111, S. 108.

26 Einen interessanten Ansatz für die Untersuchung der Erinnerungsmechanismen in den Büchern Elisabeth Reicharts bietet Maria-Regina Kecht mit dem Konzept der geschlechtsspezifischen, ‚weiblichen' Erinnerungskultur: „Wenn Frederic Jameson mit ‚History is what hurts' (102) oder Nietzsche mit dem Diktum ‚Nur, was nicht aufhört, weh zu tun, bleibt im Gedächtnis' (295) recht hat, dann können wir annehmen, dass für Frauen – als eine gesellschaftlich größtenteils diskriminierte Gruppe (global und geschichtlich gesehen) – Erinnerung von besonderer Bedeutung sein dürfte und dass das Potential von Alternativgeschichte(n) enorm sein muss, auch wenn die vorherrschende Geschichte immer noch ‚HIS-Story' ist." Maria-Regina Kecht: Wo ist Mauthausen? Weibliche Erinnerungsräume bei Elisabeth Reichart. In: *Modern Austrian Literature* 35 (2002), S. 63–86, S. 64.

27 Reichart, *Haus*, S. 233f.

28 Diese Affinität zu *Malina* wird von der Autorin u.a. im Motiv der Begegnung vor dem Blumengeschäft reflektiert, das auf die Begegnung der Protagonistin Bachmanns mit Ivan, dem idealisierten schwarzen Ritter aus der *Kagranlegende*, anspielt: „Die Frau in Schwarz sah mich an, ich sah die Frau in Schwarz an. Als ich aus dem Blumengeschäft kam, stand die Frau in Schwarz noch immer gegenüber dem Geschäft." Reichart, *Haus*, S. 15.

29 Reichart, *Haus*, S. 214.

30 Die Aufspaltung der Protagonistin wird gleich von Anfang an thematisiert. Der Roman wird durch einen Brief bzw. eine E-Mail Antonias an den Verleger eingerahmt, der Viktorias philosophische Essays publiziert hat. Bereits in dieser Korrespondenz wird die Möglichkeit in den Raum gestellt, Antonia und Viktoria seien eine Figur: *„Vielleicht wäre es besser, einmal nicht Antonia zu heißen? Viktoria ist doch ein schöner Name"* (S. 6). Nachdem Viktoria Antonias Brief aus Prag liest, denkt sie: „liebe Antonia, aber langsam gehst du mir auf die Nerven, wenn du glaubst, mir meine eigenen Geschichten als deine erzählen zu können" (S. 320). Dass der Viktoria-Teil für die Suche nach der Bewältigung der (eigenen) Vergangenheit steht, beweist auch folgende Textstelle, als Antonia Viktoria vom Niemandsland schreibt: *„Du hast mir Dein Auto, Deinen Paß geliehen. Wir sehen uns auf unseren Paßbildern erstaunlich ähnlich. Ich fühle mich sicherer, unter Deinem Namen in das Land zu reisen, das ich heimlich verlassen habe, ja, es wäre mir unmöglich gewesen, mit meinem Namen zurückzukommen. Aber da ist noch ein anderer Gedanke – ich hoffe, notfalls in Deine Identität schlüpfen zu können, sollte mich die Wahrheit umarmen wollen. Ich hasse die Vorstellung, mit meinen Lügen am Ende zu sein. Doch als Viktoria werde ich jede Wahrheit ertragen, werde ich nichts vermissen inmitten der Illusion, irgendetwas verstehen zu können, glaube ich, hoffe ich"* (S. 274f.).

31 Reichart, *Haus*, S. 236.

32 Vgl. ebd. S. 24.

33 Ebd. S. 237.

34 Dies gilt nur für eine poetologische Deutung des Romans. Interpretiert man das Buch als Literarisierung eines Traumas, als dessen Bewältigungsstrategien *Das sich nicht erinnern Können* (siehe Viktorias lückenhaftes Gedächtnis) bzw. *Das sich nicht erinnern Wollen* (Antonias Lügen als neue Geschichtskonstrukte) dargestellt werden, ist kein Happyend möglich. Zu dieser Schlussfolgerung lässt Elisabeth Reichart ihre Romanfigur kommen, als Antonia beschließt, die Wahrheit über sich selbst herauszufinden und zu Viktoria sagt: „Es ist grauenhaft, sich nicht erinnern zu können, habe ich gedacht, wenn du mir von deinem lückenhaften Gedächtnis erzähltest, aber jetzt weiß ich, daß es noch grauenhafter ist, sich jahrzehntelang falsch zu erinnern" (S. 234).

Christa Wolf

Struktur von Erinnerung

Wer spricht denn hier. Eine Frau, Hilde. Gleich nach den ersten Sätzen der Erzählerin setzt ihre Stimme ein. Wen redet sie an. Wessen Augen beobachten sie denn, wer erzählt überhaupt. Welches sind die Ereignisse, die sich so mühsam, gegen ihren zähen Widerstand, aus ihrer Erinnerung herausarbeiten. Und warum diese abgehackten, atemlosen Sätze. Aus ihnen und aus den nachstoßenden Fragen und Beobachtungen der Tochter, vor der diese Sätze auf der Flucht sind, entfaltet sich das ganze Beziehungsgeflecht, in dem diese Frau, Hilde, die immer übersehen wurde, gelebt hat.

Ich las dieses Buch gespannt. Die Anstrengung, die mir auferlegt wurde, erschien mir nötig, nicht willkürlich. Die Struktur des Textes, die einer Enthüllung zutreibt, entspricht dem Gang der Erkundung, den die Autorin unternommen hat, und sie entspricht auch dem Vorgang des Sich-Erinnerns. Ich hatte das Gefühl, an einer Ausgrabung mitzuarbeiten, vor deren Ergebnis mir graute. Wir nehmen teil an den Zuckungen einer Frau, die etwas Entsetzliches herauswürgen soll. Ein Wissen, ein Geheimnis, das sie selbst beinahe nicht mehr kennt, so fest hat sie es in sich eingeschlossen. Vergiß! war ihr Überlebenswort, das sie ihren Nächsten unkenntlich machte und sie in eine unselige Selbstvergessenheit trieb. Diesen Zwangsmechanismus deckt das Buch auf, unbestechlich, aber nicht erbarmungslos, denn die Tochter, die schreibt, die der Mutter ihr Geheimnis abverlangt, steht nicht als die Schuldlose, Rechthabende da, sondern als die Jüngere, die es, unverdient und auch mit Hilfe der Mutter, besser, leichter hatte. So daß sie das Wissen und die Kraft sammeln konnte, um zu fragen.

Gegen Ende des Krieges, Anfang Februar 1945, wurden fast 500 sowjetische Offiziere, die aus dem Konzentrationslager Mauthausen entflohen waren, von der Bevölkerung des Mühlviertels in Oberösterreich niedergemacht.

Elisabeth Reichart ist im Mühlviertel aufgewachsen. Nie, niemals hat sie von den Erwachsenen auch nur eine Andeutung über jenen Massenmord gehört, bis sie selbst fast erwachsen war. Da sprach ihre Großmutter. Wir saßen uns in einem Wiener Restaurant gegenüber, als sie mir davon erzählte, ähnlich stockend, wie sie hier schreibt. Daß diese Mitteilung ihrem Schreibzwang für ihr erstes Buch die Richtung geben mußte, war selbstverständlich. Und daß der Schock, den die Mitteilung auslöste, in dieses Buch eingehen mußte, auch.

Aber sie mußte ja trotzdem zu verstehen suchen. Sie mußte einen Menschen zu verstehen suchen, der dabei war, fast noch ein Kind. Der nicht mordete, aber niemals sprechen konnte. Die reine Schuldzuweisung wäre einfacher gewesen, sich selbst aus dem Spiel zu lassen wäre einfacher gewesen. Schwieriger war es, die Verheerungen aufzuspüren, welche die Verhältnisse in einem Menschen anrichten können, und dabei gerecht zu bleiben. Schwieriger, die ambivalenten Gefühle auszuhalten, welche die Erzählerin überfallen, während sie nicht nur in ihrer Figur, auch in sich selbst eine Tiefenschicht nach der anderen abhebt. Haß und Mitleid, Abscheu und Verständnis, Verzweiflung und Schuld – die auch wieder nur an den Reaktionen der Mutter abzulesen sind.

Die Autorin will ihrer Figur nicht antun, was ihr das ganze Leben lang angetan wurde: Sie will sie nicht zu ihrem Objekt machen. Mir scheint, darin bestand ihre lange und gegen sich selbst rücksichtslose Arbeit an diesem Stoff, daß sie frei wurde von einem blinden Zorn und zu einem sehenden Verständnis kam, das für die Zukunft aussichtsreicher ist. Gewissenhaft, vielleicht übergewissenhaft findet diese Autorin in dem Mittel der doppelten Brechung eine Möglichkeit, ihre Figur von sich zu befreien; indem die Form, die seltsam scheint, oft streng und gebunden, sich auf einmal selbst aufgeben kann: Wenn Hilde, die Mutter, von der doch angeblich die ganze

Zeit über die Rede war, über die geschrieben wurde, plötzlich aus ihrem Figur-Sein ausbricht und, nachdem sie das Manuskript der Tochter gelesen hat, korrigierend eingreift: Diese Frau bin nicht ich. Die ist ein Hirngespinst der Tochter. Ich habe nie eine schwarze Katze gehabt. Auch sie hat nie eine Katze gehabt. Nichts als Lügen ... Dieses Haus hat es nie gegeben. So wenig wie meinen trinkenden Vater.

Aber da steht nun das Haus, schwer zu vergessen. Da ist dieser trinkende Vater, da ist das Dorf. Dies alles so hingestellt zu haben, wie aus Stein, wie aus Fleisch und Blut, und es zugleich als Erfindung zu kennzeichnen und in der Schwebe zu halten, erscheint mir als die eigentliche künstlerische Leistung von Elisabeth Reichart. Und die Tatsache, daß ein anderer Umgang mit Menschen als der mörderische, über den sie schreibt, nicht deklariert wird, sondern als aufmerksames Verhalten der Autorin zu ihren Figuren in die innerste Struktur dieses Buches eingegangen ist.

Drispeth, August 1984

Elisabeth Reichart: *Februarschatten*. Nachwort von Christa Wolf. Salzburg/Wien: Otto Müller 1995, S. 117–119. Wir danken Gerhard Wolf für die Erlaubnis zum Wiederabdruck.

1

die musik dröhnte, dröhnte in ~~hilde~~ hinein. die trommeln
hämmerten ihren rhythmus in hildes körper. sie zwangt sich,
einen fuß vor den anderen zu setzen, zu gehen, dorthin zu
gehen, wohin sie nicht gehen ~~wollte~~ will, wohin sie doch
niemand zwingen konnte zugehen und wohin sie doch ging, x im immer
gleichbleibenden rhythmus der trommeln ging. hinter ihr
gingen viele, viel zu viele fremde menschen, sie kennte nur
wenige gesichter von unter all den ~~den vielen~~ gesichtern, aber er mußte
sie ~~alle~~ gekannt haben, alle diese fremden gesichter.
   er mußte einmal in all diese fremden gesichter ~~geschaut~~ geblickt
haben, hatte wohl auch mit ~~d~~ ~~all diesen~~ vielen fremden ~~gesichtern~~
~~gesprochen~~, hatte wohl auch viele münder bewegt und die falten und sie
wollte nicht, daß es all diese menschen gegeben hatte für ihn,
wollte alleine gewesen sein mit ihm und wollte alleine mit
ihm bleiben.
sie zwangt sich, nicht zu weinen. keine tränen, das hatte sie
sich fest vorgenommen. und wenn alle weinen würden, sie
würde nicht weinen. er brauchte keine angst zu haben, er wü
würde sich nicht scämen müssen, weil sie heulend an seinem
grab stand.
wie lächerlich, diese fremden, die sie schluchzen hörte,
irgenwo in diesem langen trauerzug. die menschen können
sich nicht mehr beherrschen, nur sie, sie konnte sich
beherrschen, hatte sich schon immer beherrschen können,
müssen, nein, sie hatte sich beherrschen wollen.
auch der tochter hatte sie eingeschäfft, nicht vor den ~~an~~
anderen zu weinen und auch die tochter weinte nicht. es ist
gut zu sehen, daß die tochter manchmal wenigstens doch auf
mich ~~sie~~ hörte. die tochter ging neben ihr im rhythmus der
trommeln, oder in ihrem eigenen rhythmus, das wußte sie
bei diesr frau nie.

1

S C H N I T T P U N K T

Die Rufenden Trommeln, die meldenden Trommeln.
Nur schreien, schreien können die Trommeln nicht.
Sie nehmen die liegengebliebenen Schreie auf und tragen sie
mit. Tragen sie, tragen sie, bis zu mir.

Die Trommeln hämmern ihren Rhythmus in Hildes Körper.
Wie Schläge, denkt sie, wie Schläge. In diesen Körper, der nicht weint.
Nicht weinen. Vorher nicht und jetzt nicht.
Nur die Fremden weinen.
Weinen irgendwo in der langsam gehenden Trauer, genannt
Trauerzug.
Wie lächerlich, denkt Hilde, wie lächerlich,
diese Menschen können sich nicht mehr beherrschen.
Nur Ich kann mich beherrschen.
Hatte sich ohne Anfangsbrüche beherrschen müssen.
Müssen? - Diese anderen Gedanken oft in den letzten Tagen.
Nein, sie hat sich beherrschen wollen, sie will sich be-
herrschen.
Auch der Tochter hat sie eingeschärft, nicht
zu weinen.
Auch die Tochter weint nicht.
Gute Tochter, wenn sie auf die Mutter hört.

Zweite Typoskriptfassung des Romanbeginns von *Februarschatten*, 1982,
Teilvorlass Elisabeth Reichart, Literaturarchiv der Österreichischen Nationalbibliothek (ÖLA 349/08)

Brigitte Heusinger

Elisabeth Reicharts *Februarschatten* als Theaterstück am Linzer Landestheater

Waren erst die Faxe oder erst das Traxlmair? Elisabeth Reichart war zumindest zu der Zeit unserer ersten Kontakte im Frühjahr 1999 in Japan, unterrichtete dort an einer Uni. Wir waren in Linz und mit unserem Intendanten Michael Klügl neu am Landestheater, hochmotiviert und voller Tatendrang. Unsere neue Heimat, Linz, wollten wir kennen lernen, wie sie tickt, die Gegenwart und die Vergangenheit Oberösterreichs theatral beleuchten und stießen auf ein Buch, das uns nicht losließ: Elisabeth Reicharts *Februarschatten*.

Also: Entweder hatten wir schon altmodisch per Fax kommuniziert oder wir sollten es noch tun, als ich Elisabeth Reichart gemeinsam mit dem Regisseur Kai-Oliver Sass im Café nahe dem Theater zum ersten Mal traf. Ob Fax vorher oder hinterher – was ich aber genau erinnere, war Elisabeth Reicharts Reaktion auf die Anfrage, aus ihrem Roman eine Theaterfassung machen zu wollen. „Warum nehmt ihr nicht ein Theaterstück von mir, schließlich habe ich doch auch für die Bühne geschrieben." An diese Äußerung muss ich heute noch öfter denken, in einer Zeit, in der die Romanbearbeitungen inflationär sind und selbst hartgesottene Theatermenschen – die durchaus neuen Formen gegenüber offen sind und sie mitunter betreiben – sich mal nach einem „Originalschiller" sehnen. Ja, Bedenken gab es. Ich weiß auch nicht richtig, ob sie schwanden, aber das Vertrauen zu uns wuchs, wahrscheinlich vorwiegend durch Sympathie und eben das offene Gespräch im Traxlmair. Und wir wollten eben nicht ein Theaterstück, wir wollten diesen Stoff – vor der Haustür passiert und immer noch unbegreiflich. Und wir wollten – und das finde ich auch heute noch richtig – in keine Psychologie rutschen, die Dialoge oft erzeugen, wir wollten das Material mit Brüchen zeigen, es eher ausbreiten, als es zu kommentieren, als es zu „spielen".

Die Frage, ob der Roman autobiografisch sei, verneinte Elisabeth Reichart. Sie sei zwar im Mühlviertel aufgewachsen, kenne die Gegend, die sie beschreibe, sehr gut, aber Grundlage sei eine Materialsammlung über die Hasenjagd gewesen. Ich spürte bei ihr, genau wie in ihren anderen Büchern, das ungeheure Bedürfnis nicht zu vergessen, das Bedürfnis, auch nach so langer Zeit nicht zur Tagesordnung überzugehen, sondern sich immer wieder erklären zu müssen, warum und unter welchen Bedingungen die unvorstellbaren Gräueltaten des Faschismus von ganz normalen Menschen begangen werden konnten.

Natürlich brauchte das Stück eine Verortung. Aber uns allen war bewusst, dass es nicht leicht sein würde, ein passendes Bühnenbild zu entwickeln. Wichtig war, ein Bild zu finden, das Hildes Charakter, ihrem Denken entsprach. In dem Roman ist noch mehr als in der Theaterfassung von Ordnung und Sauberkeit die Rede, von dem Bedürfnis alles reinzuwaschen, wegzuwaschen. In unseren Diskussionen tauchte das Wort Persilschein auf, und das war der Anstoß, uns sehr spät – erst nach der Bauprobe – zu entscheiden: Wir wählten geometrisch angeordnete Waschmaschinen mit Kieselsteinen dazwischen auf dem Boden verstreut. Die Waschmaschinen würde ich heute eliminieren: zu bedeutungsschwanger. Und eigentlich hätten wir kein Bühnenbild gebraucht, wir hatten zwei Schauspielerinnen: Saskia Petzold als schriftstellernde Tochter und Sigrun Schneggenburger als Mutter, die nicht nur die schauspielerischen, sondern auch die charakterlichen Eigenschaften besaßen, die Texte zu stemmen und die Perspektivwechsel, die Fassung wie Text verlangten, zu vollziehen. Und vor allem hatten wir Profis, die um die Gefahr wussten und mit ihr umzugehen imstande waren, nicht ins Betroffenheitstheater abzurutschen.

Aber zuerst brauchte es mal eine Fassung, damals noch mit Schere und Klebstift erstellt. Die selbst gestellte Aufgabe war, den Text auf die Dauer von höchstens anderthalb Stunden einzustreichen und den Verlauf der Erzählung beizubehalten. Wir verzichteten auf Nebenfiguren, verschlankten die Handlung. Klarheit war unser Hauptziel, obwohl wir wussten, dass hundertprozentige Klarheit eine Illusion sei, denn der komplizierte Stil des Romans war ja nicht willkürlich gewählt. Wir drückten uns ein wenig vor der Textaufteilung: Welchen Text könnte Erika, die Tochter, übernehmen? Ein Aspekt ihrer Funktion am Abend war uns lange schon bewusst. Sie trat als Schriftstellerin auf, schrieb und überprüfte ihr Buch auf der Bühne, und die zweite Figur Hilde würde erst durch sie zu leben beginnen. Irgendwann würde sich der Prozess umdrehen. Dann würde Hilde ihr ihr Leben diktieren und sie mit dem Mitschreiben kaum hinterherkommen.

Kein copy and past und doch copy and past, denn wir strichen und verdichteten, stellten ein bisschen um, aber der Text blieb im Wesentlichen der, der er war. Und der kam dann ins Fax nach Japan, rund vierzig Seiten schätze ich. Auf glitschigem, verbleichendem Papier wird die Endlosrolle auf der anderen Seite rausgekommen sein.

Natürlich waren wir gespannt und hatten Angst vor der Reaktion – aber –, so schlimm kann sie nicht gewesen sein – denn ich erinnere sie nicht. Was ich allerdings erinnere, war der Schlussapplaus nach der Premiere am 9. Oktober 1999 und jeder einzelnen Vorstellung: Eine unendlich lange, fast unerträgliche Pause – bevor der Applaus losging. Schwer auszuhalten, aber richtig.

Markus Kreuzwieser

„Sie haben uns unsere Mütter unkenntlich gemacht"
LITERATUR-, MOTIV- UND LEBENSGESCHICHTLICHE BEOBACHTUNGEN ZU ELISABETH REICHARTS *KOMM ÜBER DEN SEE*

1.
Seit den späten 1960er Jahren sind die Auseinandersetzung zunächst mit den Vätern samt der Debatte um ihre Verstrickungen in Nationalsozialismus und Krieg, das Hinterfragen der angemaßten Autorität des Staates, der Kirche, der Schule, der Familie, und damit verknüpft die kritische Auseinandersetzung mit Tradition, mit Provinz und Heimat, die Thematisierung der Arbeitswelt, das provokante Überschreiten von Scham- und Peinlichkeitsgrenzen als Kernthemen der österreichischen Literatur beschreibbar. Thematisiert werden in diesen Texten aber auch Entwürfe eines befreiten Individuums, eines nicht entfremdeten Lebens in Selbstbestimmung, gekennzeichnet von veränderten Arbeitsbedingungen, neuen Partnerbeziehungen, einer neuen Sprache, einem kritischen Umgang mit der Geschichte, kurz, einer neuen Politik unter veränderten gesellschaftlichen Rahmenbedingungen.

Schon ein erster Blick in das Werk Elisabeth Reicharts zeigt, dass viele dieser Themen dort modifiziert fortgeschrieben werden. Dies lässt sich nicht nur literarhistorisch, sondern auch biografisch erklären, denn Reichart erhielt ihre akademische Ausbildung zur Historikerin und Germanistin in den 1970er Jahren (Salzburg, Dissertation 1983), einer Zeit also, in der sich Lehre und Forschung an den österreichischen Universitäten entscheidend änderten. Die Gegenwartsliteratur etwa wurde erstmals intensiv wahrgenommen und behandelt[1], neue „Fragen an die Geschichte" (Carr)[2] wurden gestellt.

Die Kenntnis der neueren und neuesten Literatur bzw. die fundierte und schreibend erprobte Auseinandersetzung mit ihren wesentlichen Themen, Motiven und poetischen Verfahrensweisen sowie die intensiven Forschungen zur Zeitgeschichte, vor allem zum Nationalsozialismus, prägen Reicharts literarisches Schaffen, besonders ihre beiden ersten Texte *Februarschatten* (1984) und *Komm über den See* (1988) entscheidend.

2.
Um zu erhellen, wo Reichart anschließt und was sie in der Erzählung *Komm über den See* weiterentwickelt, ist ein exemplarischer Blick auf die österreichische Literaturlandschaft der 1960er und 1970er Jahre nützlich.

1960, im gleichen Jahr, in dem in Graz das „Forum Stadtpark" gegründet wurde und die Zeitschrift *manuskripte* erstmals erschien, legte Hans Lebert seinen Roman *Die Wolfshaut* vor[3]. In diesem Buch, das zunächst für Aufsehen sorgte[4], dann als Geheimtipp gehandelt[5] und in den 1970er Jahren in Salzburg literaturwissenschaftlich gewürdigt wurde,[6] wird die verleugnete und verdrängte Involvierung von Österreichern bei NS-Verbrechen thematisiert. Im Ort „Schweigen", in einer tristen, verregneten, am Morast erstickenden österreichischen Provinz gelegen, kehren die verscharrten Opfer wieder. Heute ist der Roman kanonisiert[7] und gilt als wesentlicher Reverenztext wichtiger österreichischer Anti-Heimatromane bzw. der kritischen Provinzliteratur.[8] Dieser wird auch der 1963 erschienene erste Roman *Frost* von Thomas Bernhard zugerechnet[9], in dem ebenfalls die antiidyllisch gezeichnete Provinz als Ort für die prolongierte nationalsozialistische Einstellung fungiert. Aus dem gleichen Jahr stammt Bernhards Text *Der Italiener*, in dem es, wie bei Lebert, um die Vertuschung von NS-Morden geht[10]. Die Verbindung zwischen österreichischer Provinz und anhaltender nationalsozialistischer Gesinnung stellt auch Gerhard Fritschs[11] Roman *Fasching* (1967) her, ebenso sein nachgelassenes Romanfragment *Katzenmusik*. Der Text wurde 1974 von Alois Brandstetter, einem weiteren hintergründigen Beobachter der österreichischen Provinz und ihrer Vergangenheit[12], erstmals aufgelegt[13], eine Neuauflage wurde von Robert Menasse, ein Jahr jünger als Reichart und ihrer Schriftstellergeneration angehörend, 1995 bei Suhrkamp besorgt. G. F. Jonke opponiert 1969 im *Geometrischen Heimatroman* gegen die muffige Tradition und Rezeption des Heimat- und Dorfromans, indem er mit experimentellen Mitteln dessen Verfahrensweisen kritisch entlarvt. Ähnliches ist zu Klaus Hoffers *Bei den Bieresch* (1979/83) anzumerken. Franz Innerhofers Roman *Schöne Tage* (1974) bricht mit der Verklärung eines konfliktfreien Landlebens in „fröhlicher Armut", für die Karl Heinrich Waggerl, der Erfolgsautor der NS-Zeit und der 1950er Jahre, steht.[14]

Der Unmut gegenüber den herrschenden gesellschaftlichen, sozialen und kulturellen Zuständen in Österreich manifestierte sich nicht nur literarisch, sondern auch politisch. Er entlud sich zunächst gegen die Konsenspolitik der Großen Koalition (1945–1966), dann gegenüber der seit 1966 amtierenden ÖVP-Alleinregierung Klaus. Ab 1970 regierte die SPÖ unter Bruno Kreisky, zuerst im Minderheitskabinett, ab 1971 mit absoluter Mehrheit bis 1983. Karl-Markus Gauß, in den 1970er Jahren wie Reichart Student der Germanistik und Geschichte an der Salzburger Universität, spitzt 1989 in seiner Polemik mit dem aufschlussreichen Titel *Der wohlwollende Despot* (1989) die Besonderheiten und Widersprüche dieser Zeit zur These zu, dass mit Kreisky der aufgeklärte absolute Herrscher des 18. Jahrhunderts zurückgekehrt, die Intelligenz näher an die Macht gerückt, die Kunst aber gleichsam, nicht zuletzt durch eine großzügige Subventionspolitik, verstaatlicht worden sei.[15] Der Salzburger Germanist Walter Weiss kennzeichnet diese Phase literaturpolitisch als die „Heimholung der Avantgarde", bei der, als Teil eines allgemeinen Modernisierungs- und Liberalisierungsprozesses im Land, Autoren der „Wiener Gruppe" und des „Forums Stadtpark", später auch der „Grazer Autoren Versammlung" zu „Vorzeigeartikeln der österreichischen Außenkultur" wurden.[16] Ernst Hanisch merkt in diesem Zusammenhang an, dass „Kunst" „von Natur aus undankbar" sei und die Hand beiße, die sie füttere. Staatsfrömmigkeit und Gesellschaftskritik stünden so nebeneinander.[17]

Trotz „Staatsoperette" und anderen Kulturskandalen[18] ist der gesellschafts- und kulturpolitische Wandel unbestritten, der sich in der so genannten Kreisky-Ära vollzog. Viele österreichische GegenwartsautorInnen wurden damals in Forschung, Politik und Medien wahrgenommen[19], und die in den 1950er Jahren geborene Generation begann, lesend, studierend und schreibend die literarische Bühne des Landes zu betreten. Unter ihnen auch Elisabeth Reichart.

3.

Der kritische Blick auf die Provinz und ihre Geschichte, die Dekonstruktion des Postkarten- und Fremdenverkehrslandes Österreich und die schuldig gewordene Väter- und Mütter-Generation, blieb ein bestimmendes Thema der Literatur. Gerhard Roths monumentales Werk *Die Archive des Schweigens* bricht eindrucksvoll das Schweigen (in Stadt und Land) über den Nationalsozialismus.[20] Elfriede Jelinek schärft in *Die Liebhaberinnen* (1975) die Provinz-Thematik aus dem Blickwinkel des Feminismus in avancierter Form und Sprache. Die wiederentdeckte Marlen Haushofer rechnet in klassischer Erzählform mit Familien- und Frauenbildern ab.[21] Ingeborg Bachmann[22] entwirft in *Malina* (1971) in alptraumhaften Sequenzen einen Vater, der dem erzählenden Ich die Zunge herausreißen und den Leib zerstückeln möchte. In entlarvender Traumlogik zeigt er dem Ich den „Friedhof der ermordeten Töchter", erscheint in einer „blutbefleckten weißen Schlächterschürze", ist in den „roten Henkersmantel" gehüllt und trägt schließlich die schwarze SS-Uniform samt Reitpeitsche: „Ich weiß, wer du bist. Ich habe alles verstanden. […] Es ist nicht mein Vater. Es ist mein Mörder."[23]

Ausdrücklich werden nun auch an die „Mütter" kritische Fragen gestellt, vor allem von Autorinnen: Elfriede Jelineks *Die Klavierspielerin* (1983) thematisiert eine fatale Mutter-Tochter-Beziehung. Anna Mitgutschs *Die Züchtigung* (1985) ist ein Roman, der verhängnisvolle Kontinuitäten von mütterlicher Erziehung zu Obrigkeitshörigkeit, Weitergabe patriarchaler Wertmaßstäbe und weiblicher Angepasstheit freilegt. Elisabeth Reicharts *Februarschatten* fragt bei der Mutter im Zusammenhang mit der so genannten „Mühlviertler Hasenjagd" nach, und in *Komm über den See* begibt sich Ruth Berger im oberösterreichischen Salzkammergut auf die schmerzliche Suche nach der Wahrheit bezüglich der Rolle ihrer Mutter als Widerstandskämpferin.

Damit steht, ebenso wie im Provinz-Diskurs, beim Generationenkonflikt der Nationalsozialismus als Paradigma im Zentrum. In der Literatur wird die so genannte „Opfer-Theorie" vor und während der „Waldheim-Debatte" (1986–88)[24] und vor der offiziellen Erklärung zur österreichischen (Mit-)Schuld an Krieg und NS-Verbrechen vom 8. Juli 1991 durch Franz Vranitzky bezweifelt und thematisiert: „[a]ggressiv bei Bernhard (*Die Ursache* 1975), experimentell bei Marie-Thérèse Kerschbaumer (*Der weibliche Name des Widerstands* 1980), verständnisvoll und einfühlsam bei Peter Handke (*Wunschloses Unglück* 1972) und Peter Henisch (*Die kleine Figur meines Vaters* 1975)."[25]

4.

Die Erzählung *Komm über den See*[26] bündelt und verarbeitet viele literarische Motive und ihre politisch-gesellschaftlichen Kontexte, die Elisabeth Reichart als Germanistik-Absolventin bekannt sind, und verknüpft sie mit Erkenntnissen der promovierten Historikerin. Sie führt dabei ihre dichterische Form und Sprache fort, die sie schon in *Februarschatten* mit großem Erfolg[27] entwickelt hat. Liest man *Komm über den See* aus diesem Blickwinkel, ergibt sich eine andere Betrachtungsweise und literaturkritische Verortung des Textes als jene, die Gregor Dotzauer unter dem polemischen Titel „Alles geborgt" formuliert.[28] Denn in den angesprochenen Traditionen stehend, entwickelt die Erzählerin „unbestechlich, aber nicht erbarmungslos"[29] die Geschichte von Ruth Berger mit ihrer spezifisch eigenen poetischen Stimme.

Nach dem verbissen absolvierten Studium arbeitet die Frau, ein „Sprachwunder" (S. 43), erfolgreich als Dolmetscherin. Ihre Studienfreundin Eva, die, wie man aus Ruths Träumen und Erinnerungen erfährt, dem Prüfungsdruck nicht standhält und Selbstmord begeht, bemerkt Ruth gegenüber schon früh, dass diese „ohne eigene Sprache" sei, nur „in den Sprachen der anderen" existiere, „für alle Sprachen begabt" sei – „außer für ihre eigene"(S. 43). Damit führt Reichart in ihrem Text jenen Diskursstrang, der in der Literatur der 1970er Jahre so wesentlich war,[30] nämlich die Sprach- und, damit verknüpft, die Identitätsfindung und Selbstvergewisserung von weiblichen Protagonistinnen (und der Autorin) in der Literatur produktiv fort.[31]

Selbst- und Sprachfindung bedeuten mühsame, schmerzliche Erinnerungsarbeit[32] und Neuorientierung. Es sind auffallend viele Frauen, die die „Schleusen der Erinnerung" öffnen, sowohl „Autorinnen als auch [...] weibliche Figuren in den Texten".[33] Ruth gibt ihre Dolmetsch-Karriere nicht zuletzt aufgrund von Rüstungsaufträgen, die ihr Arbeitgeber verhandelt, auf. Sie verlässt ihren Mann Walter, einen Juristen und Vertreter der staatlichen Ordnung, der zwar heimlich noch immer Haschisch raucht, wegen des gleichen Vergehens aber andere verurteilt. Nicht nur dieser Widerspruch wird für Ruth unerträglich. Im Anschluss an Körperdiskurse der feministischen Literatur[34] „vergißt" Ruths „immer beherrschter Körper" schon bei der Hochzeit, „sich zu beherrschen", denn sie ist zunächst nicht in der Lage, die Heiratsurkunde zu unterschreiben. Die Rebellion des zugerichteten Frauenkörpers und die Entfremdung der Ehepartner verschärfen sich während des Geschichtsstudiums von Ruth. Als sie mit ihrem Mann über die Widerstandkämpferinnen spricht, „verkündet er sein Urteil": „'Dein Interesse an diesen Frauen ist nicht normal'"(S. 39). Nicht von ungefähr wählt Reichart zur poetischen Verdeutlichung der Entfremdung die Metapher der „Wüste", in die Ruth und Walter nicht nur bei einer Marokko-Reise geraten.[35]

Mit der historischen Arbeit Ruths wird die Thematik des Widerstands in die Handlung eingeführt. Reichart verknüpft sie gemäß der feministischen Losung ‚Privates sei das Politische' mit Ruths Familien- und Beziehungsgeschichte. Ruths Mutter folgte ihrem Mann, einem Schauspieler und NS-Karrieristen, nicht nach Berlin, sondern schloss sich dem Widerstand an. Sie wurde von der Gestapo inhaftiert und gefoltert, kehrte zurück, verfiel in Schweigen und starb bald darauf. Die Tochter wächst bei Tanten in der burgenländischen Provinz auf.

Nach der Scheidung von Walter und dem abgeschlossenen Geschichte- und Anglistik-Studium absolviert Ruth das sogenannte Probejahr an einem Wiener Gymnasium. Sie kann dort allerdings nicht bleiben, da sie nicht über die gerade im österreichischen Schulbereich notwendigen politischen Verbindungen und Netzwerke verfügt, und wird, nach bangem Warten, als Karenzvertretung nach Gmunden geschickt. Dieser radikale Wechsel der Lebensverhältnisse (Kleinstadt am Land, Single-Leben, neuer Arbeitsplatz mit neuen Vorgesetzten und KollegInnen, die dem Provinz-Spießer-Topos der kritischen Heimatliteratur entsprechen) wird mit seinen vielfältigen Krisen zum endgültigen Anstoß für Ruth, sich im Prozess der Neuorientierung und lebenswichtigen Selbstvergewisserung ihrer Vergangenheit zu stellen.[36]

Das (klein-)bürgerlich-katholische, provinzielle Gmunden bildet dabei den Handlungsraum. Die landschaftliche Schönheit, der See und die mit Peter Altenberg beschworene Sommerfrische-Idylle (S. 45)[37] vermögen für Ruth die jüngere Geschichte des Salzkammerguts[38] nicht zuzudecken. Denn am Ostufer des Sees liegt das proletarische Ebensee, in der Regionalgeschichte bis heute als Antithese zum bürgerlichen Gmunden gesetzt,[39] wo sich zur Zeit des Nationalsozialismus ein KZ befand, eines der berüchtigtsten Nebenlager von Mauthausen.[40] Nicht von ungefähr kennt Ruth die Kurstadt Gmunden von Postkarten, die ihre Mutter von einer Widerstandskämpferin bekommen und sorgsam vor dem Kind versteckt hat. Anders als in *Februarschatten*, wo die Tochter bei der Mutter insistierend nachfragt, muss sich Ruth der Wahrheit zunächst ohne ein Gegenüber mühsam und schmerzlich annähern, die hinter den Postkarten-Bildern liegt, aber auch die identifikatorische Beschäftigung mit den Widerstandsfrauen[41] problematisch macht. In an Ingeborg Bachmann erinnernden Traumsequenzen und Erinnerungsfetzen beginnt sie, ihre Familiengeschichte zu rekonstruieren und damit auch die vielschichtig-widersprüchliche Geschichte des Widerstands im Salzkammergut.[42] Reichart weiß genau, dass Geschichtsschreibung immer ein Konstrukt ist, in das die Person des/der Historiker/in einfließt. Geschichte ist der „Traum des Historikers", wie Georges Duby formuliert. Sie ist allerdings ein „kontrollierter Traum", wie Duby präzisiert.[43] Dies hat in der Erzählung seine Entsprechung, denn Ruth bringt die kopierten Akten des Salzkammergut-Widerstands nach Gmunden mit, um sie zur Grundlage ihres Unterrichts und ihrer eigenen Nachforschungen zu machen. Und dennoch heißt es gleich zu Beginn des Textes: „Vor jeder Erinnerung das Wissen: Alle Sätze in dieses Gestern können nur Brücken zu Inseln sein, was sie verbinden, es bleibt für immer getrennt" (S. 7).

Indem Reichart Familien- und Beziehungskonstellationen entwirft, die über Generationen anhaltende „Verheerungen" spiegeln, „welche die Verhältnisse in einem Menschen anrichten können"[44], entwickelt sich aus „Selbstgesprächen, sich zu Wort meldenden Stimmen, Traumhaftem, assoziativen und sogar surrealen Passagen"[45] die Rekonstruktion sowohl der privaten Geschichte der Protagonistin als auch der politischen Geschichte der Frauen im Widerstand aus der Salzkammergut-Region. So entstehen, im Wechsel verschiedener Erzählweisen, „genau beobachtete Menschen- und Gesellschaftsbilder"[46]. Reichart entwickelt in *Komm über den See* eine „differenzierte Betrachtung der ineinander verzahnten Ereignisse und Gedanken"[47]. Im Wechsel der Erzählperspektive vom „Ich" mit dem „Du" und der dritten Person spiegelt sich die psychische Spaltung der Protagonistin formal. Klaus Zeyringer vermerkt, dass die Verdoppelung im Roman eine narrative Funktion habe. Denn als Ruth erkennen muss, dass ihre Mutter die Widerstandskämpferin Anna Zach in der Gestapohaft verraten hat, muss sie sich von dieser den Vorwurf gefallen lassen, sie hätte letztlich so gehandelt wie die Mutter, und zwar indem sie sich über die Enkelin, einer Schülerin Ruths, die, angeregt von ihr, Regional- und Familiengeschichte betreiben soll, eingeschlichen hätte.[48]

Jetzt muss sich Ruth ihrem wiederkehrenden Traumgesicht stellen, in dem es um eine Brigitta[49] geht. Sie erkennt, dass dies ihr eigentlicher Name war, den die Mutter aber dann vermied, um nicht mehr an die Vergangenheit anschließen zu müssen: „‚Wußten Sie wirklich nicht, daß Sie früher Brigitta hießen?'" (S. 187), fragt Anna

Zach. Das Verdrängen und Verleugnen der Vergangenheit wirkt fort. Bei der Mutter, bei Ruth und ihrer Freundin Martha, ebenfalls Tochter einer Widerstandskämpferin. Diese erkennt ihre aus Ravensbrück zurückgekehrte, hässlich gewordene Mutter nicht mehr, denn: „Sie haben uns unsere Mütter unkenntlich gemacht"(S. 25). Und sie weist Ruths Sätze, kurz vor ihrer Einweisung in eine geschlossene Anstalt, über den Mut der Widerstandsfrau zurück: „‚Ich kann deine Phrasen nicht mehr hören: ‚Wie mutig deine Mutter war!' – Ja, sobald sie das Haus verlassen hatte. Aber kaum tauchte irgendwo der Hut meines Vaters auf, war sie unterwürfig, ängstlich, die reinste Sklavenseele kam zum Vorschein. Sie war sich nicht zu gut dazu, ihm die Füße zu waschen, mit denen er in andere Betten stieg. Deine Widerstandskämpferinnen waren nicht besser als wir. Schau sie dir doch an: Sie wollen die Menschheit retten und konnten sich selbst nicht helfen'" (S. 38).

Der Geschichtsmythos der „Heldinnen-Mütter" wird schonungslos destruiert. Es gilt vielmehr, sich diesen Frauen – mit Bezug des sich mit ihnen forschend und schreibend beschäftigenden Subjekts – differenziert zu stellen, um der Gedächtnis- und Geschichtslosigkeit, die in die Sprachlosigkeit mündet, zu entgehen. Über den See zu kommen hieße so, zu sich selber zu kommen – und dann „wird Anna vielleicht erzählen" (S. 188).

Ernst Hanisch hat darauf aufmerksam gemacht, dass poetische Texte HistorikerInnen zu neuen Fragestellungen führen können, da Kunst auf Mehrdeutigkeit gerichtet sei. Historische Kontexte seien in der Dichtung auf spezifische Weise vermittelt. Wenn man sich der ästhetischen Eigenart von Texten bewusst sei, werde man nicht zum „Historiker in kurzen Hosen" (Michel Foucault), sondern die Besonderheiten von Kunst werden für historisch interessierte Leserinnen und Leser produktiv.

Elisabeth Reicharts Texte können eine „erweiterte Realitätsdefinition, ein Durchbrechen des puren Faktischen, eine Sensibilisierung für neue Fragestellungen" liefern. Denn es lässt sich an ihnen zeigen, dass „künstlerische Texte oft in viel stärkerem Maße Träger von ‚Information' sind als wissenschaftliche Texte".[50] Die Autorin und Historikerin Elisabeth Reichart weiß das genau.

---

1 Walter Weiss, Josef Donnenberg, Adolf Haslinger, Karlheinz Rossbacher: *Gegenwartsliteratur. Zugänge zu ihrem Verständnis*. Stuttgart/Berlin/Köln/Mainz: Kohlhammer 1973. Walter Weiß [!], Sigrid Schmid: *Zwischenbilanz. Eine Anthologie österreichischer Gegenwartsliteratur*. Salzburg: Residenz 1976.

2 Edward Hallett Carr: *Was ist Geschichte?* Stuttgart/Berlin/Köln/Mainz: Kohlhammer 1974. (Grundlegendes Buch für GeschichtsstudentenInnen am Historischen Institut der Universität Salzburg in den 1970er Jahren.) Wichtig in diesem Zusammenhang vor allem die Lehrenden Erika Weinzierl, Ernst Hanisch, Gerhard Botz und Georg Schmid. Weinzierl, Hanisch und Botz rücken Österreich im Nationalsozialismus in das Zentrum ihrer Forschung, Georg Schmid die theoretischen Konzepte der postmodernen Geschichtswissenschaft.

3 Hans Lebert: *Die Wolfshaut*. Hamburg: Claassen 1960.

4 Lebert erhielt 1962 den Österreichischen Staatspreis für Literatur.

5 Dies hängt mit dem erfolgreichen Nachdruck des Texts in der DDR zusammen. Hans Lebert: *Die Wolfshaut*. Berlin: Rütten & Loening 1962. Diese Ausgabe war in linken Studentenkreisen verbreitet.

6 Kurt Arrer: *Hans Lebert und der problematisierte Regionalroman*. Phil. Diss. Salzburg 1975.

7 Er findet sich in allen in österreichischen Gymnasien verwendeten Literaturgeschichten ausführlich besprochen. Zur Forschung z.B. Jürgen Egyptien: *Der „Anschluß" als Sündenfall: Hans Leberts literarisches Werk und intellektuelle Gestalt*. Mit einem Vorw. von Elfriede Jelinek. Wien: Sonderzahl 1998. – Gerhard Fuchs u. Günther A. Höfler (Hg.): *Hans Lebert. Dossier 12*. Graz/Wien: Droschl 1997.

8 Die kritische Auseinandersetzung mit Provinz-Literatur an der Universität Salzburg z.B. durch Karlheinz Rossbacher: *Heimatkunstbewegung und Heimatroman. Zu einer Literatursoziologie der Jahrhundertwende*. Stuttgart: Klett 1975.

9 Der Salzburger Germanist Hans Höller hat 1973 die erste Dissertation zu Thomas Bernhard vorgelegt. Zu Frost vgl. zusammenfassend den Kommentar in Thomas Bernhard: *Werke. 22. Bde. Band 1. Frost*. Hg. von Wendelin Schmidt-Dengler u. Martin Huber. Frankfurt a. M.: Suhrkamp 2003. S. 339–358.

10 Vgl. Text u. Kommentar: Thomas Bernhard. *Werke. 22. Bde. Bd. 11. Erzählungen I*. Hg. von Wendelin Schmidt-Dengler u. Martin Huber. Frankfurt a.M.: Suhrkamp 2004.

11 Karl Schimpl: *Weiterführung und Problematisierung : Untersuchungen zur künstlerischen Entwicklung von Gerhard Fritsch*. Phil. Diss. Salzburg 1974.

12 Alois Brandstetter als „Humoristen" und drolligen Geschichtenerzähler der österreichischen Provinz und ihrer Menschen zu verstehen, erweist sich bei genauerer Lektüre seines Werks als unhaltbar. Vgl. etwa ders.: *Überwindung der Blitzangst. Prosatexte*. Salzburg: Residenz 1971. *Ausfälle. Natur- und Kunstgeschichten*. Salzburg: Residenz 1972. *Die Abtei*. Salzburg: Residenz 1977. *Landesäure. Starke Stücke und schöne Geschichten*. Hg. v. Hans-Jürgen Schrader. Stuttgart: Reclam 1988.

13 Gerhard Fritsch: *Katzenmusik. Prosa.* Aus dem Nachlaß hg. von Alois Brandstetter. Salzburg: Residenz 1974.
14 Karl Müller: *Karl Heinrich Waggerl. Eine Biographie mit Bildern, Texten und Dokumenten.* Salzburg: Otto Müller 1997.
15 Karl Markus Gauß: *Der wohlwollende Despot. Über die Staats-Schattengewächse.* Klagenfurt: Wieser 1989.
16 Walter Weiss: Dichtung und politisches System in Österreich seit 1945. In: *Politik in Österreich. Die Zweite Republik: Bestand und Wandel.* Hg. von Wolfgang Mantl. Wien/Köln/Graz: Böhlau 1992, S. 884–891.
17 Ernst Hanisch: *Der lange Schatten des Staates. Österreichische Gesellschaftsgeschichte im 20. Jahrhundert.* Wien: Ueberreuter 1994. S. 476f.
18 Evelyne Polt-Heinzl (Hg.): *Staatsoperetten. Kunstverstörungen. Das kulturelle Klima der 1970er Jahre.* Wien 2010.
19 Bruno Kreisky zeigte sich beispielsweise von Peter Handkes Erzählung *Wunschloses Unglück* (1972) „ungeheuer begeistert" und ließ dem Autor ein persönliches Dankschreiben zukommen. Vgl. Malte Herwig: *Meister der Dämmerung. Peter Handke. Eine Biographie.* München: Deutsche Verlags-Anstalt 2011, S. 208.
20 Uwe Schütte: *Auf der Spur der Vergessenen – Gerhard Roth und seine Archive des Schweigens.* Wien/Köln/Weimar: Böhlau 1997.
21 Vgl. Christa Gürtler (Hg.): *Ich möchte wissen, wo ich hingekommen bin! Marlen Haushofer 1920–1970.* Linz 2010.
22 Christa Gürtler: *Schreiben Frauen anders? Untersuchungen zu Ingeborg Bachmann und Barbara Frischmuth.* Stuttgart: Heinz 1983.
23 Ingeborg Bachmann: *‚Todesarten'-Projekt. Kritische Ausgabe. 5 Bde.* Unter der Leitung von Robert Pichl. Hg. von Monika Albrecht u. Dirk Göttsche. Bd. 3.1. *Malina.* Bearbeitet von Dirk Göttsche unter Mitwirkung v. Monika Albrecht. München/Zürich: Piper 1995, S. 501f., 563ff.
24 Josef Haslinger: *Politik der Gefühle. Ein Essay über Österreich.* Darmstadt/Neuwied 1987.
25 Hanisch, *Der lange Schatten des Staates*, S. 479.
26 Elisabeth Reichart: *Komm über den See. Erzählung.* Frankfurt a. M.: S. Fischer 1988. Im Folgenden im Text mit Seitenangaben zitiert.
27 Vgl. die Zusammenstellung der Preise und Auszeichnungen und Christa Wolf: Struktur von Erinnerung. In: Elisabeth Reichart: *Februarschatten.* Berlin: Aufbau Taschenbuch 1997, S. 117ff.
28 Gregor Dotzauer: Alles geborgt (1988) http://www.zeit.de/1988/33/alles-geborgt [Stand 24.7.2013].
29 Wolf, Struktur von Erinnerung, S. 117ff.
30 Z.B. bei Ingeborg Bachmann oder Marlen Haushofer.
31 Vgl. Renata Cornejo: *Das Dilemma des weiblichen Ich. Untersuchungen zur Prosa der 1980er Jahre von Elfriede Jelinek, Anna Mitgutsch und Elisabeth Reichart.* Wien: Praesens 2006.
32 Vgl. Christa Gürtler: Die Faszination des Vergessenen. Zu Elisabeth Reicharts Poetik. In: Hildegard Kernmayer u. Petra Ganglbauer (Hg.): *Schreibweisen. Poetologien. Die Postmoderne in der österreichischen Literatur von Frauen.* Wien: Milena 2003, S. 123–130.
33 Vgl. Klaus Zeyringer: *Österreichische Literatur 1945–1998.* Innsbruck: Haymon 1999, S. 185.
34 Vgl. Christa Gürtler u. Eva Hausbacher (Hg.): *Unter die Haut. Körperdiskurse in Geschichte(n) und Bildern.* Innsbruck: Studien-Verlag 1999.
35 Vgl. Ingeborg Bachmann: *‚Todesarten'-Projekt. Kritische Ausgabe. 5 Bde.* Unter der Leitung von Robert Pichl. Hg. v. Monika Albrecht u. Dirk Göttsche. Bd. 2. *Das Buch Franza.* Bearbeitet von Monika Albrecht u. Dirk Göttsche. München/Zürich: Piper 1995.
36 Vgl. Konstanze Fliedl: „Frag nicht mich, befrage die Worte". Elisabeth Reicharts Versuche, jene zum Sprechen zu bringen, die zum Schweigen gebracht wurden. In: *Der Standard* (4.8.1995).
37 Peter Altenberg: Mein Gmunden. In: Ders: *Gesammelte Werke. 5 Bde. Bd. 2. Extrakte des Lebens. Gesammelte Skizzen 1898–1919.* Hg. v. Werner J. Schweiger (Donauland Lizenz Ausgabe, o.O., o.J.). S. 345f. Vgl. auch Erich Bernard u. a. (Hg): *Der Traunsee. Der Mythos der Sommerfrische.* Wien: Christian Brandstätter 2012.
38 Vgl. Elisabeth Reichart: *Heute ist morgen. Fragen an den kommunistischen Widerstand im Salzkammergut.* Phil. Diss. Salzburg 1983.
39 Vgl. Wolfgang Quatember u.a. (Hg.): *Das Salzkammergut. Seine politische Kultur in der Ersten und Zweiten Republik.* Grünbach: Steinmaßl 2000.
40 Vgl. Florian Freund: *Das Konzentrationslager Ebensee – Raketenrüstung im SS-Arbeitslager „Zement".* Innsbruck: Studien Verlag 2006.
41 Vgl. dazu „Wie so ein Nachtfalter – der verborgene Widerstand der Frauen". III. Teil der achtteiligen Radio-Reihe „Fragmente des Widerstands" von David Guttner und Jörg Stöger (2005). Freies Radio Salzkammergut http://cba.fro.at/series/306 [Stand 24.7.2013].
42 Vgl. dazu http://www.memorial-ebensee.at/ [Stand 24.7.2013] und Radio-Reihe „Fragmente des Widerstands" von David Guttner und Jörg Stöger (2005). Freies Radio Salzkammergut http://cba.fro.at/series/306 [Stand 24.7.2013].
43 Georges Duby und Guy Ladreau: *Geschichte und Geschichtswissenschaft. Dialoge.* Frankfurt a. M.: Suhrkamp 1982, S. 37ff.
44 Christa Wolf, Struktur von Erinnerung, S. 117ff.
45 Karl Müller: Elisabeth-Reichart (Porträt und Interview). In: *Deutsche Bücher* (1997), S. 83–98.
46 Ebd.
47 Zeyringer, *Österreichische Literatur*, S. 398.
48 Ebd.
49 Eine Anspielung auf Adalbert Stifters gleichnamige Erzählung, die Ruths Mutter gelesen hat.
50 Vgl. Walter Weiss / Ernst Hanisch (Hg.): *Vermittlungen. Texte und Kontexte österreichischer Literatur und Geschichte im 20. Jahrhundert.* Salzburg: Residenz 1990. S. 9–14.

Gerhard Moser

Auf den Spuren des weiblichen Widerstandes
ELISABETH REICHARTS ERZÄHLUNG *KOMM ÜBER DEN SEE*

„Später, sagt eine Frauenstimme, später wird es uns nicht gegeben haben. Wir werden wie die Höhlen im Inneren der Berge sein, draußen ein dumpfes Wissen, daß da noch etwas war und ist, manche werden in die Höhlen gehen, manches an uns werden sie gerne sehen, wie sie die Wasserfälle, die riesigen Hallen und die Tropfsteingebilde bewundern, werden sie auch an uns vieles finden, das sie bewundern können, aber sie werden rechtzeitig umkehren, bevor ihr Blick die schimmelnden Wände streift und der Fuß im Schlamm steckenbleibt, und wer wird es wagen, ihnen daraus einen Vorwurf zu machen, diesen Heraustretenden aus der Übereinkunft des Vergessens, ein Fest werden wir ihnen bereiten, dankbar werden wir sein; wenn der See ausgetrocknet ist, dann ist ein Tropfen alles ..."

Gegen die Übereinkunft des Vergessens, die eine Widerstandskämpferin in der Erzählung *Komm über den See* prophezeit, schreibt, kämpft die Oberösterreicherin Elisabeth Reichart, Autorin von *Februarschatten*, an. Mit *Komm über den See* ist ihr ein in jeder Hinsicht bemerkenswertes, herausragendes Werk gelungen, das die Staatsideologie des Vergessens enthüllt, aber auch in Grauzonen der Geschichtsschreibung des Antifaschismus vordringt.

„KEINE HAT ZUR FEDER GEGRIFFEN"
„Ich habe von den Verbrechen der Nationalsozialisten gelesen und ihr Bleiben beobachtet. Vor allem aber habe ich die Bücher der Widerstandskämpfer gelesen, ihre wenigen Bücher, das Schreiben noch immer eine Bildungsfrage und die Bildungsfrage noch immer eine Klassenfrage, der Sprung von der Illegalität zu ihrer Beschreibung kann nicht groß genug gedacht werden, statt der Pistole die Feder, statt dem Leben in den Bergen das Sitzen am Schreibtisch. In den Bergen wurden sie mehr und mehr, wie gut es tat, von Männern zu lesen, die sich dem Krieg verweigerten, die keine Inschrift auf dem Kriegerdenkmal für sich beanspruchten. Die Männer in den Bergen – wo waren die Frauen? Ich habe kaum etwas über Widerstandskämpferinnen gefunden, ihr Leben nur zwischen den Zeilen, keine hat zur Feder gegriffen, das Schreiben auch eine Geschlechterfrage, nach ihnen werde ich suchen."

Die ehemalige Dolmetscherin und nunmehrige Probelehrerin Ruth, in den Krieg hineingeboren, ist auf der Suche nach dem weiblichen Anteil am antifaschistischen Widerstand, auf der Suche nach ihrer Mutter, von der nur noch schemenhafte Erinnerungen – die Verhaftung durch die Gestapo, die Rückkehr einer gebrochenen Frau, der frühe Tod – geblieben sind. Ihre Versuche, der eigenen Geschichtslosigkeit Herr zu werden, stoßen auf unnachgiebige Barrieren gegenwärtiger „Vergangenheitsbewältigung", treiben sie selbst an den Rand eines „Moores", in dem die Sprachlosigkeit regiert, machen sich wiederholende Alpträume zur alltäglichen Wirklichkeit. Für Ruths Umgang mit der Geschichte hat die Gegenwart bestenfalls das Krankheitsattest übrig. Opfer des „Moores" ist bereits ihre Freundin Martha geworden, die Ruths heroisierendes Bild vom Widerstand zu korrigieren versucht hat: „Sie wollten die Menschheit retten und konnten sich selbst nicht helfen. (...) Anscheinend war es leichter für sie, gegen den übermächtigen Faschismus Widerstand zu leisten, als sich gegen den Ehemann zu wehren oder sich von ihm zu trennen", stellt die Tochter einer Antifaschistin fest, die an den Folgen der KZ-Haft gestorben ist.

„Nur das Entfernte ist mir nah", sinniert Ruth beim Studium der Akten über den Widerstand im Salzkammergut, die sie sich noch kopiert hat, bevor sie ihre Stelle als Karenzvertretung in Gmunden antritt. Das Leben in der Kleinstadt, der reaktionäre Mief an der Schule machen ihr zu schaffen, die braunen Spuren sind auch hier noch höchst lebendig. Die Begegnung mit einem ORF-Journalisten, dessen Beitrag über die braunen Umtriebe im Salzkammergut nie zur Ausstrahlung kommt, gibt

Ruth die Möglichkeit, den Widerstand im Dialog einzuschätzen: „Welcher Nationalsozialist hat denn für seine Taten die Verantwortung übernommen? Oder welcher Mitläufer? Oder welcher Soldat? Sie alle berufen sich doch auf Befehlsnotstand, bis zum Staatsoberhaupt. Preisen öffentlich ihre Unmündigkeit: Ich habe doch nur meine Pflicht erfüllt! Die Verantwortung für sich haben nur die Widerstandskämpfer übernommen, und indem sie das taten, waren sie fähig, auch für andere verantwortlich zu sein – woher sonst die vielen, die unter der ärgsten Folter niemanden verraten haben?"

Je länger Ruth in Gmunden bleibt, umso stärker wird das Gefühl, hier bereits einmal gewesen zu sein. Da sind Briefe einer Anna Zach an ihre Mutter, von denen nur noch die Kuverts übriggeblieben sind, die Handschrift einer Schülerin ihrer Klasse gleicht der auf den Kuverts. Anna Zach ist die Großmutter der Schülerin, eine Widerstandskämpferin. Mit der Kollegin Susanne beschließt Ruth, Anna als Zeitzeugin in die Schule einzuladen. Ruth zögert, sie ahnt, daß sich die schemenhaften Rätsel der eigenen Geschichte durch das Gespräch mit Anna entwirren würden. Die erste Begegnung ergibt einen der eindrucksvollsten Dialoge der Erzählung. Anna hat bereits resigniert, hält nichts mehr vom Erzählen der eigenen Geschichte: „Für diejenigen, die nichts wissen wollen, kann man nichts tun. (…) Vielleicht war es unser größter Fehler, daß wir daran glaubten, nach dieser Erfahrung werden die Menschen endlich ihr Leben selbst in die Hand nehmen wollen. Was hatten sie schon erfahren? Ihre jahrelange Anstrengung, ganze Völkermorde nicht zu sehen, muß ähnlich ungeheuerlich gewesen sein wie das Ungeheuerliche selbst. Diese Anstrengung mußte sich lohnen. Und sie wurde belohnt. Sie wurde zur Staatsideologie ernannt. Bereits im Sommer 1945 stand es groß in der österreichischen Presse zu lesen: ‚Vergessen wir die letzten sieben Jahre! Gemeinsam in die Zukunft!' Mit diesem ‚Gemeinsam' wurden die Ermordeten noch einmal ermordet. Die Mörder sind an der Macht. Sie wussten, was sie taten. Es gibt uns nicht in der Realität dieses Landes. Es gibt uns nur auf den Friedhöfen der Namenlosen, in unseren Wohnküchen oder in Altersheimen."

Die Frage, die sich Ruth immer wieder stellt: „Wie hätte ich mich damals verhalten?" – erfährt „Antworten" in quälenden Selbstvorwürfen. Ihren Karrierismus während des Dolmetschstudiums macht sie verantwortlich für den Selbstmord der Freundin Eva, die der Nüchternheit Ruths nur Borchert-Zitate entgegenhalten konnte. An Marthas Einweisung in die Psychiatrie fühlt sie sich ebenso schuldig.

Erst als sie vom Schuldirektor vor dem Umgang mit „kriminellen Elementen" gewarnt wird, womit die Widerstandskämpferin Anna gemeint ist, zieht Ruth die Konsequenzen. Ihr zweiter Besuch bei Anna bringt die Wahrheit ans Licht. Ihre Mutter hatte unter der Folter der Gestapo, die nicht zuletzt damit gedroht hatte, das Kind zu verhaften, Anna Zach verraten und nach dem Krieg einen neuen Namen angenommen. Die Enthüllung der Geschehnisse bringt für Ruth/Brigitta keine Befreiung. Der Frage nach dem eigenen Verhalten schließt sich die ungleich schrecklichere an, ob ihre Mutter wirklich eine Verräterin gewesen sei.

Die Identität durch die Negation, die sich Ruth/Brigitta mühsam zurechtgezimmert hat – „Du lebst doch nur in der Verneinung: Kein Krieg, kein Hunger, keine Armut, keine Arbeitslosen, keine Macht über Menschen, keine Umweltzerstörung – aber die wirklichen Worte, Freiheit, Gleichheit, Brüderlichkeit und Schwesterlichkeit, die sind nur noch ausgepreßte Begriffe für dich, die in der Geschichte herumtaumeln, du hast doch den Glauben längst verloren, daß sich diese alten Sehnsüchte in Menschenzukunft erfüllen werden" –, ist in Frage gestellt:

„Wir sind zu früh geboren, mitten hinein in die Verbrechen, ohne eine Möglichkeit, uns dagegen zu schützen. Und doch hat jede versucht, sich gegen diese Wahrheit zu schützen, gegen die keine Blindheit hilft, jahrelang habe ich mich umsonst blind gestellt. (…) Der Alptraum ist in uns, er wiederholt sich in uns, sinnloser war noch keine Wiederholung", lautet die Bilanz, der Reichart eine zögernde Alternative entgegenstellt: den Brückenschlag zu Anna, die Aufforderung, über den See zu kommen, und die Hoffnung, daß Anna wenigstens ihr etwas erzählen werde.

GEGEN DIE GESCHICHTSLOSIGKEIT

Elisabeth Reichart hat ein herausragendes Stück antifaschistischer Literatur mehr als vierzig Jahre danach geschaffen; in Rückblenden, Monologen und Dialogen arbeitet sie auf mehreren Erzählebenen – „oral history", die Erinnerungen der Widerstandskämpferinnen, ist den einzelnen Kapiteln vorangestellt – gegen die Geschichtslosigkeit und den Konsens der Vergangenheitsüberwältigung an. Die Ereignisse rund um die Präsentation des Forschungsprojekts zum Widerstehen österreichischer Frauen im KZ (*Ich geb dir einen Mantel, daß du ihn noch in Freiheit tragen kannst*), diese mehr als Distanz des Auftraggebers (Wissenschaftsministerium) zum Ergebnis des Auftrags bestätigen Reicharts Vermutungen, die Lotte Podgornik, eine der Mitautorinnen der Studie in *Weg und Ziel* 3/88, so auf den Punkt bringt: „Noch weniger als die Taten der Männer haben die ihren Beachtung gefunden. Kaum jemals sind sie nach ihren Erfahrungen gefragt worden, und das allgemeine Unverständnis, die Geringschätzung, die Verächtlichkeit, womit sie sich nach 1945 konfrontiert sahen, haben das Reden darüber für sie schwer, oft unmöglich gemacht."

Komm über den See ist in der aktuellen Situation ungemein wichtig. Damit läßt sich hinter die Person des charakterlosen Sesselklebers in der Hofburg blicken; damit läßt sich wider die Entsorgung der Vergangenheit durch bundesrepublikanische Historienstreiter und ihre österreichischen Ableger argumentieren und der Entwertung des antifaschistischen Widerstands durch die Schimären eines „alternativen Antifaschismus" oder gar einer „passiven Opposition" Einhalt gebieten. Ein Buch also, das nicht nur gelesen, sondern auch rege diskutiert werden sollte.

Volksstimme, 4. März 1988

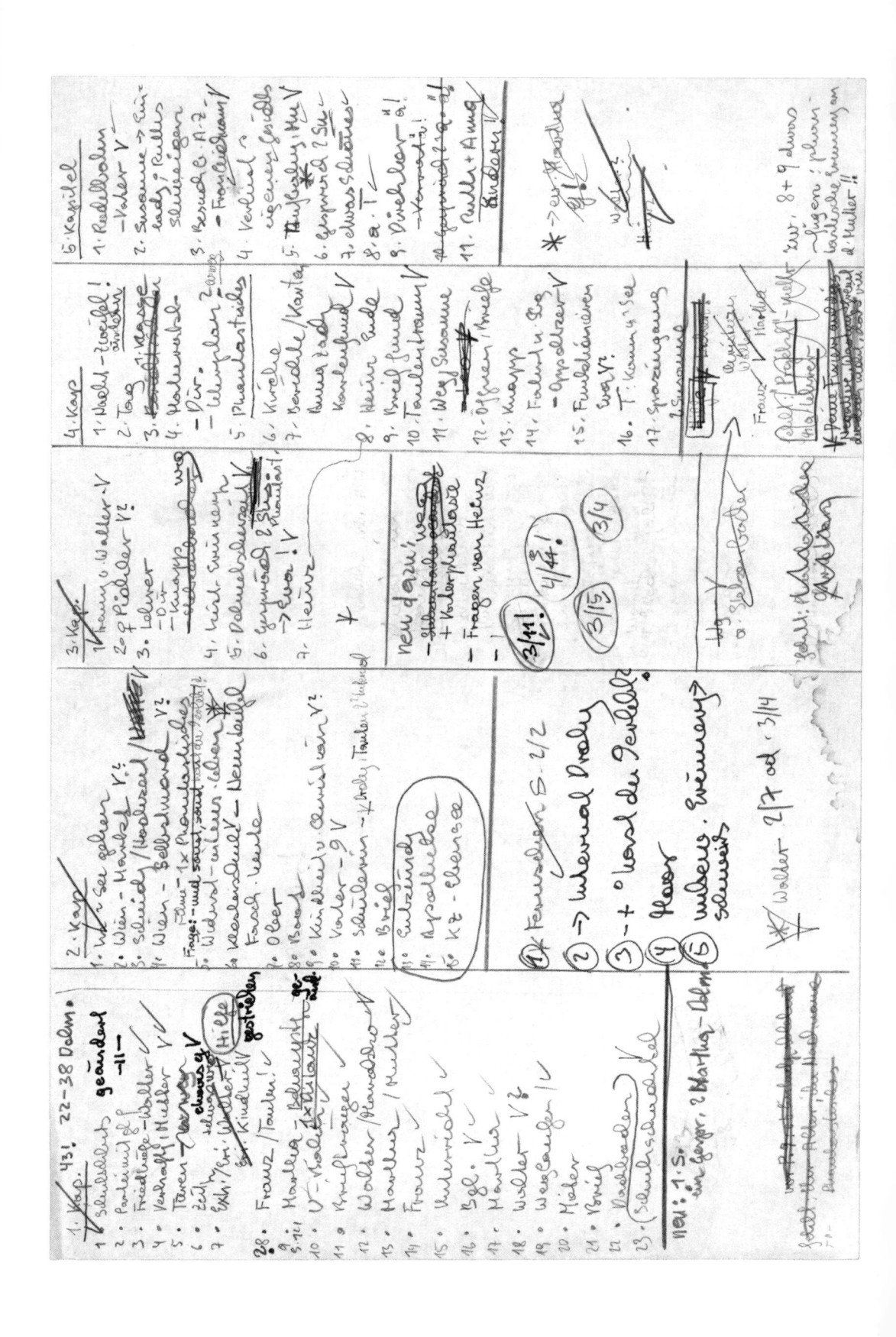

Nur für die Erzählung *Komm über den See* finden sich Autografen mit Plänen für die fünf Kapitel, Sammlung Elisabeth Reichart, Literaturarchiv der Österreichischen Nationalbibliothek (ÖLA 197/02)

1. K.	2.	3.	4.	5.
1. Erlösung 1.5	1. gem. Stundenhalter	1. Trennung v. Walter W	1. Zwei-Igel	1. Schiffsjubel/Vater
2. Warten 14	2. Wien/Mutter/Tunnel/Rom	2. q Pöldler	2. Tag	2. Fragen 4, Mutter
3. Ausstellgespräch	3. Schiod/Wodzins W	3. Dudler	3. 1. Mann	3. Anna
4. Hypnose/Pauli	4. Wien/Pavillon	4. Erinn. Schulwechsel	4. Holzwurml	3. 4. Farbnonnen
5. Wien – Ferihaus W	5. Seymourwade – Wildst/Mutter	5. Knopfer	5. Dudler	3. 5. verlorene Nonne
6. Warten/Krieg/Vater/Mutter W² KH	6. Dach/Weiler	6. Vater – gen SKG	6. Pho O	3. 6. Burg 4 Vampyren
7. Warten/Gebäude	7. Ohne/Frühinnung/Wieland Hoor	7. Erinnerungen Tunnel	7. Anselm/Erinnerungen	7. Sakt B¹
8. Caf/Ztg/V-Taufe KH	7/8. Oben O	8. s.F.	8. Vorlesungen/Ki-Zuo	8. Tool/Mutter
9. Wartem	7/8. See O	9. Vater – Tunnel/Pauli Hoor	8. xtaler/Nonnen/Mutter	Film/Schwester Ph.
10. Telefonat Frau	7/10. Sauge/Erinnerung v. Ohse. O Vater	10. S.F – Vater	9. Stafettenrennen	9. Sparrenrennen
11. Strandschulen	11. Hä – Unbewusst V (Mutter)	11. Pauli	10. Halbschlaf/Mutter	10. vergangues Trauma
12. Frauen	12. Mutter/Malerin H	12. S.F.	11. kl. Anna	11. Suconile/Henri H
13. Matter – mittag V/KG/P	13. Zuliwady	13. Eri. Gesp.? Vater V	12. Erde Galberie H	12. Bäurinnen / Harfenerse Louis
14. V-B Pi.	14. gem. Schule	14. Vorl. Schule	13. Briefspiegel	13. Wiederaufgabt
15. Brief P/W	15. Pgolla. O	15. Erot./IoAV	14. Landsmann B. Anna 2 w	15. "Wiederaufgabt 1, Anna 2 w H
16. Mutter Hoor	16. Fozd/Pbruso	16. Henri Ph. H	15. Weg zu Susanne	16. "Trauma" W Haar
17. Frau/Erinn/Braun/Bucht/bl		17. Sie + Henri H	16. Erinnerung T-Kapelle W	17. Dueler
18. Mutter/Stechlicher W			17. Cure Kuwoot	– Schwherin
19. Abreif!			18. Knapp	18. Schullred
20. Hoor/Eva E			19. Oppolner	19. Anna
21. Nordsee			20. Arbeit/Eva E	Brigitte
22. Brief – Arbeit			21. Träumen	Hoor
23. Erinnerung am gem. Kaum 4. See			22. Mutter/A H	E
			23. Verwurt E Hoor	

Vertragsauslaut Kr-Kind Hz Mutter O-Balintschewn W-Walter

Christiane Zintzen

Seele im Widerstand
ELISABETH REICHARTS ERZÄHLUNG *KOMM ÜBER DEN SEE*

Sigmund Freud hat's gewusst und der Gattung ins Stammbuch notiert: Die Entdeckung des Unbewussten hat nicht nur an eine *terra incognita* im seelischen Kosmos des Menschen gerührt, sondern der selbstbewussten „Krone der Schöpfung" zugleich eine nachhaltige narzisstische Kränkung zugefügt. Die Erkenntnis, dass noch der illuminierteste Rationalist nie ganz Herr im eigenen Hause sei, hat auch die alte Frage „Was können wir wissen?" in eine neue Perspektive gerückt.
Wissen wir wirklich, was wir wissen? Inwieweit sind wir uns unseres Gewussten tatsächlich bewusst? Solche Fragen nach den kommunizierenden Röhren der seelischen Reservoirs von Wahrnehmung, Erinnerung, Verdrängung und Wiederentdeckung wirft Elisabeth Reicharts 1988 erstmals erschienene, nun wieder aufgelegte Erzählung *Komm über den See* in genuin literarischer Weise auf. Es genügen einige Tage aus dem Leben einer Frau, Akademikerin, Dolmetscherin – nennen wir sie mit der Autorin Ruth Berger –, um am Fallbeispiel einer beruflich ausgelösten Lebenskrise die Fallen und Falten einer Bewusstseinslandschaft abzuschreiten. Was kann es ihr schon nützen, der aufgeklärten Zeitgenossin, dass sie aus bruchstückhaften Kindheitserinnerungen an die Mütter im Contra gegen das Dritte Reich die Utopie eines weiblichen Widerstandes gezimmert hat? Fraglos sind die lebensweltlichen Begegnungen mit ignoranten Individuen der Spezies Mann, fraglos sind die rundherum miterlebten Fallgeschichten zerbrochener Frauen dazu angetan, ein Selbstbild als Opfer zu nähren und zu hegen. Und doch ahnt Ruth Berger, diese so namenlos benamste Zentralfigur, dass solche weibliche Opfer- bzw. Widerstands-Mythologeme nur um den Preis des Selbstbetrugs zu haben sind.
Elisabeth Reichart führt das Bewusstsein ihrer Heldin wie eine Tonfilmsequenz in Zeitlupe vor und zeigt, wie ein noch unbewusstes, jedoch geahntes Wissen als Störsender ein seelisches System pertubiert. Hier queren lose und disparate Erinnerungspartikel ohne Sinn und Form die Bühne des Tagesbewusstseins, dort widerlegt die schiere Banalität der Beziehungsbrüche die Utopie menschenmöglicher Solidarität. Die temporäre Lehrverpflichtung an einer Schule im oberösterreichischen Gmunden sprengt nicht nur die Glasglocke von Arbeitslosigkeit und Isolation, sondern katalysiert zugleich die Wiederkehr des Verdrängten. Wenn mit der greisen Widerstandskämpferin Anna Zach eine Zeitzeugin auf den Plan tritt, bedarf es kaum noch der ausgesprochenen Worte, den glosenden Verdacht zu schmerzlich lodernder Erkenntnis anzufachen: Es war die Mutter gewesen, die ihre Genossin verriet. Und auch später nie ein Wort darüber verlor. Nicht einmal der eigenen Tochter gegenüber: Die einzige Zeugin der verhängnisvollen Szene wurde in ein erinnerungsloses Nachkriegsleben entsandt. So fürchterlich unserer Heldin die Erkenntnis der eigenen unschuldig-schuldhaften Verstrickung wird, so erlösend und womöglich hoffnungsvoll mutet die Anagnorisis an: Man billige dabei die symbolischen Tiefen des Traunsees als zeitgenössische Variation auf die von Freud zitierten acherontischen Fluten.
Indem sich der Text nach einem perfid konstruierten Kalkül der Verwirrung forterzählt und etwa den bruchstückhaften Bewusstseinsstrom der Mutter kurzfristig an die Oberfläche treten lässt, gibt er zweifellos einiges zu denken auf. Da auch die Lektüre erst mit dem Fortschreiten der Erzählung klüger wird, sind einige der füglich placierten Anspielungen und Referenzen beim ersten Lesen (noch) nicht entschlüsselbar. Vom Blickpunkt der integralen Erzählung aus betrachtet, entbirgt sich indes ein konsequent komponiertes motivisches Muster und ein kompliziertes Hin- und Verweissystem. Wenn man dennoch mitunter vor der Möglichkeit endlosen hermeneutischen Zirkelns zurückschrecken mag, liegt dies an der bisweilen

papierenen Natur der referierten ideologischen Debatten. In diesen Passagen wird das Ideendrama dem poetischen Projekt zur Last. Dass ein solches vorliegt, erweisen nicht zuletzt die bildhaften Motive – der titelgebende See etwa oder das unwegsame, unwägbare Moor –, welche Ideelles zur gewissen Sinnlichkeit verdichten.

Wo der vulgärfeministische Codex geneigt ist, die Frau zum Opfer und zum Passivposten des Patriarchats zu stempeln, sprengt Elisabeth Reicharts Erzählung den beengenden Rahmen solcher Sentimentalität: Im Gegenteil lässt ihr Fingerzeig in Richtung weiblicher Schuldhaftigkeit auf die Möglichkeit einer differenzierteren Ahnung dessen hoffen, worauf das „Rätsel Frau" gegründet sei.

Neue Zürcher Zeitung, 30. September 2001

Gerhard Rühm

Prosa von erhöhter Temperatur
EIN PROVOKANTER INHALT, HINREISSEND ZUR SPRACHE GEBRACHT

eine zufällig bei gerhard jaschke entdeckte werbekarte mit dem umschlag zu *Fotze* von elisabeth reichart (ich gestehe, der name der autorin war mir unbekannt) machte mich auf das buch neugierig. das war kurz vor meiner abreise aus wien, ich konnte mir das buch nicht mehr beschaffen und musste warten, bis es mir freund jaschke, wie versprochen, nachsandte. auf eine meiner nächsten köln-hamburg-bahnfahrten nahm ich es dann mit, um darin zu schmökern. von der ersten seite an war ich allerdings so gefesselt, dass ich es erst kurz vor der ankunft ausgelesen wieder im koffer verstaute.
selten hat mich in letzter zeit eine literarische neuerscheinung ähnlich gepackt. *Fotze* – übrigens ein wort, dessen mehrfachbedeutung (auch „ohrfeige" und „mund") man nördlich von bayern nicht kennt – hat alles, meine ich, um ein „kultbuch" zu werden. unverständlich, warum es das – zumindest bei feministinnen und feministen – nicht gleich nach erscheinen geworden ist. der fraulich (um nicht „herrlich" zu sagen) provozierende inhalt ist mit hinreissender verve zur sprache, in eine literarische form gebracht, deren rhetorischer drive den leser, hat er sich einmal darauf eingelassen, nicht mehr loslässt. *Fotze* ist ein „geniestreich", der äusserst neugierig macht auf weitere bücher elisabeth reicharts. doch lässt sich ein solcher treffer wiederholen? nicht viel später fand ich auf den büchertischen vor der berliner humboldt-universität ihr erstes buch *Februarschatten* in einer lizenz-ausgabe der ehemaligen ddr. dieser kurzroman ist inhaltlich und in der schreibart ganz anders als *Fotze*, gleichwohl prosa von ebenso erhöhter temperatur und suggestiver ausdruckskraft. keine spur von enttäuschung also nach dem starken eindruck, den das zuerst gelesene buch hinterlassen hatte.
nach der lektüre des sammelbandes *La Valse* (ihre zweite publikation *Komm über den See* war nicht mehr erhältlich) schien es mir zweifelhaft, dass diese erzählungen später als der roman *Februarschatten* entstanden sein sollten. sicher übertreffen diese texte an thematischer schärfe und prägnanter beschreibung – elisabeth reichart ist eine herausragende stilistin! – den faden allerwelts-realismus, der im derzeitigen literaturbetrieb so betrüblich reüssiert. doch die bei ihr immer brisante story überschattet hier, nach meinem geschmack, zuweilen die artifizielle authentizität der sprachlichen präsentation, die ja der botschaft erst die literarische qualität verleiht (wie in der bildenden kunst der gegenstand die malerei verstellen kann). es ist für die gängige betrachtungsweise von „schöner literatur" bezeichnend, wenn renate welsh sich in ihrem essay über elisabeth reichart (in *Österreichische Dichterinnen*, herausgegeben von e .r.) fast ausschließlich auf psychologisierende inhaltsangaben beschränkt, ohne (von zwei eher beiläufigen bemerkungen abgesehen) auf die eigentlich literarischen qualitäten einzugehen. am überzeugendsten erscheinen mir in *La Valse* jene erzählungen, wo sie den für sie charakteristischen pulsierend-monologischen ton anstimmt (vor allem *Der Sonntagsbraten*, *Die Kammer* und die titelgeschichte), wo nüchterner bericht und sinnliche versprachlichung, form und inhalt einander ergänzen zu gesteigertem ausdruck.
in *Februarschatten* ist das, sozusagen trotz der krassen handlung, die auf schrecklichen tatsachen beruht, auf beklemmende weise gelungen: etwa in der atemlosigkeit der verknappten sätze, die den verlauf der schilderung forcieren, emotional aufheizen, oder in den häufigen wortrepetitionen, die das empörende nur widerwillig und stockend hervorstossen, quälende betroffenheit signalisieren. ein buch, das geschrieben werden musste – und zwar so!
Sakkorausch, ihr bisher letztes buch (lesezeit: die zugstrecke frankfurt-köln), ist *Februarschatten* und *Fotze* auf seine weise ebenbürtig. im ganzen vielleicht lyrischer

(ein wunderbarer schluss!) als *Fotze*, wirkt es zeitweise so, als wäre die autorin beim schreiben fast in trance geraten, mitgerissen von einem nicht zu bremsenden inneren diktat, und kommata und punkte wären erst im nachhinein eingetragen worden. da ist sie – wie schon in *Fotze* – in ihrem emphatischen redefluss (tendenziell schwingt in den texten die lautliche artikulation mit) unwiderstehlich, von geradezu hypnotischer wirkung auf den leser. eine autorin von unbestechlicher intelligenz und unbedingter leidenschaft. gibt es für eine dichterin, einen dichter eine idealere verbindung?

Der Standard, Literatur-Landschaft Österreich, 4. August 1995

Konstanze Fliedl

Wortschande
ZU ELISABETH REICHARTS NEUER ERZÄHLUNG

Wer seine Kindheit in den fünfziger und frühen sechziger Jahren hinter sich gebracht hat, kann sich erinnern: an die absurden und zwanghaften Manöver, mit denen man sich um die Geheimnisse des Lebens herummogelte; ganze Hollywoodkomödien lebten von den entsprechenden Groteskerien, ohne dabei den Blick von (meist überdimensionalen) weiblichen Geschlechtsmerkmalen zu lassen. Darauf folgte die Rage, mit der die Neue Frauenbewegung in den siebziger Jahren daranging, den Frauenkörper zu behaupten – ihm einen Kopf zu geben und *auch* eine eigene Sprache. Die sollte gegen Tabus und Schweigegebote ebenso gerichtet sein wie gegen das obszöne männliche Vokabular; mit dem Medium, so die Erwartung, wäre auch gleich die autonome weibliche Sexualität selbst zu haben. Bereits 1976 hatte Michel Foucault allerdings bezweifelt, ob das neue Reden vom Sex so subversiv war, wie es sich gab; daß das Ende der Verheimlichungen und angeblichen Prüderien automatisch den Anfang der großen neuen sexuellen Freiheit bedeuten sollte, hielt er für bloße Hoffnungsfreude. Dieser (sehr moralische und sehr naive) Optimismus sprach beispielsweise aus Verena Stefans *Häutungen* (1975), die sich mit „neuen" Wörtern – und was für alte Naturmetaphern waren das: „Kürbisse" –, eine friedliche, unentfremdete weibliche Geschlechtlichkeit ausdenken wollten.
Inzwischen ist diese Zuversicht abhanden gekommen. Mütter- und Vätergeschichten handelten nicht nur vom verbissenen und verklemmten häuslichen Schweigen, sondern von der Abrichtung und Verstümmelung der Tochter. Viel Befreiungsenthusiasmus konnte nicht mehr aufkommen bei der Einsicht, daß eine Geschichte und eine Sprache der Mißachtung *jeden* Körper deformiert und Spuren hinterläßt, die auch durch den lautgewordenen Protest nicht so schnell ausgelöscht werden können: was der Kopf begriffen hat, muß dem Bauch noch lange nicht zum Wohlbefinden verhelfen, und fraglich ist, ob es überhaupt je dazu kommt. Daß sich kollektive Gewaltphantasien in den Köpfen der Frauen selbst einnisten *und* Lust erzeugen, erschütterte die puritanische weibliche Position in der Pornographiedebatte – und das Vertrauen auf eine paradiesisch neue weibliche Sexualität.
Diese radikale Skepsis steht im Rücken (und im Titel) von Elisabeth Reicharts neuer Erzählung *Fotze*. Hier wird niemand behaupten wollen, es handle sich um ein „neues" Wort – am wenigsten die Erzählerin: Das Wort wird „zurückgegeben", es ist ein „vergessenes", „abgelegtes", „auferstandenes" Wort; die „neue" Sprache fürs stumme Geschlecht, die der Unterschicht-Liebhaber liefert, ist die alte Schandrede. (Achtung, es wird germanistisch, aber es muß sein, auch der Text bezieht sich auf die Etymologie:) „Fotze" heißt „das Stinkende" und bezeichnet im Bayrischen nicht nur das weibliche Geschlechtsteil, sondern auch überhaupt „Mädchen, Frau" und, wie es heißt, „andere Körperöffnungen", auch „Mund", und „fotzen" heißt „(auf den Mund) schlagen" – das Buch *muß* so heißen, wie es heißt, der Titel ist keine publikumsgeile Spekulation, sondern *das* Zeichen für den Zusammenhang von Sexualität und Gewalt in der Sprache, den der Text fortwährend nachweisen wird. „Auferstanden" ist das Wort buchstäblich aus Ruinen: In den Kindheitserinnerungen der Erzählerin taucht es auf, an eine Bunkerwand geschmiert. Unter der Mauer, der Metapher für den Krieg und die „Einbunkerung" der Geschichte, verbergen sich „die Leichen", „die Gebeine", „diese vermoderten Knochen". Enggeführt und offengelegt werden hier zwei Obszönitäten, zweierlei Verschweigen: Das Schimpfwort und das Gemäuer über den „verharmlosten Verbrechen" werden zu Schand- und Mahnmalen.
Die Kopulation von Sprache und Gewalt wird im Text fortwährend zugleich begangen und aufgedeckt. Der Ich-Monolog montiert Erinnerungen, Visionen, Erzählfragmente

von einer Kindheit auf dem Land, von ersten, zweiten, dritten Lieben in Städten, und ordnet seine Teile obstinat nach einem Rhythmus der kaputten Lust. Liebeszeichen gibt es nur mehr am beschädigten Körper: Wenn die Liebende dem Bauarbeiter-Geliebten die Schwielen abrubbelt, wird das „Haut-Abziehen" zum makabren Symbol der Zärtlichkeit, ein anderes gibt es nicht. Durch die Erinnerungen an die Kindheit geistert fortwährend das Bild eines Soldatenhelms; durch das Schußloch im Helm steckte der Spielkamerad sein Glied und brachte es zu seiner ersten Erektion: In solch bösen, scharfen Bildern werden Sexualität und Tod verkuppelt. Keine kindliche Unschuld spielt dort, wo die Zeichen der mörderischen Vergangenheit als Abfall herumliegen und wo die Strategie der Erwachsenen nur darin besteht, diesen Abfall zu ignorieren.

Verheimlichungen aufzuheben, Spuren von Geschichte zu sichern, war das Motiv aller Arbeiten der oberösterreichischen Autorin gewesen. In *Februarschatten* (1984) befragte die Tochter Erika die Mutter drängend nach dem Verdrängten, in *Komm über den See* (1988) findet die Lehrerin Ruth heraus, daß ihre Mutter im Widerstand unter den Foltern der Gestapo zur Verräterin wurde, in der Titelerzählung von *La Valse* (1992) hält die Tochter dem Vater ihr unbestechliches Gedächtnis entgegen und eine Liste von „Todeswärtern". Die Eltern als Agentur des Schweigens spielen auch in *Fotze* (1993) eine Rolle, der Vater hier als unermüdlicher Erbauer von Häusern für seine Kinder: Aber sein Projekt mißlingt, wenn jedes Haus in Wirklichkeit ein Beinhaus ist. Auf diesem Gedächtnis besteht der Erinnerungs- und Assoziationsmonolog der Erzählerin, und ihr Mißtrauen gegen die Erinnerung und gegen die Worte arbeitet mit. „Ich bin ausgetreten aus dem Vertrauen in die Erinnerung, seitdem ich mich dabei beobachte, wie ich sie mir zurechtforme, den Erfordernissen der Zeit anpasse. Ich bin überzeugt, neben der Erinnerung lungert ein Anpassungsorgan, durch das sie hindurchgleiten muß, bevor sie mir bewußt wird, Fotze und Fut und Bunker." Der Innerlichkeitsdiskurs der Siebziger wird schmerzhaft nach außen gestülpt, jede Sentimentalitätsfloskel wird aufgerauht. Es gibt aber auch kein Sich-unschuldig-Stellen des erinnernden Ich; es hatte selbst Anteil an der „mörderischen Gewalt". Seine Attentate auf die Schwestern führten den „ersehnten Augenblick" des Machtrausches herbei: „Das Gesicht verlor seine vertrauten Konturen, zerfiel in Einzelbestandteile. Endlich lag etwas ganz und gar in meiner Hand, herrschte ich über Form und Zerfall, ich, niemand sonst." An den Pornovideos der Freundin („von Frauen für Frauen") ärgert die Erzählerin nichts als deren „naive Begeisterung für das Authentische". Nicht daß das Zeichen, der Hardcore-Film, angeblich die Distanz zur gewaltsamen Realität verläßt, regt sie auf, sondern daß es diese Distanz *gar nicht gibt*, daß die brutale Wirklichkeit immer schon im voraus jedes Zeichen, jede Sprache infiziert. Daß jeder (Sprech-)Akt gewaltsam ist, läßt keine Aussicht auf eine heile, unbefangene Sprache mehr zu. Das einzig gewaltfreie, freundliche Sprechen ist das Stammeln der Schwester, die es nie gelernt hat, Sätze mit einem Subjekt zu bilden. Zwangsläufig mündet die Rede der Erzählerin in eine „Auslöschung". Die Destruktion, die in den Worten angelegt ist, richtet sich gegen sich selbst. Die Erzählung hört auf mit dem Suizid des erzählenden Ich, den die (selbst-)mörderische Sprache schon vorbereitet hat.

Elisabeth Reichart hat mit *Fotze* gegen den Mythos vom „kleinen Tod" angeschrieben, der das große Morden verdecken soll. Auf diese beklemmende Weise ist das Buch Hardcore-Lektüre, die unter die Haut geht. *Fotze* ist eine unerbittliche inquisitorische, „peinliche" Befragung der Sprache, und in diesem Sinn ein notwendig und beeindruckend peinliches Buch.

Literatur und Kritik 277/278 (1993), S. 85–87.

Erika Wimmer

„Ortswechsel des Körpers". Elisabeth Reicharts *Fotze*
ZUM LITERARISCHEN VERFAHREN EINES VERSTÖRENDEN TEXTES

Es ist, als schwämme das erzählende Ich in einem See aus Erfahrungen: Taucht es in der Schwimmbewegung mit dem Kopf unter, wird es vom Unbewussten überschwemmt, taucht es auf, stellt es sich der Erinnerung. Die Bewegung – das Schreiben – vollzieht sich an der Grenze zwischen dem Chaos eines ungeordnet gespeicherten Wissens, das vornehmlich ein Körperwissen ist, und dem ordnenden Willen. Die „Trennung zwischen Kopf und Körper"[1] (S. 96) aufzuheben, ist Motor dieses Textes, der das Einsammeln von Erfahrungs-Splittern und das Zusammenfügen dessen, was einmal abgespalten wurde, in manischer Bewegung vorantreibt. Vielleicht geht es darum, das Sein als ein Ganzes wiederzuerlangen, oder, mehr noch, das Untergehen, die Auflösung zu verhindern. Sicher ist, dass die Erzählung eine Existenz auslotet, in der allem Lebendigen stets die übermächtigen Schatten der Angst und der Todesahnung folgen. Das erzählende Ich hat den Kampf mit diesen Schatten aufgenommen, es unternimmt den Versuch, auch die aufgewühlten Stellen im See, den Morast, zu durchschwimmen, um sich zu befreien. Ob das gelingen kann? Wohl kaum. Neben einer Flut paranoischer Bilder bestimmt Illusionslosigkeit diesen Text, dessen Sinn nicht der Ausgang, sondern der Weg ist. Die Schwimmroute im Einzelnen festzuhalten, ist der Antrieb für das Schreiben. Sprechen und Schreiben sind die Hauptthemen der Erzählung, dem Begriff „Fotze" wird dabei die Rolle des Leitmotivs übertragen. Das Wort provoziert, wer es hört oder liest, merkt auf. „Fotze" sichert der Erzählung die Aufmerksamkeit, die sie, da sie ein Bekenntnis ist, braucht. „Fotze" ist die auf ein Wort reduzierte Gewalterfahrung, das Trauma, „Fotze" signalisiert aber auch die notwendige Schrankenlosigkeit, die Befreiung aus der Sprachlosigkeit. Wenn Verbote schwinden und Schweigen durchbrochen wird, wenn das Ich frei sprechen kann, ist der Gewinn, der zuallererst einmal in der Wahrnehmung selbst liegt, schon gesichert.

„Benennen bedeutet Anerkennen"[2], schreibt Anna Mitgutsch über Elisabeth Reicharts Text, womit auch gesagt ist, weshalb sich die Erzählerin eines nicht versiegenden Redeflusses bedient, mit dem Benennen und wieder Benennen nicht aufhören kann. „Fotze" bezeichnet nicht nur das weibliche Geschlecht, es meint im österreichischen Dialekt auch den Mund und damit das Sprechen, „Fotze" bedeutet darüber hinaus Ohrfeige und damit die Ausübung von Gewalt. Gewalt wird in diesem Text in zahlreichen Facetten vorgeführt, beschworen wird auch die allgegenwärtige Todesnähe und der in die Gegenwart hereinreichende Krieg, ebenso wie kurze Momente von Lust und Autonomie, auf die gleichwohl nichts anderes als neue Destruktion folgt. Die Lust ist in der Wut und in der zornigen Selbstbehauptung, sie ist nicht befreit. Der Befreiungsversuch wird zur Selbstverletzung, denn, wie Anna Mitgutsch sagt: „Benennen ist Anerkennen, aber es bleibt seine Sprache und lässt sich nicht in die ihre verwandeln. Mit seiner Sprache wird sie eine, die gegen sich selber auf der Seite des Mannes steht […]."[3] Und so entblößen jene Passagen, die die Lust der Protagonistin als scheinbar ungehemmte Geilheit inszenieren, letztlich nichts anderes als den männlichen Blick auf das weibliche Geschlecht.

Elisabeth Reichart ist mit ihrer Erzählung *Fotze* 1993 an die Öffentlichkeit getreten, zu einem Zeitpunkt also, als ein noch radikalerer Text in der österreichischen Literatur bereits Zäsuren gesetzt hatte. Einige Jahre zuvor hatte Elfriede Jelineks Roman *Lust*[4] sämtliche Tabus gebrochen und einem weiblichen Schreiben, das Sexualität als Gewalt, als Herrschaftsverhältnis erkennt und rückhaltlos thematisiert, den Boden geebnet. Die Literaturkritik musste sich mit einem Buch, das unter Pornografie-Verdacht stand, auseinandersetzen und einsehen, dass das, was man für Pornografie hielt, im Gegenteil die Wirklichkeit und gerade Gegenstand der literarischen Anklage war. „Dieses Buch ist anstrengend und wirkmächtig zugleich, es ist ekelhaft und

abstoßend. Doch aus der verbogenen, mißhandelten Sprache dringt die brutale Wahrheit und Schönheit kraftvoller Assoziationen", heißt es in einer Besprechung zu Lust in der Frankfurter Allgemeinen Zeitung, und weiter: „Bis man sich vor der Sprache selbst ekelt: Nur so kann man heute schreiben […]."[5]
Dass Jelinek mit Lust Spuren für Reicharts Erzählung gelegt hat, stellt auch Gerhard Moser in der Neuen Zürcher Zeitung fest, wobei er gerade auch das Unterschiedliche der beiden Texte hervorstreicht: Wie Jelinek versuche Reichart die Machtverhältnisse in zwischenmenschlichen Beziehungen zu demaskieren, sie tue dies „allerdings aus einer historischen Perspektive", Fotze sei „der Monolog einer Ich-Erzählerin, die ihre Kindheits- und Beziehungsgeschichte reportiert".[6]
Reicharts Werk kreist insgesamt um die Verarbeitung von Krieg und einer machtfixierten, lebensfeindlichen Gesellschaft, einer lieblosen Familie. „Im Mittelpunkt ihrer Texte steht nahezu immer der Krieg oder seine Fortsetzung mit anderen Mitteln. Mörder, Verräter, Feiglinge mißhandeln laut Reichart auch nach 1945 weiter wie gewohnt – handgreiflich und sprachlich."[7] Auch in Fotze ist die Familienkonstellation auf dem Boden der einstigen Schlachtfelder, zwischen Bunkern und Soldatengräbern, auf den Minen einer nicht geheilten Geschichte angesiedelt. Der dominierende Mann in Reicharts Erzählung ist der Vater, der sich von der Vergangenheit nicht befreit hat, der den Krieg nicht zuletzt in seinen manisch anmutenden Fluchtbewegungen fortsetzt: Der Vater unterliegt in den Nachkriegsjahren dem Sog einer boomenden Bauwirtschaft, er baut fünf Häuser, nach der Geburt eines jeden Kindes ein neues. Dieses Tun ist absurd, ist vielleicht der gezielte Versuch ein anderes, ein tabuisiertes Geschehen, vielleicht den sexuellen Missbrauch an seiner Tochter, im Verborgenen zu halten. Die Bauwut des Vaters deutet jedenfalls eine Verneinung des Lebens an. Jede Geburt bedeutet erneutes Übersiedeln, jedes neue Haus ist ärmlicher als das vorangehende – ein Abstieg. Die Familie, ein Ort der Aushäusigkeit. Nicht umsonst sind Bauhütten und deren Geruch von Material und Arbeit im Gedächtnis der Ich-Erzählerin fest verankert. Auch die Brüder tragen den Geruch dieser Bauhütten an ihren Körpern, sie flüchten ebenfalls, gehen als Legionäre nach Afrika und sterben. Zurück bleibt eine in Erdulden und im Verstummt-Sein eingefrorene Mutter, die die Tochter ihrer sexuellen Lust beraubt („daß ich mir pervers vorkam, sobald ich mein Verlangen mit deiner Totenstarre verglich", S. 92), und zwei infantile Schwestern („Fotze oder Fut, wie gleichgültig für die beiden, die über erfüllbare Wünsche verfügen und geborgen sind in den Armen der Schwester", S. 79).
Das Weibliche zeigt sich dem erzählenden Ich als ausgelöschtes Subjekt (Mutter) oder als nicht erwachsen gewordene asexuelle Verspieltheit (Schwestern). Eine Freundin ist süchtig nach Pornofilmen, ein echter Mann kommt ihr nicht ins Haus. Die Abwesenheit eines tauglichen Modells für das Frausein und für eine reife weibliche Sexualität treibt die Erzählerin nach einer einzigen wirklichen Erfahrung von Liebeslust mit dem „Wiener Geliebten" (S. 93) immer wieder unter das Diktat egoistischer Männlichkeit. Der Versuch, „diese einmalige Erfahrung zu durchbrechen, sie zu einer allgemeinen Erfahrung zu machen" (S. 93), scheitert, und dies Scheitern wird in immer neuen Sprechschleifen inszeniert. Eine vorläufige Lösung gibt es dennoch, die Umsetzung in Sprache. Die nicht zu befriedigende Erregung, eigentlich die nicht zu befriedigende Sehnsucht nach Erfüllung wird für das Schreiben genutzt und quasi zur Poetik erhoben: „aus der Erregung heraus schreiben, den ausklingenden Orgasmus in die Schrift hinein treiben" (S. 96).
Der See, die Schwimmbewegung und der Strom der Sprache: Das Körpergedächtnis, der Speicher des Unbewussten, gelangt als Bilderflut, Traumsequenz oder Sprachfragment in den Text und entzieht sich einer rein verstandesmäßigen Erfassung. Der da und dort anstelle der Norminterpunktion eingesetzte Querstrich betont zusätzlich das Fragmentierte mancher Passagen: „Es ist ohnedies kein Fortkommen eingeplant, außer in den Bunker, der den Tod prophezeit/bedeutet hat/bedeutungsschwangerer Bunker, Rettung verheißend, die nicht eingelösten Versprechen/Holpersteine" (S. 10). Abstoßende, mitunter auch surreal anmutende Bilder werden zu einem monströsen

Geflecht montiert: „Schleimspur, die bereits durch die Socken dringt, sich an sie klebt, watende Schritte erfordert, Totenköpfe anschwemmt, hohle Knochenreste, schwarz, vermodert und stinkend, eine Landkarte tragen sie mit sich, eingerollt zwischen den Nasenlöchern" (S. 37). Sexuell konnotierte Signalwörter werden immer wieder in abgehackter Folge ausgestoßen, der obsessive Charakter des Sexuellen damit betont. Dem Abstoßenden kommt seit jeher besondere Anziehung zu, es appelliert an die Gefühlswelt und rührt die Leser an, sucht und findet Resonanzräume in deren aus eigenen Erfahrungen gespeisten ‚Emotionskörpern'. Wo das Abstoßende nicht ohnehin auf einen fruchtbaren Boden fällt, stimuliert es das Schamgefühl und trommelt gegen die im Patriarchat errichteten Wände von Sünde und Schuld. „Den einen Toten haben wir nie gesehen oder wir haben ihn gesehen und nicht erkannt, sein durchschossener Helm lag neben dem Bunker, ein Bub steckte sein DING in das Loch im Helm/ich möchte dich anschaun/ich laufe nicht weg/DADA, der Bub war eines der wenigen Kinder, die mit uns Zugezogenen spielten, ich mußte ihm seine Bitte erfüllen, haarloses Fleisch, das er mit seinen Fingern auseinanderzog, die Rostspuren erst später bemerkt, sie mit Blut verwechselt" (S. 28).

In der unerbittlichen Wiederholung des Wortes „Fotze" („FOTZE dröhnt es in den Straßen, dröhnt es in mir", S. 8) liegt im Übrigen die Überzeichnung, die dem Text generell eignet. Durch Überzeichnung bringt das erzählende Ich seine Wirklichkeit umso brutaler zum Vorschein, sprachliche Zweideutigkeiten unterstreichen die grassierende Hinterhältigkeit, das „Hinterfotzige" der handelnden Personen („eine Handvoll Beeren. Rieb meiner Hasenschartenschwester damit die Fotze ein", S. 70). Dass die Übersteigerung manchmal ins Groteske, fast Lächerliche kippt, mag Kalkül sein oder auch nicht, Tatsache ist, dass die Monotonie und das Pathos der nie versiegenden Rede bzw. der um sich selbst kreisenden Geschichte dadurch immer wieder gebrochen wird: („Die Wortlosigkeit ist über uns gekommen als neue Sintflut, der niemand entkommen will, nicht einmal die Telekommunikationsgesellschaft, das Wort ist an sich selbst geborsten", S. 121). Die beiden Pole Anziehung und Abstoßung halten die Leser bei der Stange, sie helfen die angesichts all der in Sprache gefassten obszönen und abstrusen Wirklichkeitsfacetten fast zwangsläufig sich einstellende Ermüdung zu überwinden. Ermüdung wird andererseits gewiss angestrebt, die Leser sollen Erschöpfung und Abstumpfung erfahren und damit nachvollziehen, was das erzählende Ich erleiden musste, was es in der Folge auch anderen zufügte. Denn das Opfer rächt sich wie alle Opfer (vgl. S. 68).

Textpassagen, die aus der Tiefe des Unbewussten aufsteigen, wechseln mit klaren Erinnerungssegmenten und bewusst gesetzten Selbst-Behauptungen ab. Das Bewusstsein sucht Ordnung in die Erinnerung zu bringen, doch das gelingt nur eingeschränkt, Orte und Zeiten fallen ineinander, die Vergangenheit wird zur Gegenwart und umgekehrt.[8] Immerhin will das Ich ein Subjekt-Gedächtnis konstituieren, darin das eigene Selbst definiert und die Geschichte dieses Selbst verortet werden kann. Hier kommt die bruchstückartige Reflexion feministischer und überhaupt gesellschaftspolitischer Grundpositionen ins Spiel, es bleibt bei einem kurzen Aufflackern solch reflexiven Denkens. Auch die konkrete Thematisierung des Zweiten Weltkriegs und der nationalsozialistischen Herrschaft fügt sich als Fragment, wie ein abgerissenes Kalenderblatt, in den Redestrom. Das Wissen um die gesellschaftliche Bedingtheit des Daseins vermag nicht voll durchzubrechen, eine gesellschaftliche Analyse bleibt aus: Der Liebhaber, die Mutter, der Vater, die Brüder, die Schwestern, die Erzählerin – sie alle sind Kinder einer Geschichte, die weiterhin zu ‚knechten' vermag, weil sie niemals sich selbst ins Visier nimmt, sondern immer nur den Einzelnen aus dem Gefüge herauslöst und an den Pranger stellt. Das System will nicht als System entlarvt werden, die Geschichte vom Krieg und seiner Fortsetzung mit anderen Mitteln wird letztlich im Bezirk des einzelnen Subjekts abgehandelt oder gar nicht. Die realistische Ebene des Bewussten blitzt auf und verschwindet – aus der Perspektive dessen, was dieser Text darstellt, ist das nur konsequent.

Wirkliche Kritik kann in der Logik der Erzählung *Fotze* nur auf der Ebene der Sprache geübt werden. Es gibt in diesem Text kein freies Ich, das erkennt, es gibt nur ein suchendes Ich, das bekennt, letztlich aber im Dickicht der eigenen Gedankenspiralen stecken bleibt. Indem sich das Ich aber artikuliert, entlarvt sich dessen Sprache selbst, sie zeigt sich als Trägerin ewig gestriger Ideologie und verweist auf die eigene deformierende Gewalt.

Es gibt einen einzigen positiv besetzten Raum, es ist der Raum des Lichts und der Stille, er zeigt sich dem erzählenden Ich nicht oft, aber es gibt ihn: im Orgasmus, dem „kleinen Tod" (S. 94) oder in der Sehnsucht nach dem Tod, dem Verlust des Körpers. In den letzten Passagen der Erzählung taucht die Ich-Erzählerin in einen See, es ist nicht der See des Unbewussten und auch nicht der schlammige See der Kindheit, der für die Schwestern und die Erzählerin eine Gefahr darstellte (vgl. S. 75f). Es ist ein See, der endlich vom Körper und damit auch von seinen Obsessionen befreit, es ist der Tod: „Was bleibt ist das Schilf. Heute habe ich den Mut gehabt hineinzugehen. [...] Der Weg zur Mitte führt durch weichen Sand, der langsam in Schlamm übergeht. Der Schlamm ist kalt. Ortswechsel des Körpers" (S. 122).

Was mit dem Tod zwangsläufig einhergeht, ist das Ende der Sprache. „Der See wurde von Wind gepeitscht und kippte sein Wasser aus", ist der letzte sich artikulierende Satz, „bevor auch er zur Ruhe kommt und ich von allen Worten frei bin" (S. 122). Der Tod ist Erlösung, ist die Verschmelzung des Ichs mit dem Raum des Lichts und der Stille. Was als vorsichtige Suche nach einer eigenen Sprache begann („wie hätte ich angesichts seiner Worte meine finden können", S. 43) und zu einem „halluzinatorischen Prosamonolog"[9] anschwoll, endet – und das mutet wahrlich tragisch an – im freiwilligen Verstummen:[10] „nichts vermissend in meinem wortlosen Sein" (S. 124).

---

1 Elisabeth Reichart: *Fotze. Erzählung*. Salzburg: Otto Müller 1993. In der Folge im Text mit Seitenzahlen zitiert.
2 Waltraud Anna Mitgutsch: Benennen bedeutet Anerkennen. In: *Der Standard*, 29. Oktober 1993.
3 Ebd.
4 Elfriede Jelinek: *Lust. Roman*. Reinbek bei Hamburg: Rowohlt 1989.
5 azz: Elfriede Jelinek: Lust. In: *Frankfurter Allgemeine Zeitung*, 17. März 2002. http://www.faz.net/aktuell/feuilleton/buecher/rezensionen/belletristik/rezension-belletristik-elfriede-jelinek-lust-152085.html (Zugriff 28.03.2013).
6 Gerhard Moser: Die Nacktheit der Wörter. In: *Neue Zürcher Zeitung*, 11. Februar 1994.
7 Thomas Kraft: Elisabeth Reichart. In: *Kritisches Lexikon zur deutschsprachigen Gegenwartsliteratur – KLG*, 58. Nlg, S. 2.
8 Vgl. Walter Vogl: Das Bett der Gewalt. In: *Die Presse*, 2. Februar 1993.
9 Ebd.
10 Verstummen als ein möglicher Begriff zwischen „Schweigen und Verschweigen", ein Unterschied, auf dem nach Vogl Elisabeth Reichart beharrt: „Aus erstem kommen ihre Texte, letzterem hat sie den Kampf angesagt" (Anm. 8).

Elisabeth Wäger

Wohnraum
Mit eingebautem Wintergarten

SZENE 1

Ich notiere: Tasche
Ich sage: Sie nimmt die Tasche vom Gehsteig auf.
Ich schreibe, ich halte diese Niedertracht, die
Helene von Druskowitz angetan wurde, nicht mehr aus.
Ich bekomme meine Traurigkeit über dieses Frauenleben
nicht in den Griff.
Ich kann nicht weiter schreiben. Ich werde angesichts
einer Frauenlebenszerstörung depressiv. (Bin Helene)
Ich picke Wörter. Ich picke Angst. Ich schneide das Wort
Angesicht aus dem Text.
Ich sage, sie sagt, ich will mein Leben zurück.
Ich will ein Ich-Frauenleben. Ich bin mutterseelenallein.
Wie kann ich gratulieren, barfuß, ohne Tasche, ohne Schuh'?
Ich bin ein Taubenschlag. Wie kann ich ein Gedicht aufsagen?
Wie kann ich Rosen streuen? Wie kann ich Jahrhunderte
vergessen, wie verzeihen? Schriftlos. Kunstlos. Zutritt verboten.
Aber, bitteschön, übertreiben Sie nicht, das ist so was von
geschmacklos, das sind bereits Hirngespinste.
Ich kann mich tot lachen.
Die Männer lachen sich tot. In diesem Frauenstück.
In diesem Theater.
Die netten Frauen sagen, aber bitte, das ist doch alles übertrieben.
Wo leben Sie denn? Woher haben Sie den ganzen Frust?
Das war ja nun mit Helene ein wirklich tragischer Fall.
Die arme Frau. Die arme Haut.

Wie kann ich ein Gedicht aufsagen und Rosen zum
Geburtstag streuen? Wie kann ich nette Worte finden?

Ja, die Frauenkunstschulen und Frauenakademien sind geöffnet.
Es ist das Jahr Soundso. In den Ankunftshallen verlieren sich
Spuren. Die Töchter können Bücher schreiben und Zeugnis
ablegen. Hier haben sie alle Hände voll zu tun. Hier können
sie auf dem Freien Markt konkurrieren. Jetzt können die Töchter
fröhlich dankbar sein.

SZENE 2

Die Tochter nimmt die Tasche vom Gehsteig auf. Nein, sie
fliegt mit der Tasche in der Hand zum Himmel. Sie dreht
sich kurz vor dem Aufprall zur Sonne und hält sich fest
an der Welt. Sie klatscht auf den Boden. Sie ist verletzt.
Sie bleibt liegen.
Sirenen heulen über Manhattan. In grellem Licht rast ein Auto.
Das Puppenkind ist aus Seide. Es schwebt leicht zwischen
Himmel und Hölle. Der Arzt hat blutige Hände und lächelt
freundlich. Die Tochter wird zusammengenäht. Das Beste
vom Besten. Morphium und Christi Himmel und Zaubertrank
gegen die Schmerzen. Die Reise wird protokolliert.
In den Ankunftshallen verlieren sich die Spuren. In den
Archiven verbleibt die Geschichte der Geschichte und die Erinnerung.

FÜR ELISABETH REICHART HERZLICH

mit Hinweis auf das Werk von Elisabeth Reichart,
und ihren Monolog *SAKKORAUSCH*, der die Geschichte
von Helene von Druskowitz, erste (in Zürich) promovierte
Philosophin, Literaturwissenschaftlerin und Schriftstellerin, die
das geforderte weibliche Lebensmodell verwarf und dies
mit dem Ausschluss aus der Gesellschaft bezahlte.

Sakkorausch ist 1994 im Otto Müller Verlag erschienen.

Brigitte Spreitzer

Sakkorausch. Elisabeth Reicharts Helene von Druskowitz

Elisabeth Reicharts *Sakkorausch*[1] entstand 1994 nach einem Auftrag der Wiener Festwochen. Als Monolog der österreichischen Philosophin und Schriftstellerin Helene von Druskowitz konzipiert, konstruiert der Text ein genealogisch gedachtes Dreieck weiblicher Autorschaft, welches durch die Eckpunkte Elisabeth Reichart, Helene von Druskowitz und Elizabeth Barrett Browning bestimmt ist. Helene von Druskowitz wird explizit als Mitautorin apostrophiert, eines ihrer Pseudonyme zum Werktitel des Textes von Reichart umfunktioniert. Elizabeth Barrett Browning erscheint als Autorin im Text mit ihrem von Helene von Druskowitz erinnerten Gedicht „My Doves", welches Letztere in ihrer Essay-Sammlung *Drei englische Dichterinnen* in voller Länge zitiert und ins Deutsche übersetzt hat;[2] zudem ist sie über den Vornamen mit Reichart verbunden. Wie bereits von Laura Ovenden angerissen,[3] kann Reicharts Monolog als literarische Umsetzung jener literaturtheoretischen Thesen begriffen werden, die Sandra L. Gilbert und Susan Gubar 1979 in ihrer Studie *The Madwoman in the Attic* aus der Untersuchung von Romanen englischer Autorinnen des 19. Jahrhunderts ableiteten. Der männlichen „anxiety of influence" entspricht nach Gilbert und Gubar die weibliche „anxiety of authorship", der nur durch die aktive Suche nach weiblichen Vorgängerinnen und damit die Begründung einer literarischen Subkultur auf der Basis heimlicher Schwesternschaft beigekommen werden könne: „For if contemporary women do now attempt the pen with energy and authority, they are able to do so only because their eighteenth- and nineteenth-century foremothers struggled in isolation that felt like illness, alienation that felt like madness, obscurity that felt like paralysis to overcome the anxiety of authorship that was endemic to their literary subculture."[4]

Joanna Baillie, Elizabeth Barrett Browning und George Eliot sind die drei englischen Dichterinnen, an denen Druskowitz ein Exempel weiblichen Schreibens statuiert: „Wir suchen bei einer Frau nicht männliches Fühlen und Schaffen, aus der Tiefe des weiblichen Wesens soll sie schöpfen, um eine Poesie hervorzubringen, welche die natürliche Ergänzung zu den Offenbarungen des männlichen Genies bildet. Denn falsch ist der Ausspruch, daß das Genie kein Geschlecht habe."[5] Indiz ihrer differenzfeministischen Suche nach Vorgängerinnen, an die Reichart im Sinne von Gilbert und Gubar anknüpfen und in die sie sich einschreiben kann. In *The Madwoman in the Attic* erarbeiten Gilbert und Gubar einen Katalog von Bildern, Symbolen und Metaphern, die sie als charakteristisch für die Erfahrung von Frauen des 19. Jahrhunderts bestimmen: Bilder und Räume des Eingeschlossen-Seins, Flucht(fantasien), die Angst vor Räumen, in denen sie sich verloren fühlen, Fremdheit, Krankheit, Wahnsinn etc. dominieren den beiden Theoretikerinnen zufolge die Romane von Frauen des 19. Jahrhunderts in solcher Intensität, dass sie als Ausdruck einer spezifisch weiblichen Tradition zu lesen seien.[6]

Helene von Druskowitz scheint sich als exemplarische Figur dafür geradezu aufzudrängen. 1856 in Hietzing bei Wien geboren, besuchte sie das Wiener Konservatorium für Musik, welches sie nach drei Jahren mit der Reifeprüfung für Klavier abschloss, und absolvierte die Matura als Externe am Piaristen-Gymnasium in Wien. 1874 übersiedelte sie mit ihrer Mutter nach Zürich und studierte dort Philosophie, klassische Philologie, Archäologie, Orientalistik, Germanistik und moderne Sprachen. 1878 stellte sie ihre Dissertation über Byrons *Don Juan* fertig – damit war sie die erste Österreicherin, die an einer philosophischen Fakultät promovierte. Ab 1878 hielt sie literarhistorische Vorträge in Wien, München, Zürich und Basel, publizierte literaturtheoretische Schriften und Dramen und verkehrte mit prominenten SchriftstellerInnen bzw. Philosophen wie Marie von Ebner-Eschenbach, Betty Paoli, Louise von François, Conrad Ferdinand Meyer und Friedrich Nietzsche. Ihr scharfer Verstand und ihre außergewöhnliche Bildung erregten Bewunderung, gleichzeitig stieß sie mit dem sarkastischen Humor ihrer Dramen, ihrer unverblümten Kritik an Nietzsche und ihrem Desinteresse an einer Versorgungsehe auf Unverständnis und Ablehnung.[7] 1889 konsultierte sie einen Facharzt für Nervenleiden in Berlin, 1891 wurde sie in einem Zustand psychischer Erregtheit ins Irren- und Siechenhaus in Dresden, wo sie seit geraumer Zeit ihren Wohnsitz hatte, eingeliefert. Im Juni 1891 wurde sie in die Niederösterreichische Landes-Irrenanstalt Wien transferiert, 1894 erfolgte ihre Überstellung in die Landes-Irrenanstalt Ybbs, 1902 kam sie in die Landes-Irrenanstalt Mauer-Öhling, wo sie mit Zwischenaufenthalten in Ybbs 1918 verstarb. In den psychiatrischen Anstalten verfasste sie weiterhin philosophisch-literarische Schriften, die sie an diverse Zeitschriften schickte. 1905 gelang ihr sogar die Publikation ihrer philosophischen Abhandlung *Der Mann als logische und sittliche Unmöglichkeit und als Fluch der Welt. Pessimistische Kardinalsätze*[8].

In Reicharts *Sakkorausch* ist Helene von Druskowitz bereits die Zwangsinternierte, deren ärztlich diagnostizierter Wahnsinn im Sinne der Gilbert/Gubarschen ‚Madwoman' gleichzeitig für die Alterität und die Auslöschung des Weiblichen im Patriarchat steht. Das Irrenhaus wird zum symbolischen Raum für diesen Vorgang. Artikuliert Druskowitz' von Reichart in der Apostrophe des „Foreign life" (S. 21) aufgenommenes Pseudonym Foreign tendenziell den Enteignungsaspekt, spielt das Titel-Pseudonym *Sakkorausch* mit den subversiven Facetten biografischen Weges – beide aber rechnen mit einer aktiv einnehmbaren und gezielt eingenommenen Position durch die ver-rückte Autorin. Helene von Druskowitz ist in Reicharts Text definitiv nicht wahnsinnig. Es sind die Ärzte, die den „Sinn des Wahns" (S. 20) nicht begreifen, die die Internierte „mit allen Mitteln verrückt zu machen" (S. 40), ja sogar zu töten (S. 24) versuchen, weil sie sie für ihre *„geistige Überlegenheit"* hassen (S. 40). Die verschwundene Tasche – ein Utensil, das Reichart als Bonsai-Bastion des Privaten in psychiatrischen Frauenabteilungen gesehen hat[9] – ist eine entwendete Tasche: Signum von Denken und Dichtung, das der Autorin geraubt wurde: „Keine Tasche – keine Schrift" (S. 22). „Man hat mir meine Tasche absichtlich gestohlen. [...] Ich protestiere gegen diese geistige Enteignung" (S. 31). „Eines Tages werden mir meine Sätze auch ohne die Tasche wieder einfallen, und ihr werdet einsehen müssen, daß sogar dieser Raub umsonst war, dieser alltägliche Geistesraub, hinter den vier Wänden und verriegelten Türen" (S. 57f.).

Was die Ärzte als Wahnsinn wahrnehmen, ist für Reichart ein „sechste[r] Sinn" (S. 20), den sie über die Montage von Zitaten aus den *Pessimistischen Kardinalsätzen* als das historisch luzide Hellsehen von Helene von Druskowitz akzentuiert: Das historische Zurückschauen-Können der Autorin Reichart wird mit dem luziden Vorausschauen-Können der Autorin Druskowitz zu einem sinn-vollen Anachronismus kurzgeschlossen – 1914 (als Druskowitz noch vier Jahre zu leben hatte) ereignet sich der fiktive Monolog, in dem Druskowitz' Anprangerung kriegerisch-mörderischer Männlichkeit[10] mit Reicharts Wissen um Holocaust und Euthanasie im Dritten Reich koinzidiert (vgl. S. 52).

Indem *Sakkorausch* Realitätssignale setzt – historischen Personen entsprechende Namen, historische Ereignisse, wörtliche Zitate –, fingiert der Text geschichtliche Wirklichkeit. Das Faksimile eines Briefes der Protagonistin an Marie von Ebner-Eschenbach im Anhang unterstreicht dies ebenso wie Reicharts Nachwort bzw. Aussagen in Interviews und Essays, in denen sie basierend auf ihrer Einsichtnahme in die Krankengeschichte die Überzeugung vertritt, dass Helene von Druskowitz keine psychische Pathologie hatte.[11]

„Da Helene von Druskowitz in ihren persönlichen Ansprüchen nach einem selbständigen Leben ihrer Zeit weit voraus war, sperrte die Gesellschaft diese Außenseiterin einfach weg in die Irrenanstalt."[12] Literatur muss nicht mit Maßstäben der Geschichtsschreibung gemessen werden. Insofern Reichart aber extratextuell die Helene von Druskowitz des fiktionalen Textes mit der historischen Helene von Druskowitz identifiziert, wird ein Blick ins Außerliterarische interessant. Welche Helene von Druskowitz wird über die Lektüre der Krankengeschichte greifbar?[13]

Als sie ins Dresdener Siechen- und Irrenhaus eingeliefert wird, befindet sie sich, möglicherweise ausgelöst durch die (vielleicht nur fantasierte) sexuelle Beziehung zu einer Opernsängerin, in einem Zustand großer Erregung – einem Raptus; sie schreit, spuckt, wälzt sich auf dem Boden, reißt sich die Kleider vom Leib und steht ganz unter dem Einfluss lebhafter Halluzinationen: „von der Kranken werden sie als sogenannte ‚telepathische' Erscheinungen von objectiver Realität aufgefaßt und zur Grundlage von in ihren Wahnideen bestehenden Beziehungen zu verschiedenen gekrönten Häuptern genommen. […] Sie wähnt u. a. durch die Gnade des deutschen Kaisers zur ‚Herzogin von Elsass-Lothringen' erhoben zu sein und erwartet täglich ihre feierliche Abholung."[14]

Die Diagnose lautet „Verrücktheit", „chronisch originäre Verrücktheit" bzw. dem Erlass der Curatelsverhängung am 7. September 1891 zufolge „Wahnsinn". Beschrieben werden bis zu ihrem Tod am 31. Mai 1918 optische, olfaktorische und akustische Halluzinationen, Verfolgungswahn, Größenwahn, den die Patientin zu einem systematischen Wahn ausbaut, gelegentlich Erregungszustände, Ideenflucht und eine zunehmend zerhackte, beschleunigte oder verschliffene Sprechweise, sozialer Rückzug und Alkohol-Abusus. Den Begriff der „originären Verrücktheit" hatte 1868 der deutsche Psychiater Wilhelm Sander geprägt.[15] Eine Systematisierung verschiedener Formen von „Verrücktheit", die er mit dem Terminus „Dementia praecox" zusammenfasste, nahm 1898 Emil Kraepelin vor. Erst 1911 führte Eugen Bleuler den psychiatrischen Fachbegriff der „Schizophrenie"[16] für eine Gruppe von psychischen Störungen ein, die mit wechselnden Erscheinungsbildern durch Wahn, Halluzinationen, formale Denkstörungen (etwa Ideenflucht, Gedankendrängen, Gedankenabreißen etc. mit entsprechendem Einfluss auf die Sprechweise), Ich-Störungen (etwa Fremdbeeinflussungserlebnisse, Gedankeneingebung, Derealisation etc.), Affektstörungen, sozialen Rückzug bzw. Abnahme und Verlust sozialer Kompetenzen sowie psychomotorische Störungen gekennzeichnet sind.[17]

Heutige Diagnose-Schemata klassifizieren nach verschiedenen Subtypen; im Vordergrund des Subtyps der „Paranoiden Schizophrenie" stehen Wahnideen wie etwa Verfolgungs-, Beziehungs-, Abstammungs- und Sendungswahn sowie häufige (akustische) Halluzinationen.[18] Zweifellos fänden wir heute auf dem Deckblatt der Druskowitzschen Krankengeschichte nach ICD-10 der WHO die Diagnose F 20.0, paranoide Schizophrenie. Dass bei all dem „die Klarheit des Bewusstseins und die intellektuellen Fähigkeiten" der Philosophin „nicht beeinträchtigt" waren, ist typisch für das Krankheitsbild.[19] Es entspricht nicht den in der Krankengeschichte wiedergegebenen Fakten, dass es Druskowitz gelungen sei, „sich selbst von den sie bedrängenden Gestalten zu befreien" (S. 74 f.), wie Reichart im Nachwort zu *Sakkorausch* schreibt. Wohl konnte sie ihren eigenen Aussagen nach die verfolgenden Erscheinungen manchmal etwa mit Hilfe ihres Spazierstocks (nicht aber mit Hilfe wiedergewonnenen Realitätssinns!) vertreiben, nichtsdestotrotz hielten alle beschriebenen Symptome, insbesondere die paranoiden, aber auch der Patientin angenehme Halluzinationen sowie ausgeprägte Größenideen (adelige bzw. parthenogenetische Abstammung, Herzogin, Königin, Podestà, Impératrice verschiedener Länder und Weltteile, allgemeine Titulierung als „Leuchte der Welt") bis zu ihrem Tod an.

Als Helene von Druskowitz 1891 in eine psychiatrische Anstalt kam, standen weder moderne therapeutische Behandlungskonzepte noch antipsychotische Medikamente zur Verfügung. 1882 war gerade einmal Paraldehyd[20], das der Patientin über lange Zeit verabreicht wurde, als Hypnotikum und Sedativum in der Psychiatrie eingeführt worden. Erst 1952 leitete die Entdeckung des ersten Antipsychotikums eine fundamentale Veränderung des Behandlungssettings für an Schizophrenie Erkrankte ein, welche bis dahin, wie Helene von Druskowitz, mit chronifizierter Symptomatik häufig in Langzeiteinrichtungen hospitalisiert wurden.[21]

Der diagnostische Befund mindert weder das Leid der Betroffenen, noch vermag er zu erklären, welches Zusammenspiel von Faktoren ihre seelische Belastbarkeit derart überforderte, dass sie psychotisch dekompensierte. Die Konstruktion einer Täter-Hypothese ist jedoch ebenso simplifizierend wie die Erhebung der Kranken zur Akteurin ihres Leidens. Zwar ist Wahnsinn, wie Reichart festhält, tatsächlich im weitesten Sinn Definitionssache (S. 74), die Differenzierung zwischen selbstbestimmtem Anders-Sein, über das das Subjekt die Kontrolle behält, und dem Verlust der Einschätzungsmöglichkeit, was in einem gegebenen sozialen Umfeld als Realitätsauffassung noch konsensfähig ist, bleibt aber dennoch Kriterium psychischer Stabilität. Die Zeichnung einer Helene von Druskowitz als unbequeme Aufmüpfige, die von der „Gesellschaft [...] einfach weg in die Irrenanstalt gesperrt wurde"[22], scheint im Kontext psychotischer Krankheitsentwicklung letztlich romantisierend. Druskowitz versuchte in ihrer im Krankenakt erhaltenen ‚Geschichte' „Flüsternde Wände" auf berührende Weise, den Wahn mit rationalen Mitteln zu erfassen – ihn zum Preis der Realität aufzugeben vermochte sie nicht. Das hätte bedeutet, sich sagen zu müssen: „Mir wird nicht von der ganzen Welt gehuldigt, im Gegenteil: die meisten halten mich im besten Fall für seltsam; ich werde nicht mit Titeln und Orden überhäuft, im Gegenteil: da mein soziohistorisches Umfeld von Männern dominiert wird, ist mein beruflicher und persönlicher Radius höchst eingeschränkt; die von mir begehrte Opernsängerin Therese Malten schmilzt nicht in meinen Armen, im Gegenteil: ich liege allein, vor meinem Bett, im Irrenhaus, so ziemlich von allen verlassen, die ich liebte." So. Oder so ähnlich.

---

1 Elisabeth Reichart: *Sakkorausch. Ein Monolog.* Salzburg/Wien: Otto Müller 1994. In der Folge im Text mit Seitenangaben zitiert.
2 H[elene] Druskowitz: *Drei englische Dichterinnen. Essays.* Berlin: Robert Oppenheim 1885, S. 116 f.
3 Laura Ovenden: Writing in the Margin: Elisabeth Reichart's Auseinandersetzung mit Tabubereichen oder mit Verschwiegenem. In: *Literature, Markets and Media in Germany and Austria Today.* Hg. von Arthur Williams, Stuart Parkes u. Julian Preece. Oxford [u.a.]: Peter Lang 2000, S. 99–114, S. 112 u. Laura Ovenden: Body, Voice, and Text in Elisabeth Reichart's Dramatic Monologue *Sakkorausch*. In: *Postwar Austrian Theater. Text and Performance.* Hg. mit einer Einl. v. Linda C. DeMeritt u. Margarete Lamb-Faffelberger. Riverside, California: Ariadne Press 2002, S. 236–256, S. 242 f.
4 Sandra M. Gilbert, Susan Gubar: *The Madwoman in the Attic.* New Haven/London: Yale Universitiy Press 1984 (Reprint v. 1979), S. 51.
5 Druskowitz, *Drei englische Dichterinnen*, S. 114.
6 Gilbert, Gubar, S. 83 ff. u. passim.
7 Biografische Details: Hinrike Gronewold: Helene von Druskowitz (1856–1918). „Die geistige Amazone". In: *WahnsinnsFrauen.* Hg. v. Sibylle Duda u. Luise F. Pusch. Frankfurt a. Main: Suhrkamp 1994, S. 96–122. Ursula Kubes-Hofmann: „Etwas an der Männlichkeit ist nicht in Ordnung". Intellektuelle Frauen am Beispiel Rosa Mayreder und Helene von Druskowitz. In: *Die Frauen der Wiener Moderne.* Hg. von Lisa Fischer und Emil Brix. Wien, München 1997, S. 124–136; Brigitte Spreitzer: *TEXTUREN. Die österreichische Moderne der Frauen.* Wien: Passagen 1999.
8 Neuausgabe: Helene von Druskowitz: *Der Mann als logische und sittliche Unmöglichkeit und als Fluch der Welt. Pessimistische Kardinalsätze.* Mit einer biographischen Übersicht von Hinrike Gronewold hg. von Traute Hensch. Freiburg i. Breisgau: Kore 1988.
9 "She Kept On Fighting" – a discussion with Elisabeth Reichart about her text *Sakkorausch*, April 25, 2002. Online im Internet: http://www2.dickinson.edu/glossen/heft16/conversationreichart.html [Stand v. 5.4.2013]
10 Druskowitz, *Der Mann als logische und sittliche Unmöglichkeit*, bes. S. 40 ff., S. 75.
11 "She Kept On Fighting"; Elisabeth Reichart: Abenteuer im Kopf. In: *Schreibweisen. Poetologien. Die Postmoderne in der österreichischen Literatur von Frauen.* Hg. v. Hildegard Kernmayer u. Petra Ganglbauer. Wien: Milena 2003, S. 119–122, S. 122.
12 Reichart, Abenteuer im Kopf, S. 122.
13 Laut Auskunft der Kaufmännischen Direktion des Landesklinikums Mauer wurden inzwischen sämtliche Krankengeschichten bis zum Jahr 1977 an das Niederösterreichische Landesarchiv ausgelagert. Die Neu-Ordnung der Akten ist im Niederösterreichischen Landesarchiv noch nicht abgeschlossen, die Krankengeschichte von Helene von Druskowitz derzeit unauffindbar. Ich danke Hinrike Gronewold, die Kopien der Krankengeschichte besitzt, ganz herzlich für ihre spontane Bereitschaft, mir eine weitere Reproduktion der Krankengeschichte anzufertigen und zur Verfügung zu stellen. Ohne sie hätte dieser Beitrag nicht zustande kommen können.
14 Ärztliches Zeugnis vom 15.4.1891, Stadt-Irrenhaus Dresden. (Die beglaubigte Abschrift liegt der Krankengeschichte bei.)
15 Wilhelm Sander: Ueber eine specielle Form der primären Verrücktheit. In: *Archiv für Psychiatrie und Nervenkrankheiten*, Bd. 1, 1868/69, S. 387–419.

16 Helmut Remschmidt u. Frank Theisen: *Schizophrenie*. Berlin, Heidelberg 2011, S. 2 f.; Dieter F. Braus (Hg.): *Schizophrenie. Bildgebung – Neurobiologie – Pharmakotherapie*. Stuttgart/New York: Springer 2005, S. V.
17 Hans-Jürgen Möller, Gerd Laux, Arno Deister: *Psychiatrie und Psychotherapie*. 2., vollst. überarb. u. erw. Aufl. Stuttgart: thieme 2001, S. 44 ff., S. 134.
18 Braus, *Schizophrenie*, S. 10 ff.
19 *Weltgesundheitsorganisation. Internationale Klassifikation psychischer Störungen. ICD-10 V (F). Klinisch diagnostische Leitlinien*. Übers. u. hg. v. H. Dilling, W. Mombour u. M. H. Schmidt. 6., vollst. überarb. Aufl. Bern: Huber 2008, S. 111, S. 114 ff. (F 20.0).
20 Peter Riederer u. Gerd Laux: *Grundlagen der Neuro-Psychopharmakologie. Ein Therapiehandbuch*. Wien/New York: Springer 2010, S. 17.
21 Braus, *Schizophrenie*, S. 41.
22 Reichart, Abenteuer im Kopf, S. 122.

Anna Mitgutsch

Elisabeth Reichart: *Sakkorausch*

Helene von Druskowitz war eine der ersten Frauen, die 1878 in Zürich den Doktortitel erwarben. Ein hochbegabtes Mädchen, in ihrer geistigen Entwicklung von den Eltern gefördert, wären ihr alle Türen offengestanden, wäre sie ein Mann gewesen. Auch als Frau scheint sie sich als Literaturwissenschaftlerin und Philosophin einen Namen gemacht zu haben, die Karriere eines Mannes blieb ihr jedoch versagt. Mit 35 Jahren wurde sie in die Irrenanstalt eingeliefert und blieb dort bis zu ihrem Tod 1918.

Elisabeth Reichart konzentriert sich in *Sakkorausch* auf die Jahre in der Irrenanstalt. Dabei entstand ein poetischer, assoziativer Text, eigentlich ein Prosagedicht, ein Monolog, der sich im Grenzbereich zwischen genialer Erkenntnis und Wahnvorstellungen bewegt. Es geht der Autorin offenbar nicht in erster Linie um die genaue Wiedergabe einer Biographie, sondern um den psychischen Zustand, in den eine sensible, begabte und an ihrer Zeit und Gesellschaft gescheiterte Frau hineingestoßen werden kann, wobei Reichart von Anfang an Partei ergreift und den Standpunkt der Helene von Druskowitz zu dem ihren macht. Was dabei entsteht, ist ein Beitrag zur Diskussion um weibliche Ästhetik, ein sprachliches Experiment von großer poetischer Kraft, das einen neuen, weiblichen Diskurs führt, der sich ebenso radikal vom rationalen Diskurs löst wie die Sprache des Wahns mit ihrer ganz anderen Eigengesetzlichkeit.

Der Unterschied zwischen verrückten und poetischen Sätzen, die Revolte gegen die Sprache der Männer, liegt vor allem in den Bildern, die die Grenze zwischen Traum und Wirklichkeit, zwischen Belebtem und Unbelebtem, Innen und Außen auflösen und dennoch ihre eigene Logik, eine intellektuelle Schärfe behalten, sodaß sich auf hintergründige Weise eine ganz und gar einleuchtende Wahrheit enthüllt. Es ist eine Poesie, die verletzt, trotz ihrer Schönheit, und rücksichtslos ist, auch gegen sich selbst, ein fortgesetzter trotziger Kampf, nicht nur gegen die Ärzte, sondern eine Totalverweigerung im Exzeß der Auflehnung. Was den Ärzten „halluzinatorischer Wahnsinn" ist, heißt in diesem Monolog „sechster Sinn", es ist nur eine Sache der Perspektive. Und dieser rasende Monolog, in dem die englische Dichterin Elizabeth Barrett Browning vor dem Anstaltsfenster Stare füttert und die Ich-Figur sich in Allmachtsphantasien ergeht, nimmt sich die Freiheit hemmungsloser Subjektivität, die in der Übertreibung auch jene Wahrheiten an die Spitze treibt, die keiner ihrer Zeitgenossen hören wollte.

Druskowitz wird für Reichart zu einer Kassandra-Figur, die die Kriege und Massenmorde des zwanzigsten Jahrhunderts voraussieht und sie als das Werk der Männer verflucht. In diesem Licht wird ihre von den Ärzten diagnostizierte Paranoia zur prophetischen Gabe, und nur die Kausalzusammenhänge sind ver-rückt: Auf jeder Seite fast wird sie vom Krieg bedroht, den sie als Apokalypse und letzte Konsequenz ihrer eigenen Vernichtung und der grenzenlosen Dummheit der Männer erlebt. In ihrem geschlossenen Wahnsystem, das konsequente Logik und grimmigen Humor in sich trägt, hat aber auch der Krieg sein Gutes: Er befreit die Welt zumindest von einem Teil seiner Anstifter.

Geschlossene Systeme tendieren zur grellen Vereinfachung und Verabsolutierung, aber auch in seinen Haßorgien bleibt der Monolog brillant, weil er sich die Überspitzung der Karikatur zu eigen macht, die Sprache spielerisch entfesselt und sich ihrer Doppeldeutigkeit bedient. Das Leben der Helene von Druskowitz ist in seiner letzten Phase auf die pathetische Geste konsequenzloser sprachlicher Auflehnung beschränkt. Vergangenheit bleibt fragmentarisch und verzerrt, das, was wir konventionell als Realität bezeichnen, bleibt ausgesperrt. Aber gerade deshalb kann dieser Text die entfesselte Freiheit einer in keinen Dienst genommenen Sprache zelebrieren und liest sich wie ein Monolog des Triumphs, nicht der Niederlage.

Oberösterreichischer Kulturbericht 11 (1994)

KULTUR

„Der Mann ... als Fluch der Welt"

Elisabeth Reicharts „Sakkorausch" zum Thema Patriarchat der Zeit/Schnitte bei den Festwochen

Karin Kathrein

Elisabeth Reichart liebt unbequeme Themen. Bereits vor zehn Jahren hat sie mit ihrem Roman „Februarschatten" Aufsehen erregt, der das Grauen der „Mühlviertler Hasenjagd" aufgreift. Jener „Jagd" von Bauern der Gegend auf Häftlinge, die dem nahen KZ entflohen waren.

Eine ganz andere, aber ebenfalls erschreckende Geschichte aus Österreich erzählt sie nun mit ihrem Drama „Sakkorausch". Spontan hatte sie auf ein Angebot der Wiener Festwochen ausgerufen: „Da muß ich etwas über die Druskowitz schreiben!" Ihr Beitrag zum Thema „Patriarchat" deckt ein düsteres Kapitel des Umgangs mit der Intelligenz und dem radikalen Geist einer Frau in Österreich auf.

Ein Buchhändler, der ihre Interessen kennt, hatte Elisabeth Reichart auf diese außerordentliche Frau aufmerksam gemacht. „Ihr Buch ‚Der Mann als logische und sittliche Unmoeglichkeit und als Fluch der Welt. Pessimistische Kardinalsätze' ist damals wiederaufgelegt worden. Dieses Manifest hat mich fasziniert, denn mir war sofort klar: Österreich hat da eine Philosophin."

Wenn Helene von Druskowitz hierzulande dennoch kaum bekannt ist, so mag das auch daran liegen, daß man die Unbequeme und Unangepaßte mit 35 Jahren in die Irrenanstalt sperrte. Bis zu ihrem Tod kämpfte sie, 27 Jahre lang, vergeblich um ihre Freilassung. Obwohl sie dort philosophisch weiterarbeitete und, wie die zum Teil erhaltene Krankengeschichte beweist, nach heutigen Erkenntnissen zu unrecht eingesperrt wurde.

„Meiner Meinung nach", sagt Elisabeth Reichart, „war sie für ihre Zeit einfach zu radikal und zu unangepaßt. Sie war extrem klug. Sechzehnjährig maturierte sie extern als erste Frau in Wien, promovierte als Zweiundzwanzigjährige in Zürich in Philosophie, da man in Österreich als Frau damals noch nicht auf die Universität durfte. Sie publizierte als Philosophin, Schriftstellerin und Literaturwissenschaftlerin. Ihr Erbe war bald verbraucht, aber sie wollte weder heiraten, noch, wie der Freundeskreis um die Eschenbach ihr riet, als Erzieherin oder Lehrerin arbeiten.

Elisabeth Reichart, eine Festwochenautorin

Niemand half ihr aus der Irrenanstalt herauszukommen, weil sie auch in ihrem Kreis für verrückt gehalten wurde."

Elisabeth Reichart setzt den fiktiven Monolog der Druskowitz in „Sakkorausch" unmittelbar vor dem Ausbruch des Ersten Weltkriegs an. „Sie reflektiert ihre Philosophie angesichts der allgemeinen Zustimmung noch einmal." In dieser Philosophie, so erzählt die Autorin, gibt es allerdings einen großen Bruch. „Solange sie in Freiheit publizierte, war sie eine optimistische, lebensbejahende Philosophin. In ihrem in der Anstalt verfaßten Manifest herrscht dann aber eine männerfeindliche und pessimistische Weltbetrachtung vor."

Aber auch das Spielerische dieser Frau kommt in Reicharts Drama, das vom „Theater ohne Grenzen" ab Donnerstag in der Remise gezeigt wird, zur Geltung: „Das hat ihr vielleicht geholfen, die Irrenanstalt so lange zu überleben, ohne wahnsinnig zu werden."

Kurier, 25. Mai 1994

Barbara Frischmuth

Nachtmär der ersten Nachkriegsgeneration

Runde Geburtstage sind seit langem ein Anlass, mit Menschen zu feiern, ihre Verdienste, ihr Werk zu würdigen. Warum allerdings die runden und nicht die unrunden, oft für die jeweilige Person wichtigeren, zur Gewohnheit wurden, hat wohl damit zu tun, dass wir insgesamt gerne auf die Nullerzahlen auf- oder abrunden.

Dass nun Elisabeth Reichart, die Streitbare, wenn es um Fragen der Gerechtigkeit geht, und die liebevoll Zugeneigte im Umgang mit Freunden, auch schon einen solchen runden Geburtstag begeht, um den herum man beginnt, von einer Art Lebenswerk zu sprechen, ist kaum zu fassen. Dennoch braucht man, um die Titel ihrer Bücher aufzuzählen, schon mehr als die Finger seiner beiden Hände. Viele werden dabei noch immer ihre beiden ersten *Februarschatten* und *Komm über den See* loben, das grandiose *Fotze* und die wunderbaren *Voest-Kinder*, die ja noch sehr präsent sind.

Ich hingegen möchte mich auf ein anderes Buch beziehen, dessen wahre Bedeutung mir wohl erst beim Wiederlesen richtig bewusst wurde, nämlich den 1995 erschienenen Roman *Nachtmär,* der mit ungemein poetischen Sätzen beginnt: „Im Stiegenhaus der stürzenden Engel mit den rußgeschwärzten Zungen roch es nach Melanzani, gebraten in den Flammen eines Gasherds. Einst lagen sie im Feuer, ihre Schalen zerrissen, der Saft spritzte heraus, zischende Funken, glänzendes Violett verfärbte sich in ein dumpfes Braun, sie nur nicht verkohlen lassen in diesem Sturm, der Wind hatte sich gedreht, blies den Rauch in unsere Gesichter, drang in die Bronchien, legte den Ruß auf die Netzhäute, doch als wir wieder sahen, waren die Melanzani genau richtig gebraten, konnten wir die Früchte an den Stielen aus dem Feuer ziehen, die schmale Aschenspur zu jedem einzelnen, noch verbrannten wir uns nur die Fingerspitzen, während wir die Schalen abzogen, das Fruchtfleisch in eine Schüssel gaben […]."

Genau das „spielt's", auf gut Österreichisch gesagt, nicht. Übrigens, der österreichischen Umgangssprache kommt in diesem Buch eine unübersehbare Rolle zu, weniger im Sprach- und Sprechduktus als bei den vielen Diminutiva, einzelnen Wörtern und Ausdrücken. Aber nichts erscheint im Leben der Protagonisten als richtig gebraten und sie verbrennen sich so lange die Finger am Gebratenen, bis ihr Tastsinn ertaubt und sie mit dem Geschmackssinn nichts mehr anzufangen wissen.

Es geht dabei um eine gnadenlose Darstellung jener ersten Generation, die den Krieg nur mehr in der physischen und psychischen Beschädigung ihrer Eltern erlebte, und die der Schuld, die die Elterngeneration nicht und nicht eingestehen wollte, die Schuld an ihrem eigenen Versagen, ihrem eigenen Unglück gab. Eine Generation, in den beginnenden wirtschaftlichen Aufbruch hineingeboren und mit jenem Schweigen und Verschweigen konfrontiert, das sie als Gefühlsverhärtung deuten musste. Eine Generation, die ihren Eltern sosehr misstraute, dass sie sich selbst nicht mehr trauen konnte. Eine Generation, in *Nachtmär* repräsentiert von Akademikern Anfang vierzig, die alle auf einen ‚kreativen Job' gehofft, sich ein ‚besonderes Leben' erträumt hatten, und nun vor Abscheu, Enttäuschung und Selbstverachtung nicht mehr wissen, wohin mit ihren ‚Gewissheiten', nachdem sie erkannt haben, dass sie auch nicht so viel anders sind als die Generation davor, nämlich egoistisch, bequem und zum Verrat bereit, nur mit noch weniger Grund als ihre Eltern, schließlich ist der Krieg längst vorbei und ihr Verrat lässt sich nicht mehr mit Lebensbedrohung rechtfertigen.

Die vier Hauptfiguren, deren Daseinsfrust (sprachlich kaum unterscheidbar) in gewaltigen Kaskaden elegant gebauter, ironisch klingender Wendungen mit sich und der vorgefundenen Welt hadert, verkörpern das Lebensgefühl derer, die zwar genau hingeschaut haben, die die Details der Vernichtungsstrategien der Elterngeneration jederzeit herbeten können, doch denen es schlichtweg an Empathie fehlt. Die draufkommen, dass all ihr Wissen und ihr großes Misstrauen allem und jedem gegenüber sie nicht dagegen feit, im Notfall falsch zu reagieren. Dass all die intellektuellen Selbstbezichtigungsorgien nicht als Mittel gegen Egoismus, Bequemlichkeit und Verrat taugen.

Es ist eine den Atem raubende Sprache, in der Elisabeth Reichart ihre Figuren sprechen lässt, eine, die aus dem Vollen des Erlernten schöpft und weder mit Sarkasmus noch mit Hohn geizt. Eine Sprache, die weit hinüber in den Traum reicht, voll von Begehren, dem Verlangen nach Aufmerksamkeit und nach Deutungshoheit, nach Einfluss und der richtigen Anleitung für ein besonderes Leben.

„So überdrüssig war er sich oft, dass er sich nicht genug wundern konnte, wie er sich trotzdem aushielt", heißt es von einem der männlichen Protagonisten und ein weiblicher moniert: „Es ist wahrhaftig kein Zustand, in dem es sich freiwillig zu bleiben lohnt. Sie stören doch nur, diese Phantomschmerzen nach einem einzigartigen Leben. Ein einzigartiges Leben inmitten des geklonten Vegetierens dieser schamlosen Machbarkeitszeit."

Trotzdem leben sie so weiter, richten sich ein in ihren kleinen Erfolgen und Karrieren, in einer Zeit, für die ihnen nur Höllenbilder zur Verfügung stehen, die sie im Gegensatz zu ihren Eltern andauernd mit den finstersten Farben an die Wand malen und damit den Ekel vor jeder Kompromissbereitschaft zu einer Hintergrundmusik stilisieren.

Nicht einmal die Freundschaft hält: „Der geschlossene Kreis – verkümmertes Wir, aufgefächert in Ich und Ich, Restbestand unserer eigenhändig vollzogenen Amputation – letztlich war es ganz einfach, an unsere Erfindungen zu glauben, inmitten des verschacherten Glaubens an uns, erfunden in der Stunde der geifernden Dummheit, des willkommen geheißenen Sterbens."

Ich kenne kaum jemanden in der österreichischen Gegenwartsliteratur, der dieses Lebensversagen der unmittelbar auf den Krieg folgenden Generation so eindringlich, radikal und von ihrer dunkelsten Seite her dargestellt und sich die Karten, mit denen immer noch Schicksal gespielt wird, so genau angesehen hat. Ohne Rücksicht und ohne Pardon. Und so als könne es nur in einem Furor der Sprache gesagt werden, der zwar dem Leser hilft, die Menschen einer bestimmten Zeit besser zu verstehen, den Figuren des Romans jedoch nicht, deren Erlösung einfach nicht ansteht. Es sei denn, sie würden davon lassen können, einander ständig im Verdacht zu haben, sich gegenseitig mit ihrem Ego zu übertrumpfen, wie es an einer Stelle heißt: „Aber das überrascht uns nicht mehr, längst daran gewöhnt, daß es in Esthers Kopf eben nur Esther gibt." Und daraus die Berechtigung abzuleiten, Esther ihrem Schicksal zu überlassen.

Das ist eine schonungslose Aussage zur eigenen Generation, die sich da über 244 Seiten zu einer Bestandsaufnahme rüstet, die von heute aus gesehen nicht nur erschüttert, sondern auch manches klärt.

Jetzt bleibt mir nur noch, Dir, liebe Elisabeth, aufs herzlichste zu deinem runden Geburtstag zu gratulieren.

Petra Nagenkögel

Die Leerstelle schreiben
ZU ELISABETH REICHARTS ROMAN *NACHTMÄR*

„DER GESCHLOSSENE KREIS"
Jung waren sie, ambitioniert und voller Zukunft, hineingeboren in die Zeit, als Aufbau und Wirtschaftswunder gesichert schienen, planmäßig und fraglos also ging es ihnen gut. Vier ehemalige Studienkollegen, vier Freunde, tolerant, aufgeklärt und zeitgemäß, im Wiener Kunst- und Kulturmilieu zu Hause, als Regisseurin und Theaterautorin, als Werbefilmer und Dramaturg damit beschäftigt, andere Welten zu erfinden oder in Szene zu setzen, Paula und Marlen, Ingram und Rudolf. Und – „vier kleine Negerlein, dann waren's plötzlich fünf" – Esther, die während des Studiums zu ihnen gestoßen war und die sie gerne auf- und in ihre Mitte genommen hatten, „aber ja, mein Platz ist in der Mitte".
Der Kreis ist schon lang kein geschlossener mehr, wenn der Roman beginnt. Zentrum und Kern sind ihm abhanden gekommen, es bleiben vier „Restfiguren", die – am Vorabend eines ihrer traditionellen jährlichen Feste zum Jahrestag ihrer Promotion („selbstgeschaffenes Ritual im Schatten der uneingestandenen Verluste") – um eine leere Mitte kreisen. Als „verkümmertes Wir" beginnen sie zu denken, beginnen sie zu reden, beginnen sie ihre Leben abzugehen und nach dem Punkt zu fragen, an dem sie aus der vorgesehenen Bahn geworfen worden waren.

„DAS HAT LANGE VORHER ANGEFANGEN"
Der Roman zeichnet eine langsame Enthüllung nach, einen wechselhaften Prozess von Leugnung und Bewusstwerdung, und damit wird er zum Erinnerungsraum, zum Ort für ein nie zur Ruhe kommendes Gedächtnis, das so wenig formbar wie sagbar scheint.
Vorerst gibt es Andeutungen. Gerade darin aber liegt die Mitteilung, gerade im Angedeuteten teilt sich mit, was nicht gesagt werden kann. Es muss einen „Verrat" gegeben haben, einen gemeinsam begangenen Verrat an Esther, der Fünften im Bunde, die damit nicht mehr im Bunde war, einen Verrat, der eine Abstoßung bedeutete, einen Ausschluss, dem auf der Erzählebene des Textes die Aussparung entspricht, die Aussparung des Ereignisses, „von dem keiner mehr spricht".
Dem Sprechtabu begegnen Paula, Marlen, Ingram und Rudolf mit äußerster Wortgewalt. Es scheint, sie reden um ihr Leben und das, was davon geblieben ist, in höchstem Tempo und pausenlos, damit keine Lücke entsteht, in der Platz wäre für das Unaussprechliche, eine Lückenlosigkeit, die der Roman auch formal umsetzt, indem er ohne chronologische Ordnungen, ohne eine Einteilung in Kapitel, sogar ohne Absätze und Leerzeilen auskommt, stattdessen kaleidoskopartig und assoziativ im Wechsel der Stimmen und Perspektiven vergangene und gegenwärtige, reale und imaginierte Bilder zusammen- und ineinanderfügt, ohne dass diese noch einmal ein wenigstens nur erinnertes Ganzes ergeben könnten.

„TÄGLICH WIEDERHOLEN WIR DEN VERRAT"
Das verlorene Ganze, die Lücke im Kreis, wird auf die Ebene der Sprache verlagert, in die innere Struktur des Stils, der das Buch bestimmt. Was ihn ausmacht, ist ein Paradox, getragen von Figuren, die reden, um „wieder einmal etwas unerwähnt zu lassen", und die sich erinnern, um sich nicht erinnern zu müssen. Sie tun das in Monologen ohne bestimmbare Adressaten, ohne Referenz im Außen, eine unablässige Selbstversicherung, die zugleich eine Selbstbezichtigung und schließlich eine Selbstbeschwichtigung ist, so vordergründig wie haltlos, „daß wir unser eigenes Verbrechen vorläufig nicht bedenken wollen, im Wissen unserer Schuld, doch in Wahrheit haben wir es in diesem Moment schon abgelegt, etikettiert, entschuldbar

gemacht [...] eine eigene Vergangenheit, in der wir nichtsdestotrotz herumirren, und manchmal stolpern wir aus ihr heraus in die Gegenwart, die wir nicht als unsere erkennen".

Ein Kreisen im Stillstand trägt den Roman, ein Kreisen, dessen einziger Referenzpunkt der Verrat ist. So zwanghaft, wie er geleugnet werden soll, wird er beschworen und damit reinszeniert, wieder und wieder, in einer unausgesetzten Bewegung, die ihr Ende nicht findet. Was Paula und Marlen, was Ingram und Rudolf vor oder nach „dem Ereignis" waren und (nicht mehr) sind, ist in seiner Bedeutung und identitätsbildenden Kraft verschwindend und taugt allenfalls zu einer – so unversöhnten wie unversöhnlichen und in theatralischem Gestus behaupteten – Bilanz des Scheiterns: „ich habe die Geschichte satt, bis über die Ohren, zu tief in ihr verkrochen, nicht mehr aus ihr hervorgesehen, ich trenne mich von ihr ab, dieses Mal endgültig, ich bin nicht, was ich sein möchte, kein Grund zur Aufregung, der Blick auf dieses skizzierte Ich treibt einzig und allein in meine Schädeldecke Löcher, durch die das Hirn allmählich entweicht, [...]."

Was ebenso wie ihr „eigenes Verbrechen" kleingehalten und weggeredet werden sollte, liegt nun unausweichlich und offen da: Marlen, Paula, Ingram und Rudolf stehen jeder und jede für sich und damit allein vor ihren ungelebten Träumen, vor verschlissenen und abgelegten Sehnsüchten, vor hinfälligen Lebenskonzepten und Selbstentwürfen, deren Unmöglichkeit sich in ihren Sprechweisen vermittelt, in einem diskontinuierlichen Reden, das ansetzt und weit ausholen will, um letztlich abzubrechen, oft mitten im Satz, wo es von einer nächsten/einem nächsten aufgenommen, weitergetrieben und schließlich wieder abgegeben wird, ungehalten, atemlos und gehetzt, vier Stimmen, die sich überlagern, die ineinander übergehen und die dennoch vereinzelt bleiben, so zerrissen wie die Existenzen dahinter, so aufgelöst wie der einstmals „geschlossene Kreis".

„GELIEBTE ESTHER, BENEIDETE ESTHER" / „UNBEWEINTE ESTHER"

Der archimedische Punkt, an dem die Stimmen zusammenlaufen, ist eine Leerstelle. In ihr gestaltet der Roman ein zweites Paradox – das einer permanenten Präsenz, einer Anwesenheit, die von Abwesenheit begründet und beglaubigt wird.

Die in einer „Nacht unter dem stillstehenden Riesenrad" – symbolträchtiges und verweiskräftiges Wahrzeichen Wiens – verratene und danach verschwundene Jüdin Esther wird zum unhintergehbaren Bezugspunkt, in dem sich das Netz der Beziehungen bündelt, in dem die Geschichten von Paula, Marlen, Ingram und Rudolf zusammenlaufen, um zugleich aufzugehen in einer noch größeren, einer kollektiven und zutiefst österreichischen Geschichte. „Immer auf der Täterseite. Es ist so. Auch wenn Esther nichts davon hören wollte, diese Erfahrung verdankt sie uns, wir haben sie, ihren Abwehrversuchen zum Hohn, in sie hineingepreßt [...]."

Esther ist schwanger, sie entscheidet sich für ihr Kind, ohne ihr Studium aufgeben zu wollen, und bittet die Freunde um Unterstützung. Paula, Marlen, Ingram und Rudolf sind dazu nicht bereit, vielmehr raten sie Esther – so wortreich wie entschieden und mit einigem Talent zur Perfidie – zur Abtreibung. Und inszenieren so nicht nur die eigenen, nie eingestandenen Ambivalenzen in ihren Beziehungen zu Esther, sondern vollziehen mit dem realen Verrat auf einer symbolischen Ebene auch eine Wiederholung des Genozids an den Juden. Und damit das Weitertragen eines Erbes, das sie längst überwunden glaubten, das Erbe einer Geschichte, die nicht die ihre war und die sie nun dennoch – beinahe zwangsläufig und einer Logik der Wiederholung geschuldet – fortsetzen mussten, eine Geschichte von Vernichtung und von Verdrängung der Vernichtung, von Verdrängung und vom Verschweigen der Verdrängung, das eine neuerliche Vernichtung bedeutet, „damals und später wieder, [...] übernommenes Erbgut, hin- und hergewendet, es abgelegt, viel zu schnell abgelegt [...] Wir nutzten unsere makabre Chance, uns als rechtmäßige Söhne und Töchter des himmelschreienden Unrechts zur Schau zu stellen."

„WIR EICHMANNKINDER"
Marlen und Paula, Ingram und Rudolf verkörpern ein Kollektiv. Der Text lässt an kaum einer Stelle seine eigene Deutung offen: nicht um individuelle Biografien und nicht (nur) um ein individuelles Scheitern an der eigenen Schuld geht es, sondern um die Nachtseiten einer auf Verdrängen und Vergessen gegründeten „mörderischen" Nachkriegsordnung. Folgerichtig also, dass die vier Figuren kaum als Individuen fassbar werden, vielmehr schemen- und schimärenhaft bleiben, greifbar nur in der Manie ihres unausgesetzten, metaphernreichen und phantasmagorischen Redens und der darin ausgedrückten radikalen Bestürzung über sich selbst, deren Perspektive eine ebenso radikale Diesseitigkeit ist. Die Ewigkeit, in die hinein ihre Schuld sich fortsetzen wird, ist eine irdische.

„DIE KUNST FORDERT EINE UNGESCHÜTZTE BEGEGNUNG"
Den Schatten, den Nachtseiten und Abgründen ist immerhin – das legt der Roman nahe – die Kunst entgegenzusetzen als Möglichkeit, das Verdrängte, Verschwiegene und Verborgene wieder nach oben und ans Licht zu holen, es sichtbar und bewusst werden zu lassen. Die intertextuellen Verweise im Roman ziehen eine Linie von Grillparzers *Libussa* zu Ingeborg Bachmanns Erzählung „Unter Mördern und Irren" – eine Linie, die von der in *Libussa* vermittelten Umwandlung einer gesellschaftlichen Ordnung, die ohne soziale oder ethnische Differenzierungen auskommt, in eine von Hierarchien und struktureller Gewalt geprägte patriarchale Gesellschaftsordnung bis hin zu den „Mörderjahren" verläuft und die im Roman implizit nachvollzogen wird: die Gemeinschaft der fünf Freunde, eine „Gemeinschaft von Gleichen", bringt letztlich eine Spaltung in Täter und Opfer hervor.
Auch Elisabeth Reicharts Roman folgt dem Anspruch einer „ungeschützte(n) Begegnung", dem Anspruch der Sichtbarmachung, der Aufdeckung und des Anschreibens gegen das Vergessen: Das Buch, das einem vielfach gebrochenen Traumprotokoll gleicht, erscheint in seiner inneren Struktur, in der mitvollzogenen Denk-, Sprech- und Erinnerungsbewegung seiner Figuren und ihres Absturzes ins Vergangene als Resonanzraum, in dem alles kollektiv Verdrängte, Verschwiegene und Ungesühnte zusammenläuft – als unfassbare Realität, die immerhin als *Nachtmär* beschreibbar geworden ist.

Christa Gürtler

Pinsel statt Schwert
ZUM ROMAN *DAS VERGESSENE LÄCHELN DER AMATERASU*

> Ich habe ein Bild nachgelebt und es wieder in ein Bild verwandelt.

WILDE ORANGEN

Elisabeth Reichart verlässt in ihrem Roman *Das vergessene Lächeln der Amaterasu*[1] (1998) erstmals den europäischen Kontinent als Handlungsschauplatz. Sie selbst hat mehrmals in Japan längere Zeit verbracht und sich der Fremdheit der japanischen Kultur ausgesetzt. Hauptfigur des Buches ist Alwina, eine Malerin aus Wien, die gemeinsam mit ihrem Geliebten Ichirō, einem japanischen Sänger, in ihr Sehnsuchtsland aufbricht, das sich im Verlauf der Geschichte in einen Alptraum verwandelt. Im ersten Kapitel „Wilde Orangen" nähert sich Alwina der Welt Japans, sie ist fasziniert von der Schönheit der Landschaft, den Farben, dem Licht, den Gerüchen, aber zunehmend befremdet von der alltäglichen Ablehnung durch Ichirōs Familie und den Lebensgewohnheiten der Menschen. Beinahe verzweifelt sucht sie sich anzupassen und die japanische Kultur und Gesellschaft zu verstehen, muss aber schließlich erkennen, dass sie eine fremde Ausländerin bleiben wird, eine „Gaijin", wie das abschätzige japanische Wort dafür heißt.

Von der Mutter eingeweiht in die japanische Kultur und Sprache durch das Vorlesen von Romanen und das Erlernen der Zeichenschrift, erfolgt in der konkreten Begegnung mit Japan, das die Mutter nie gesehen hat, die Enttäuschung. Die Vorstellungen und Bilder, mit denen Alwina nach Japan reist, erweisen sich als untaugliche Illusion. Auch die Schönheit von Ichirōs Körper und Stimme verliert zunehmend an sinnlicher Anziehungskraft. Im Prozess der Desillusionierung verliert sie nicht nur ihren Ehemann Ichirō – aus der Liebesgeschichte wird ein Vernichtungskampf –, sondern auch ihre Identität und ihre Fähigkeit zu malen.

Nach dem Tod des Vaters, der Restaurator gewesen war, zweifelte Alwina an ihrer Berufung als Malerin, kann ihre Trauer über den Verlust aber schließlich in der Malerei verarbeiten, empfindet sie als Rettung: „... gerettet hatten sie die Gemälde von Artemisia Gentileschi/oder ihr Schicksal, in das sie sich vergraben hatte, das sie eingesaugt hatte, vor deren Selbstbildnis sie es zum ersten Mal gewagt hatte, ein Porträt von sich zu malen/mißlungenes Bild/es sah Artemisia Gentileschi ähnlicher als Alwina" (S. 67).

In Japan kehren sie wieder, die Zweifel an ihrer Kunst. Vor der Abreise nach Japan hat sie alle fertigen Bilder verkauft, um für die Übersiedlung Geld zu haben. Alwina muss sich ein paar Stunden stehlen für ihre Arbeit, die niemand in der Familie schätzt, Rücksicht nehmen auf Ichirō und seine Sängerkarriere. Während eines Besuchs in Tokio, wo ihre Freundin Fumiko, eine erfolgreiche Malerin, lebt, muss sich Alwina ihre Selbstentfremdung und ihren Selbstverlust eingestehen: „Die Farben sind mir fremd geworden. Das Licht ist hier anders. Meine Farben versagen vor diesem Licht. Ich störe hier nur. Selbst meine Farben stören hier" (S. 114).

ARTEMISIA GENTILESCHI

Das Schicksal Artemisia Gentileschis und ihre berühmten „Judith und Holofernes"-Bilder stehen am Beginn von Alwinas künstlerischer Laufbahn und ihrem Versuch, in der Kunst lebendige Erfahrung und Gefühle in ästhetische Form zu verwandeln. Die vergessene, in den 1990er Jahren wiederentdeckte, italienische Malerin des 17. Jahrhunderts wird für Alwina zur Spiegelungsfigur.

Auch bei Artemisia Gentileschi war der Vater ihr Lehrer. Als ein Freund des Vaters, Agostino Tassi, sie in der Perspektivendarstellung unterrichtet, vergewaltigt dieser seine Schülerin. In einem nachfolgenden Prozess wird Tassi peinlich befragt, kommt allerdings nach dem Prozess im Jahre 1612 aus der Untersuchungshaft frei, der Skandal beflügelt eher seine Karriere. Artemisia Gentileschi wird mit einem Florentiner Maler verheiratet und in die Toskana abgeschoben, die Gerüchte über ihren angeblich zweifelhaften Lebenswandel überdauern die Überlieferung (vgl. S. 209). Ihre zahlreichen Bilder zum Motiv „Judith und Holofernes" werden als künstlerische Auseinandersetzung mit diesen Lebenszumutungen interpretiert. Die Grausamkeit und bestürzende Genauigkeit in der bildnerischen Darstellung werden immer wieder als künstlerischer Racheakt am männlichen Geschlecht gesehen.

Die Suche nach den Vorgängerinnen, nach Vorbildern für das künstlerische Schaffen von Frauen zählt zu einer Konstante im Werk Elisabeth Reicharts. So ist *Das vergessene Lächeln der Amaterasu* auch zu lesen als Roman über künstlerische Selbstermächtigung im Spiegel von Artemisia Gentileschi und ihrem Widerstand als Malerin gegenüber ihrem Schicksal als vergewaltigte Frau und nicht beachtete Künstlerin.

SCHWERT

„Lachende Messer, seit wann können Messer lachen? Eines lachte am lautesten, veränderte seine Form, wurde zu einem Schwert, das sich in ihre Hand drängte. [...] Endlich erinnerte sie sich, wohin dieses Schwert gehörte. Erleichtert gab sie es den Judith-Gemälden von Artemisia Gentileschi zurück. Die Bilder jedoch nahm sie mit in den Schlaf" (S. 54).

Das Schwert und der Pinsel sind die beiden Dinge im Roman, die auf vielfältige und durchkomponierte Weise die Korrespondenzen zwischen Kunst und Leben symbolisieren. Es sind die Dinge, die lebendig werden in der umgekehrten Romanwelt, die nach dem Leben der Dinge fragt und danach, welche Rolle die Kunst erfüllen kann. Es bleibt die Hoffnung, dass die Aufhebung der Entfremdung in der Kunst möglich ist.

Im zweiten Kapitel des Romans wird ein Gegenspieler von Ichirō eingeführt und der Schauplatz der Handlung in eine groteske Szenerie übersteigert. Der reiche Nagoya zieht seit Beginn der Ankunft des Paares in Japan die Fäden und ermöglicht zunächst als Mäzen Ichirōs Sängerkarriere, bis er schließlich Alwina als rettende Figur erscheint. Sie erhofft sich durch seinen Auftrag für ein Fresko das für ihre Flucht aus Japan benötigte Geld. Denn ihr wird klar, dass sie aus dem japanischen Gefängnis alleine nicht mehr ausbrechen kann. Ihr Ehemann Ichirō hat sie die ganze Zeit mit anderen Frauen betrogen und sie verraten. Nagoya verkörpert als Figur den Mann, der alles Machbare ausprobiert, der sich die Menschen und die Natur untertan macht, der als Typ in der Nachfolge eines Prometheus für die Utopie des Fortschritts und der Technologie kämpft. Er arbeitet an einem Unterwasserreich „Pazifis", das ein Überleben der Menschheit garantieren soll, indem jede Erinnerung gelöscht wird. Der Schönheit von Ichirō ist Nagoyas Hässlichkeit kontrastierend gegenübergestellt.

Nagoya verlangt von ihr zunächst ein barockes Fresko, ein Himmelsgemälde mit Putti und ein lebensgroßes Engelspaar mit japanischen Gesichtszügen. Alwina erinnert sich lakonisch an eine andere Auftragsarbeit: „Und jemand wollte eine originaltreue Nachbildung von Artemisia Gentileschis Judith aus dem Museo di Capodimonte, aber Holofernes sollte Judith und ihre Dienerin enthaupten, bitte, warum nicht" (S. 187).

Noch weiß Alwina nicht, dass sie bei dieser Begegnung schließlich den Pinsel mit dem Schwert tauschen muss. Denn schließlich geht es Nagoya nicht um das Fresko, sondern um ihre Mithilfe beim Harakiri, der in diesem Roman in der traditionellen Sprachform Seppuko heißt, „den Bauch aufschlitzen". In der Tradition der Samurai-Kultur wird dieser ritualisierte Selbstmord für Nagoya zum letzten Versuch, wenn schon nicht im Leben, so wenigstens im Tod zum Japaner zu werden. Denn es stellt sich heraus, dass der Wiener Nagoya vergeblich versucht hat, durch chirurgische Operationen die körperliche Assimilation zum Japaner zu erreichen – seine Schweißdrüsen waren operativ nicht zu entfernen.

Elisabeth Reicharts Auseinandersetzung mit Seppuko gerät zu einer ironischen Travestie auf literarische Vorbilder, nämlich Yukio Mishimas Beschreibung und in der

Folge gescheiterten Selbstversuch, diese Fiktion im Leben zu inszenieren. Niemals darf eine Frau bei diesem dem Manne vorbehaltenen Selbstmord dem Mann den Kopf abschlagen. Durch Alwinas Aneignung der männlichen Position wird dieser Akt sinnentleert und pervertiert, dennoch wird sie zur Täterin/zu Judith am japanischen Holofernes. Sie „hob das Schwert auf und enthauptete ihn zu seinen Ehren. Es war Schwerstarbeit" (S. 275).

PINSEL

Wie aber soll Alwina nun überleben, was soll sie vergessen, woran sich erinnern? Im dritten Kapitel „Am Anfang war Amaterasu. Oder ein Epilog" sucht sich Alwina in einem inneren Monolog wiederzufinden. Sie will sich nicht ausreden auf ein Schicksal, sich nicht als Opfer stilisieren. Das vergessene Lächeln soll schließlich wieder in ein Lachen münden. Auch die Assonanzen in den Namen Alwina/Artemisia/Amaterasu verweisen darauf, dass sich Alwina auf ihrem Weg an die beiden Frauen erinnern kann.

„Die Hand hat ein Schwert gehalten, die Hand hat einen Brief gehalten, die Hand existiert, ich muß nur an sie glauben, an meine eigene Hand, Liebeshand, Mörderhand, Tochterhand, sie muß wieder Malerhand werden, nur malend kann ich überleben, auch wenn ihr alle beschlossen habt, mich zu vertreiben, ich bleibe in meiner Malerei, in dieser Dunkelheit, in der es nur noch mich und die Farben gibt" (S. 286, 287).

Der Text reflektiert den Prozess der Selbstermächtigung durch die Kunst, die den Selbstverlust überwinden kann und eine Distanzierung von Artemisia Gentileschis Kunst und ihren Bildern von Judith und Holofernes notwendig macht: „Ich hätte den Pinsel nie gegen das Schwert tauschen dürfen" (S. 293). Alwina malt das Fresko weiter, die alttestamentarische Judith wird zu Amaterasu, die am Beginn der japanischen Schöpfungsgeschichte steht und deren Mythos die Legitimität einer patriarchalen Gesellschaft in Frage stellt. Alwina übermalt mehrmals ihr Gemälde, ein „flammendes Rot" überdeckt die Gesichter, immer wieder setzt sie an mit neuen Entwürfen. Das ursprüngliche Himmelsgemälde entpuppt sich als Inferno, „Himmel und Hölle sind eins" (S. 306) – sie wird das Bild mit Blut zu Ende malen. Die ästhetische Auseinandersetzung muss sich der Dialektik von Schönheit und Hässlichkeit, Wahrheit und Lüge, Erinnern und Vergessen stellen. „Ich habe ein Bild nachgelebt und es wieder in ein Bild verwandelt" (S. 312).

Elisabeth Reichart hat in ihrem Roman *Das vergessene Lächeln der Amaterasu* dem Engel der Geschichte von Walter Benjamin ein weibliches Antlitz gemalt. Die Reflexionen über die Geschichte des 20. Jahrhunderts gipfeln für Alwina in der Erkenntnis des Trümmer- und Scherbenhaufens, den es in der Kunst zu erinnern und aufzuheben gilt. So schneidend scharf wie ihr Schwert wird Alwina den Pinsel führen und ihre Angst zu überwinden suchen.

Überarbeitete Fassung eines Beitrages aus *Script* 17 (1999), S. 14–16.

---

1 Elisabeth Reichart: *Das vergessene Lächeln der Amaterasu*. Roman. Berlin: Aufbau 1998. Im Folgenden im Text mit Seitenangaben zitiert.

Kathrin Wexberg

„Jahrelang diesen Schwachsinn mitmachen"
ZUM BILD VOM KIND IN ELISABETH REICHARTS KINDERBÜCHERN

„Niemand hatte ihr gesagt, dass sie jahrelang diesen Schwachsinn mitmachen musste. Wenn das so weitergeht, läuft das ganze Leben auf einen Betrug hinaus, dachte sie, und überlegte, wie sie entkommen könnte."[1]

Diese radikalen Überlegungen zum Thema Schulbesuch, aber auch zum Leben und den Vorstellungen der Erwachsenen im Allgemeinen, stellt die kindliche Protagonistin Laura in Elisabeth Reicharts *Lauras Plan* (2004) an. Laura ist ein Kind, das sich mit starkem Willen und großer Überzeugung gegen jene Vorstellungen stellt, die Erwachsene von Kindern und Kindheit haben. Solche Vorstellungen finden sich in besonderer Weise in jenen Texten, die explizit an Kinder adressiert sind. Elisabeth Reichart hat zwei solcher Bücher vorgelegt, von denen *Lauras Plan* durchaus für Aufmerksamkeit sorgte; es war unter anderem auf der Ehrenliste des Österreichischen Kinder- und Jugendbuchpreises 2005 vertreten und erschien 2007 als Hörbuch. *Danubio im Traumwasser* (2000) hingegen wurde von der literarischen Öffentlichkeit kaum wahrgenommen, dafür aber in Zusammenarbeit mit dem Fundevogel Eurythmie Theater Wien als Bühnenstück aufgeführt.[2]

Beide Bücher haben eine weibliche Hauptfigur: Laura ist ein bereits etwas älteres Kind (eine Rezensentin spricht davon, dass sie elf Jahre alt sei),[3] Klara aus *Danubio im Traumwasser* wird zu Beginn des Textes als „kleine Klara" bezeichnet und scheint eher im Kindergartenalter zu sein. Beide sind mit dem Einsetzen der Handlung mit einem ganz konkreten Problem konfrontiert: Laura ist dagegen, dass die Eltern das alte Haus der kürzlich verstorbenen und von ihr sehr geliebten Großmutter verkaufen, Klara begegnet dem titelgebenden Nix Danubio. Er zeigt ihr und ihrer völlig erstarrt wirkenden Familie die wunderbare Welt des Traumwassers, von Illustratorin Kiki Ketcham-Neumann in leuchtend bunten Farben in Szene gesetzt. Dort muss die ganze Familie schließlich ein Abenteuer bestehen, um die Fehde zwischen Danubios Eltern Danubia und Danubiosu zu beenden, und wird dadurch im Sinn einer märchenhaften Erlösung gleichzeitig aus ihrer eigenen Erstarrung befreit.

Lauras Geschichte scheint zunächst in einem realistischen städtischen Setting angesiedelt zu sein, schließlich bricht aber die Welt des Irrealen ein: Als Laura gemeinsam mit ihren FreundInnen versucht, das Haus der Großmutter durch allerlei kindliche Tricks vor dem Verkauf zu retten, erscheint ihr plötzlich der Geist der Großmutter. Dieser wird wütend und macht den Kindern große Angst. Dieses Verhalten bedeutet für Laura eine Entfremdung von der einzigen Erwachsenen, der sie je vertraut hat: „Laura nickte. In ihrem Inneren jedoch hatte sie einen ganz, ganz großen Schritt weg von der Großmutter getan. Sie hat kein Recht, mich so zu erschrecken. Niemand hat das Recht, mich und Otti und Eva so zu erschrecken. Weder Menschen noch Geister."[4]

Anders als die Erwachsenen haben die Kinder ein Sensorium für übernatürliche Dinge, die mit dem Verstand nicht zu erklären sind. Die magischen Elemente werden innerfiktional nicht als Phantasien der Kinder rationalisiert oder durch eine logische Erklärung relativiert. Dieser Akzent findet sich in der zeitgenössischen Kinderliteratur relativ selten und ist in eine Tradition einzuordnen, die historisch in der Epoche der Romantik ihren Höhepunkt fand: „Nähe zum Unendlichen, Selbstverständlichkeit des Wunderbaren, Einblick in die Geheimnisse der Natur und Reichtum der Fantasie"[5] wurden damals als besondere Qualitäten der Kindheit postuliert. Dieses Bild des Kindes mag im Kontext des Gesamtwerks von Elisabeth Reichart, in dem ja gerade die sehr reale gesellschaftspolitische Auseinandersetzung mit der Verdrängung der NS-Zeit eine so wichtige Rolle spielt, überraschen, findet sich aber auch in einem ihrer Werke für Erwachsene: Der Roman *Die Voest-Kinder* (2011) ist konsequent aus der Perspektive eines Mädchens erzählt und die Protagonistin hat Zugang zu einer magischen Welt, die sich von der tristen Realität der Nachkriegszeit abhebt und aus der sie langsam Abschied nehmen muss. (Hier jedoch liegt eine „Erklärung" als phantastische Einbildung des Kindes näher.)

In beiden Kinderbüchern findet sich ein weiterer wichtiger Aspekt von Elisabeth Reicharts Gesamtwerk, ein feministisches Interesse an der Lebenssituation von Frauen: einerseits in der Darstellung der beiden sehr tatkräftigen Mädchen, andererseits (und deutlich problemorientierter) in der Zerrissenheit der Mütter zwischen verschiedenen gesellschaftlichen Rollen. Die Großmütter, die in der Kinderliteratur oft sehr positiv besetzt sind, sind in Reicharts Büchern wenig sympathische Figuren: Klaras Großmutter macht stets ein saures Gesicht und wird erst durch die magische Reise ins Traumwasser zu einer liebevollen und zugewandten Person, Lauras Großmutter zeigt sich als Geist von einer wenig freundlichen Seite und macht ihr große Angst. Beide Mädchen sind letztlich in der Bewältigung ihrer Probleme und Fragen von den Erwachsenen ziemlich allein gelassen, zur Seite stehen ihnen vielmehr andere kindliche Figuren: Für Klara ist dies der Nix Danubio, der am Ende der Geschichte von den Erwachsenen akzeptiert wird (sogar der zunächst recht bedrohliche Hausbesitzer entschuldigt sich schließlich dafür, dass er nichts von der Existenz eines Wassergeistes im Haus wusste), für Laura ihre SchulkollegInnen Otti und Eva, die ihr tatkräftig und phantasievoll zur Seite stehen. Bemerkenswerterweise enden beide Bücher nicht damit, dass sich die Kinder von der magischen Welt verabschieden und in der real-fiktionalen Welt ihren Platz finden. Beide Protagonistinnen beschäftigen sich zuletzt ganz explizit mit Dingen bzw. Wesen aus der magischen Welt: Klara taucht mit Danubio wieder ins Traumwasser ein, um dort zu spielen, Laura veranstaltet gemeinsam mit Otti ein Fest für Geister, damit diese sich im Haus wohl fühlen und der Geist der Großmutter nicht so alleine ist. So zeigt sich in beiden Büchern deutlich, dass die Welt der Erwachsenen letztlich voller Enttäuschungen ist und der Platz der Kinder, statt den „Schwachsinn" der Erwachsenen mitzumachen, bei den Geistern und Wasserwesen.

---

1 Elisabeth Reichart: *Lauras Plan*. Illustrationen von Carsten Märtin. St. Pölten: NP Buchverlag 2004. Ab 9 Jahren, S. 90.
2 Elisabeth Reichart: *Danubio im Traumwasser*. Illustrationen von Kiki Ketcham-Neumann. Borchen: Ch. Möllmann 2000. Ab 6 Jahren. – Siehe http://www.chmoellmann.de/die_Bucher/Kiki_Ketcham-Neumann/kiki_ketcham-neumann.html
3 Siehe http://www.biblio.at/literatur/rezensionen/opac.html?action=search&nachname=&isbn=&vorname=&schlagwort1=&titel=Lauras+Plan
4 Reichart, *Lauras Plan*, S. 80.
5 Hans-Heino Ewers: Romantik. In: *Geschichte der deutschen Kinder- und Jugendliteratur*. Hg. von Reiner Wild. Stuttgart: Metzler 2008, S. 96–130, S. 103.

Andreas Tiefenbacher

„Ich lüge, wann ich will"
ELISABETH REICHARTS VERGNÜGLICH-KRITISCHES KINDERBUCH *LAURAS PLAN*

Dass zu den „10 besonderen Büchern zum Andersentag 2004", die ein Fachausschuss aus der Produktion österreichischer Kinder- und Jugendbuch-Verlage besonders hervorgehoben und empfohlen haben will, auch *Lauras Plan* von Elisabeth Reichart zählt, das im NP-Buchverlag erschienen ist, scheint nicht direkt mit den Hausgeistern in Verbindung zu stehen, die in der fein ziselierten, gefühlvoll erzählten Geschichte als „Gesprächspartner" unabdingbar mit dem Leben von Lauras Großmutter verknüpft sind. Sprachliche Zauberhaftigkeiten gibt es dennoch. Wenn die aufgeweckte Laura nicht reden will, murmelt sie: „Wanansemputatsemiresolefasentrose …"
Weniger Phantasieverwöhnte erkennen daran „eine richtige Nervensäge". Falsch. Laura ist ein selbstbestimmtes Mädchen, das gern ihre Meinung sagt: dem es an guten Einfällen nie mangelt: das weiß, wie man ein Fieberthermometer unter der Bettdecke reiben muss, „damit es nicht weniger als 37,5 und nicht mehr als 38,5" anzeigt, und das sich mit dem Gedanken spielt, „eine weltumspannende Beratungsbörse für schulunwillige Kinder" zu gründen. Wer wie Laura „von klein auf gelehrt" worden ist, „die Geister zu achten", verfügt wohl über ein anderes (mag sein) kreativeres Verständnis von Realität. Man ahnt es in ihrem Empfinden von Angst. Denn anders als jene, die „ständig vor etwas Angst" haben und darüber „vergessen zu leben", ist Laura von ihrer Angst fasziniert: findet, dass sie ihr „Leben viel spannender" macht.
Obwohl erst neun, verfügt sie also schon über recht originelle Ansätze, an ein Problem heranzugehen. Schuld daran sind fast immer die Erwachsenen, diese nüchternen, abgestumpften, „phantasielosen Strohköpfe".
Als nach dem Tod der Großmutter die Möglichkeit besteht, statt in der Wohnung zum „vertrottelten Zellenbewohner" zu verkommen, in ein zwar renovierungsbedürftiges, aber umso idyllischeres Häuschen zu ziehen, ist es wieder einmal so weit: Es gibt ein Problem. Lauras Eltern wollen das Großmutterhaus nämlich verkaufen. Mit Hilfe ihrer Freunde Otti und Eva will sie das verhindern. Ihr Plan sieht Spinnen, Schlangen, Geister und ja, auch Lügen vor.
„Ich lüge, wann ich will", offenbart Laura unbedarft.
Aber wieso eigentlich nicht!? Es geht ja schließlich um „das schönste Haus", das Laura kennt! Wen interessiert, ob die Wände feucht, die Fenster undicht und die Fußböden so schief sind, „dass man keinen Schrank aufstellen kann", wie ihre Mutter meint. Laura will einfach nicht ewig in einer Wohnung leben müssen, wo man keinen Himmel sieht, sondern nur „Beton Beton Beton". Sie will „bei Sonne, Regen, Schnee, Nebel, Wind, Sturm, morgens, tagsüber und nachts" im Garten sein. Und weil das Großmutterhaus auch Heim von Spinnen, Fliegen, Holzwürmern, Käfern, Schlangen und Geistern ist, muss es unbedingt erhalten bleiben.
Laura wendet für ihren Plan viel Zeit und Energie auf. Die Schule hat da kaum noch Platz. Laura würde sie lieber durch einen Computer ersetzen, geht doch mit dem alles „zehnmal schneller". „Für Dumme ist die Schule vielleicht gut", bei ihr steht Wichtigeres auf dem Programm: Frösche aus einer ausgetrockneten Baugrube retten oder ein Fest organisieren für Geister, Spinnen, Schlangen.
Mir ist fad, hört man aus Lauras Mund nie. Die Phantasie ist ein viel zu spannendes Spielzeug, Langeweile ausgeschlossen, denn Elisabeth Reichart erzählt ihre 36-Episoden-Geschichte witzig und temporeich, mit Verve und großem Einfühlungsvermögen. Nichts wirkt aufgesetzt oder bemüht, was man über die neun im Buch enthaltenen Illustrationen von Carsten Märtin nicht sagen kann. Sie sind zwar nett, ja, bleiben aber leider an der Oberfläche des Textes hängen, den ein so wundervoller Rauch von Poesie erfüllt.
Auch die „Geister mögen Rauch". Ja, wer nicht, wenn er schmackhaft duftend von Lauras neu gebautem Grillplatz herüberzieht.

Oberösterreichischer Kulturbericht 10 (2004)

Klaus Amann

Zu Elisabeth Reicharts Roman
Das Haus der sterbenden Männer

Elisabeth Reicharts neuer Roman erzählt die Geschichte zweier Frauen, die gegensätzlicher nicht sein könnten. Jede der beiden sieht in der anderen etwas, das sie selber vermisst. Ihre gegenseitige Attraktion ist das eigene Ungenügen. Das vereint sie und trennt sie seit ihrem ersten Zusammentreffen als Studentinnen in Wien. Die eine, Viktoria, betreibt nach Studium, USA-Aufenthalt und einigen gescheiterten Beziehungen ein Sterbehaus an der Donau. Reiche, alleinstehende Männer können dort, betreut von jungen hübschen Mädchen, die ihnen ihre zum Teil recht ausgefallenen letzten Wünsche erfüllen, mehr oder minder schön sterben. Die andere, Antonia, eine Emigrantin aus Prag, die ebenfalls die USA und einige Beziehungen hinter sich hat, taucht nach vielen Jahren überraschend in dem aparten Sterbehospiz auf. Das, was die beiden Frauen immer schon gegenseitig angezogen, gleichzeitig aber auch mit Angst erfüllt und abgestoßen hat, spitzt sich schnell zu. Die beiden personifizieren darin den Grundkonflikt des Romans: das Verhältnis von Wahrheit und Lüge. Allerdings wird dieser Grundkonflikt nicht moraltheologisch verstanden, sondern als Konflikt zwischen zwei Lebensformen und Lebenshaltungen, wobei die Wahrheit mit Pragmatismus, mit Normen, mit Zwang und mit Herrschaft assoziiert wird, die Lüge hingegen mit Phantasie, mit Erfindung, mit Wahlmöglichkeit und Freiheit.

Viktoria, die sich selber als ‚Phantasielose' beschreibt, die Geschäftsfrau und Patronin der reichen Sterbenden, die als tüchtige Agentin des Todes ihr Leben im Griff hat, verkörpert im Arrangement des Romans die Wahrheit. Besonders glücklich wirkt sie aber nicht. Sie lebt, wie sie meint, ihrer Bestimmung gemäß und verteidigt ihr Sterbeinstitut gegen die Angriffe und Gemeinheiten der Dorfbewohner. Diese werden als dumpfe, gewalttätige Nachfahren der ‚Donausklaven' vorgestellt, eine Spezies, die ihre Beschränktheit und Unfreiheit selbstbewusst und mit Stolz trägt: Sie sind offenbar eine Allegorie des österreichischen Volkscharakters. Anders Antonia, die Tochter eines tschechischen Regimegegners und Dissidenten. Sie ist unstet und ungebunden, neugierig, sorglos, war ganz unten, aber auch ziemlich weit oben und hat freiwillig alles aufgegeben – wenn wahr sein sollte, was sie erzählt, denn sie wird als notorische Lügnerin eingeführt.

Wahrheit und Lüge bestimmen somit auch die Erzählperspektive des Romans. Viktoria behauptet, sie sei unfähig über sich zu sprechen und zu erzählen, tut es paradoxerweise aber doch, da sie die Ich-Erzählerin des Romans ist, lügt also auch sie? Antonia, über die zwar in der dritten Person berichtet wird, von der man aber vieles erfährt, was die Ich-Erzählerin nicht wissen kann, ist die wahre Erzählerin, die Geschichtenerfinderin. Sie hat den Ehrgeiz, die Lüge zu perfektionieren. „Es ist doch wunderbar", sagt sie, „anders zu sein, immer wieder anders! Vor allem eine andere, als von Geburt her vorgesehen." Die Wahrheit sei nicht gut für das Leben, allein die Lüge mache es erträglich. Nach diesem Prinzip erzählt Antonia; und selbst Viktoria, die Anwältin der Wahrheit, weiß in vielen Fällen nicht, ob Antonias Erzählungen wahr, erfunden oder geträumt sind. Noch weniger kann es die Leserin respektive der Leser des Buches wissen. Unter dem Aspekt von Wahrheit und Lüge bleibt also vieles von dem, was im Roman erzählt wird, im Ungewissen oder in der Schwebe. Immer wieder verschwimmen Wirklichkeit, Erinnerung, Erfindung, Vorstellung und Traum bzw. Albtraum. (Ob die auffällige stilistische Eigenheit des Textes, dass in indirekter Rede häufig der Konjunktiv II verwendet wird, der nach der Schulgrammatik bekanntlich für hypothetische Aussagen reserviert ist, auch dieser Absicht dienen soll, hat sich mir nicht erschlossen.) Die Grenze zwischen ‚Wahrheit' und Erfindung ist im Roman bewusst verwischt. Was aber nicht weiter irritieren muss, da wir spätestens seit Platon wissen, dass die Dichter ohnehin alle lügen. Wir haben uns deshalb darauf geeinigt, dass sie die Wahrheit lügen.

Die Wahrheit, die dieses Buch vermittelt, ist düster. Die Schicksalsfrage der beiden Frauen, ob man diejenige zu sein habe, als die man durch Geburt und Milieu bestimmt ist, die Frage also nach den Möglichkeiten und Grenzen, das eigene Schicksal zu bestimmen (und sei es durch Lügen), führt mitten hinein in die Katastrophen des 20. und die Horrorszenarien des 21. Jahrhunderts. Der Erzählung dieser schicksalsbestimmenden Vorgeschichten ist ein großer Teil des 400 Seiten starken Romans gewidmet. Die Hinterlassenschaften von Nationalsozialismus und Kommunismus, von Bespitzelung, Denunziation, Bedrohung und Gewalt sind immer noch gegenwärtig. Und die Bedrohungen der Gegenwart: Gentechnik und Stammzellenforschung mit all ihren Manipulations- und Missbrauchsmöglichkeiten sind noch gar nicht abzuschätzen. Die Familien sind Orte des Wahnsinns, der psychischen Zusammenbrüche und der Grausamkeiten, Schauplätze für Gefühlskälte, Mord und Selbstmord. Lebensgeschichten sind in diesem Buch fast ausschließlich Unglücks- und Sterbegeschichten.

Auch bei der Lösung des Grundkonflikts bleibt Elisabeth Reichart konsequent. Die Voraussetzung dafür bildet ein Verbrechen. Eine psychisch überforderte Betreuerin ermordet einen der Sterbewilligen und tötet sich dann selber. Dies ist das Ende des Sterbehauses und zugleich die Chance eines Neubeginns für die beiden Frauen. Es scheint, dass er gelingt, indem sie voneinander etwas annehmen. Viktoria macht sich auf, die Donau hinunter ins Unbekannte. Antonia, die Unstete, bleibt im stillgelegten Sterbehaus, dem Ort der Wahrheit.

ORF, *Ex libris*, 11. September 2005

Fotos: Elisabeth Reichart

Evelyne Polt-Heinzl

Wenn das Ich auf Reisen bleibt
ELISABETH REICHARTS *DIE UNSICHTBARE FOTOGRAFIN* ALS KRITIK DER GLOBALEN FLEXIBILISIERUNG

(1) ALICE HINTER DEN SPIEGELN

Elisabeth Reicharts Roman *Die unsichtbare Fotografin* erzählt die Geschichte einer berufsbedingten Weltenbummlerin. Als erfolgreiche Fotografin tingelt Alice, den Aufträgen ihrer amerikanischen Agentin Jennifer folgend, von Weltstadt zu Weltstadt, fotografiert Hochhäuser, Modells, Kunstobjekte, als „Künstlerin" vor allem ästhetisch perfekte Landschaften und Porträts mit dem Anspruch, sich dem jeweiligen Objekt rückhaltlos zu öffnen, um so Dingen wie Menschen näher zu kommen, aber eben nicht ‚zu' nahe, das verhindert die dazwischengeschaltete Apparatur.

Zwar ist Alice auf digitale Kameras umgestiegen, von einer Bearbeitung ihrer Fotos am Bildschirm will sie aber nichts wissen. Deshalb beharrt sie auf der unverkennbaren Eigenart ihrer Fotos. Das verleiht der Figur in Zeiten der radikalen Neudefinition und Problematisierung der Fotografie als Medium des „Authentischen" einen Hauch von Nostalgie. Als eine Art Gegenprogramm jagt Elisabeth Reichart ihre Protagonistin durch das globale ‚Wonderland' von Shanghai über Tokio nach New York, Chicago, Wien, Cornwall, Mexiko oder Mailand, und sie packt dazu viel hinein: die aktuellen Verwerfungen des Turbo-Kapitalismus, in dem „das Wort Gier auf geradezu unheimliche Weise im allgemeinen Bewusstsein durch das Wort Wachstum"[1] ersetzt wurde, US-Folterkeller im Irak, Terrorangst und Denunziation nach 9/11, biologische Piraterie der Pharmakonzerne, der Genozid in Ruanda oder die langen Schatten der NS-Vergangenheit. Das verleiht dem Roman an der Oberfläche eine rasante Abenteuerlichkeit, die, zusammen mit den vielen bunten Vögeln des kulturellen Jetsets, reichlich prall gerät. Der Vorwurf, Reichart habe sich zu viel vorgenommen, ließ nicht lange auf sich warten, er ist bei Autorinnen generell schneller bei der Hand als bei Autoren, wo das Überbordende eher als Welthaltigkeit interpretiert wird. Dabei scheint manches an der gewagten Handlungskonstruktion auch ein literarisches Spiel. Der Millionärsfreund etwa, der mit seinem Privatjet punktgenau in Mexiko eintrifft, um ein Folteropfer nach Mailand auszufliegen, wirkt wie der ins 21. Jahrhundert transponierte Deus ex Machina der Barocktradition.

Insgesamt aber ist der Roman lesbar als Literarisierung von Richard Sennetts Analyse *Der flexible Mensch*[2]. Der Ruf nach flexiblen Lebens- und Arbeitskonzepten, der die Bedürfnisse der neoliberalen Wirtschaftsdoktrin so trendig verbindet mit urbanen Träumen von Weltläufigkeit, fragt nicht nach der subjektiven Befindlichkeit der Betroffenen, die ihrerseits im Glauben, Modernität und Zeitgeistigkeit zu leben, leicht zu Selbstbetrug neigen. Realiter impliziert diese Lebensform, wenn sie sich über den jugendlichen Aufbruch hinaus ins reife Alter verlängert, dass die raschen Wechsel von Orten und Bezugsfeldern dem Individuen immer neue ‚Erfahrungen' aufzwingen; nie zahlt es sich aus, stabilere emotionale Bindungen zu einem Ort oder einem sozialen Setting aufzubauen. Daraus mag ein topografisch weit gespanntes Netz an Bekannten entstehen, doch es fehlt der soziale Ort, an dem sich das Individuum verankern und damit weiterentwickeln kann, weshalb all die gesammelten Eindrücke irgendwie ins Leere laufen. „[O]hne einen gewohnten, gewöhnlichen Ort", so Vilém Flusser, können wir „nichts erfahren. Das Ungewohnte und Ungewöhnliche ist geräuschvoll und kann nur im Gewohnten und Gewöhnlichen zu einer Erfahrung prozessiert werden. […] Der Mensch verläßt das Haus, um die Welt zu erfahren, und kehrt heim, um das Erfahrene zu prozessieren."[3] Die Figuren in Reicharts Roman bleiben fast durchgängig in Phase eins stecken und damit unheilvoll in sich selbst verstrickt.

(2) DIE KUNST DES WOHNENS

Für den akademischen Bereich hat dieses Phänomen Anna Mitgutsch in ihrem Roman *Zwei Leben und ein Tag* durchgespielt. „Jetzt, wo ich [...] durch die fortschreitende Arthritis immer bewegungsunfähiger werde", so die Erzählerin, „zieht meine Erinnerung Kreise über die Länder, die wir bewohnt haben, und bleibt nirgends lange hängen. [...] Städte und Landschaften laufen zu einem impressionistischen Gemälde zusammen."[4] Es war das (vergebliche) Bemühen ihres Mannes um eine akademische Karriere, die das Paar an keinem Ort zur Ruhe kommen ließ. Wegen seiner ersten befristeter Anstellung brechen die beiden nach Ostasien auf, und befristet bleiben auch alle folgenden Dienstverhältnisse. So wechseln sie der Logik des akademischen Prekariats folgend gemeinsam die Städte, die Kulturen, die Sprachen, die Freunde; und vom Ende her betrachtet zeigen sich die vielen Jahre des gemeinsamen Lebens so, als hätten sie „in einem luftleeren Raum mit verschiebbaren Kulissen stattgefunden"[5]. Zwingt die gesellschaftliche Verfasstheit den Menschen, sich als Wesen mit mobilen, disponiblen und damit auch austauschbaren Qualitäten zu definieren, verliert er die Möglichkeit, sein Ich in einer kohärenten Erzählung fassbar zu halten, und irgendwann bleibt das Gefühl zurück, die Kontrolle über die eigene Lebensgeschichte verloren zu haben.

Kathrin Röggla analysiert diese radikale Deregulierung des Privaten in ihrer Materialiensammlung *wir schlafen nicht* am Beispiel erzwungener Workaholics in trendigen Segmenten wie den Creative Industries oder der IT-Branche, beide mit hoher Ich-AG-Dichte. Wer nicht schläft, braucht auch kein Schlafzimmer, letztlich keinen Wohnraum. Er „bekomme seine wohnung kaum noch zu gesicht, also ihn würde es nicht wundern, wenn er sie eines tages nicht mehr fände"[6], meint einer von Rögglas Gesprächspartnern; die adäquaten, weil die Arbeit am wenigsten störenden Wohnverhältnisse beschreibt er als „appartementhotel, das ist so ein appartement, wo geputzt wird. du arbeitest sehr viel, weil du sowieso nichts anderes machen kannst, du hast hier ja keine sozialisation, du baust auch keine auf."[7]

Auch in Reicharts Roman geht es um Implikationen und Folgen dieser Lebensform, hier im Biotop der Kunstszene, wo Missverständnisse über die Bedeutsamkeit wechselnder Metropolenkulissen und die Überschätzung der eigenen Apperzeptionsfähigkeit vielleicht besonders verbreitet sind. Für die Fotografin Alice trifft das auf jeden Fall zu. Wohnungen lehnt sie prinzipiell ab, erträglich findet sie „nur die unbenützte von James" (S. 127). Der ist von seiner politischen Mission als Kriegsberichterstatter überzeugt und wirft Alice vor, mit ihren Bildern, die gern Motive der azyklischen Entwicklung in Schwellenländern einfangen, „bedenkenlos den Rückfall des Kapitalismus in seine brutalen Anfänge" (S. 37) zu fotografieren. Eine professionelle Reisefigur ist aber auch er, was den sterilen Charakter seiner Wohnung erklärt. Sich nicht beheimaten zu können, scheint das zentrale Unglück vieler Romanfiguren zu sein: Sie sind nicht zu Hause, wo sie sind, und verfolgen wie Getriebene ihre von den ökonomischen wie imagemäßigen Notwendigkeiten des Kulturbetriebs vorgegebenen Reisewege.

Was mit Menschen alles passieren muss, damit sie nicht mehr ‚wohnen' können, ist ein zentrales Thema des Romans. Alice empfindet die Anonymität von Hotelzimmern und Transiträumen des Fernverkehrs als idealen Lebensraum und entwickelt daraus ihr Lebensprogramm fortgesetzter Mobilität. Was einst begann als bewusster Gegenentwurf zur Eigenheim-fixierten Elterngeneration – die in NS-Vergangenheit und Nachkriegsmief hoffnungslos erstickte –, verlängert sie dank ihres Berufes ins hohe Erwachsenenalter hinein. Erst allmählich beginnt sie zu ahnen, dass sie damit vielleicht auch das Erwachsenwerden verpasst hat. „Ja, in den Hotels machen sie das alles für dich – siehst du, das ist es, was ich meine: du lebst verantwortungslos" (S. 117). Das ist der zentrale Vorwurf ihrer Jugendfreundin Lilly, die Alice in ihrem Kleinstadtheim in Ohio besucht, und darin liegt der eigentliche Kern des Zerwürfnisses der beiden Frauen. Lilly ist Physikerin, dass sie in der amerikanischen

Provinz gestrandet ist, mag mit dem akademischen Wanderzirkus zu tun haben, jedenfalls ist sie hier alles andere als glücklich. Die Grenzen einer lebenslänglichen Mobilität aber scheinen ihr klar zu sein. Sie ist im Buch auch die einzige Figur, die das Problem der Sprachschwierigkeiten thematisiert, sie sieht ein unheilvolles „Babel" unter und mit ihren StudentInnen, das die Verständigung schwer macht und ein Verstehen in einem umfassenderen Sinn. Auf Romanebene bleibt Lilly die dunkelste Figur. Reichart lässt sie als Repräsentantin einer konventionellen Lebensform mit dauerhafter Paarbeziehung und Einfamilienhäuschen besonders radikal absinken und ordnet ihr ein messie-artiges Verhalten ebenso zu wie, gemeinsam mit ihrem offen psychopathischen Gatten, die Denunziation der Freundin.

(3) KUNST UND LIFESTYLE

Der Großteil der Akteure aber steht dem Lebenskonzept der Hauptfigur nahe. Eine Zauberformel, mit der die psychischen Folgekosten des neoliberalen Flexibilitätsprojekts im Kontext des Lifestyles gern anmutig verpackt werden, ist die Vorstellung, es gelte, sich stets neuen Herausforderungen zu stellen. Das weckt positive Assoziationen wie Mut, Kraft, Energie und Abenteuerlust, aber fast jede der Romanfiguren demonstriert, wie unmenschlich und letztlich unlebbar dieser Entwurf ist. So arbeitet Alice seit vielen Jahren mit ihrer Agentin Jennifer zusammen und fühlt sich auf Smalltalk-Ebene, wo Sprachschwierigkeiten leicht überwindbar sind, mit ihr befreundet. „Begeistert erzählte mir Jennifer während unserer nächsten Taxifahrt von ihrer Vergangenheit, die bis jetzt tabu war zwischen uns" (S. 74). Das scheint ein harmloser Satz, doch er enthält das gesamte Dilemma. Was mit dem Adjektiv „begeistert" belegt wird, ist die Geschichte einer jahrzehntelangen Bulimie und einer Kette von missglückten Beziehungen als Preis für Jennifers beruflichen Erfolg. Dass sich diese intime Beichte während einer der vielen Taxifahrten eines mit beruflichen Terminen vollgepackten Tages in New York ereignet, verbannt die persönliche Öffnung räumlich wie zeitlich in einen nüchternen Ort des Dazwischen. Wenig später machen die beiden Frauen eine nächtliche Lokaltour. Dabei könnte die begonnene Nähe vorsichtig ausgebaut werden und mehr Raum und Zeit erhalten. Doch das „Geständnis" war nur ein emotionales Zeitfenster für die Dauer einer Taxifahrt inmitten der Alltagshektik. Jennifer führt Alice von einem angesagten Lokal zum anderen und stellt sie stets „schamlos als ihre beste Fotografin" (S. 91) vor, und zum ersten Mal hat Alice „sie in Verdacht, gierig zu sein. Ihr Lachen hörte sich nicht so unschuldig an wie sonst, klang berechnend oder triumphierend, irgendwie ungut" (S. 91). Jennifer hat die „Risse" in der Fassade der erfolgreichen Agentin rasch und blickdicht wieder gekittet, was das Unbefriedigende der Beziehung für Alice zum ersten Mal sichtbar macht. Trotzdem sucht sie weiterhin ihren Beistand, auch nach der Denunziation durch Lilly ruft sie Jennifer an, die das Telefonat recht brüsk mit dem Verweis auf eines ihrer Beziehungsdesaster beendet: „Ohne seinen Verrat wäre ich nie so eine gute Agentin geworden. Alice, see you!" (S. 283).

Alice ist überzeugt, ohne Reisetätigkeit und Verbindung zum pulsierenden Leben der Großstädte kann wirkliche Kunst nicht entstehen; „ein Künstler muss sich dem Leben aussetzen, irgendwie, aber doch nicht ins Paradies abschwirren" (S. 191). Das denkt sie über ihren Künstlerfreund Fred, der zurückgezogen in Cornwall lebt; sein Problem scheint allerdings eher die schwierige Beziehung zu seinem aktuellen Lebenspartner zu sein, in dessen Schloss er wohnt. Zentrum und Peripherie aber haben sich gerade mit der digitalen Revolution längst neu definiert. Provinzialität ist mitunter eine Kategorie der Weltwahrnehmung, was auch zu einer Überschätzung von Mobilität führen kann. Flughäfen interpretiert Alice als magische Orte, hier wird für sie Globalisierung greifbar; doch hier gerät sie auch an ihren Endpunkt. Denn wie den Hotelzimmern, die Alice bewohnt, ist den Flughafengebäuden kein realer Ortsbezug eingeschrieben, es sind transitorische Un-Orte, an denen gesellschaftspolitische Zusammenhänge suspendiert sind.

(4) EROTISCHE LEERLÄUFE

Eingeschrieben ist dem Typus des urbanen, unabhängigen und grenzenlos mobilen Singles das Phänomen der sozialen Vereinsamung, das sich freilich mit dem Flair von Abenteuer und großer weiter Welt aufladen lässt. Manches ist für Singles leichter, konfliktfreier und vielleicht genussreicher zu organisieren, anderes auf die Dauer wohl sehr viel schwerer, etwa die Gestaltung des Sexuallebens. Das Single-Dasein enthält zwar unendliche Potenzialitäten, was die Variabilität der Partner betrifft, in der Realität aber bleibt doch oft Leere und Einsamkeit zurück. Das Unglück oder doch die Schattenseiten der sexuellen Libertinage erfährt auch Alice in den wechselnden sexuellen Erlebnissen an den verschiedensten Orten, die sie den Roman über sammeln muss, leer und schal sind sie eigentlich alle. Die traurigste ist dabei keineswegs jene mit dem Chinesen Li, der ihr ‚danach' ein politisch verhängnisvolles Foto aus einem US-amerikanischen Folterkeller unterschiebt. Viel kälter gerät die Liebesnacht mit ihrem einstigen Lehrer Thomas in Wien. Unter sportlichem Aspekt gelingt der Liebesakt mit dem älteren Herrn dank Viagra durchaus perfekt, aber das ist schon alles. Danach schickt er sie weg und möchte sie nie mehr wieder sehen. Als Alice einige Zeit später wegen der Fotogeschichte mit Li Hilfe braucht, erwägt sie, auch Thomas zu kontaktieren, weiß aber, dass er für sie nicht mehr zu erreichen ist. Sie ist für ihn ein abgehaktes Kapitel – das entspricht seiner Lebenslogik. Er steht im Roman für das radikale Bekenntnis zur Notwendigkeit fortgesetzt neuer Erfahrungen. Sie sollen seiner Kunst dienen, das sieht Alice ähnlich, auch was ihre eigene Arbeit betrifft.

Letztlich aber zeigt Reichart in ihrem Roman gerade das Problematische dieser Fixierung und sie thematisiert auch andere Abgründe der aktuellen Verfasstheit unserer Gesellschaft. Zum Beispiel, wie der Voyeurismus der medialen Beichtformate über Fragen des Intimlebens die Menschen zerstört und deformiert. So freuen sich Alice und ihr Bruder Bob jedes Mal auf das Wiedersehen mit dem japanischen Professor Yasushi. Dabei geht es ihnen primär um „die Beichte, die Yasushi hoffentlich wieder ablegen würde" (S. 62). Er tut es und wenig überraschend geht es dabei um seine sexuellen Probleme: Ein ungeheures Begehren nach seinen Studentinnen treibe ihn an, so erzählt er, und da muss Alice „kichern" (S. 63), denn sie weiß aus eigener Erfahrung um seine Erektionsprobleme und erinnert sich an die besondere Kleinheit seines Genitals. Alice rät ihm zu einem Besuch im Sadomaso-Klub. Als ihr Yasushi wenig später via E-Mail vom Erfolg des Experiments berichtet, ärgert sie sich ein wenig, dass er sich nicht ausdrücklich für ihren Tipp bedankt, ist aber vor allem „neugierig, welche Gefühle er nun testen würde" (S. 84).

(5) VERÄNDERUNGSPOTENZIALE

Das hat etwas Unwürdiges, doch Elisabeth Reichart lässt Alice im Lauf des Romans einiges lernen. Ihre wachsende Irritation führt sie zumindest tendenziell zu einer allmählichen Revision ihrer Haltungen und ihres Selbstbildes. „[...] wer so abhängig sei wie ich von anderen, sei auch extrem gefährdet, und ob ich nicht Lust hätte, endlich unabhängig zu werden" (S. 235 f.). Das fragt sie ein etwas eigenwilliger mexikanischer Schamane. Natürlich ist die von ihrer weltläufigen Unabhängigkeit überzeugte Alice, die sich in allen Metropolen der Welt zu Hause fühlt, zunächst empört, beginnt aber immer mehr über die Tragfähigkeit ihres Welt- und Selbstbildes nachzudenken. Auch ihr Beharren auf Schönheit als einzigem Maßstab für ihre Fotos – die vom Betrieb als „endlich unpolitische Bilder aus China" (S. 79) durchaus goutiert werden – bekommt Brüche. „[...] welch ein absurdes Leben, und wir leben es, einfach so, ganz normal" (S. 197), denkt sie nach dem Abschied von ihrem älteren Bruder Bob am Flughafen Heathrow. Auch ihn, den sie in ihrer Kindheit unglücklich bewunderte und nun seit Jahren als dauerdozierenden Egomanen erlebt, der ihrer Fürsorge bedarf, beginnt sie anders zu sehen. Letztlich ist er es, der immer für sie da ist und trotz Flugangst quer durch die Welt jettet, um ihr im Wirrsal ihrer Affären beizustehen. Auch wenn Bob nach einem erfolgreichen Start als Schriftsteller aktuell in einer tiefen Schreibblockade steckt und mitunter tatsächlich einigermaßen überdreht sein Gegenüber zutextet.

Dieses schwierige, latent zum Rollentausch neigende Geschwisterverhältnis nutzt Elisabeth Reichart zu einer raffinierten Volte. „[…] gib mir Leben, gib mir Ideen, gib mir Liebe, Gefühle, Erfahrungen – ich will schreiben, wieso kann ich nicht schreiben, wo ist das Leben, gib es mir, sei meine Muse!" (S. 203). Dialoge dieser Art, so Alice, seien Teil ihres Spiels und immer wieder rät sie ihm, aus ihren Geschichten, denen er stets begierig lauscht, einen Roman zu machen. „Diesen Satz würde ich in seinem nächsten Roman, sollte er ihn je schreiben, eins zu eins lesen, für solche Sätze hatte er ein überlebensnotwendiges Gedächtnis entwickelt" (S. 207), heißt es über ein Gespräch mit Bob, genau nachdem wir „diesen" Satz gerade gelesen haben. Elisabeth Reichart lässt die Frage offen, ob sie den Roman geschrieben hat, den Bob aus den Abenteuern seiner Schwester Alice gemacht und damit seine Schreibblockade überwunden hat, oder jenen, in dem Alice als Erzählfigur ihre Geschichte selbst erzählt, sie also das Metier wechselt und mit ihrem Bruder in Konkurrenz tritt.

---

1 Elisabeth Reichart: *Die unsichtbare Fotografin. Roman.* Salzburg/Wien: Otto Müller 2008, S. 242. Im Folgenden im Text mit Seitenangaben zitiert.
2 Richard Sennett: *Der flexible Mensch. Die Kultur des neuen Kapitalismus.* Übers.: Martin Richter. Berlin: Berlin Verlag 2009.
3 Vilém Flusser: *Vom Subjekt zum Projekt Menschwerdung.* Bensheim: Bollmann 1994, S. 61 f.
4 Anna Mitgutsch: *Zwei Leben und ein Tag. Roman.* München: Luchterhand 2007, S. 27.
5 Ebd., S. 29.
6 Kathrin Röggla: *wir schlafen nicht. roman.* Frankfurt a. Main: S. Fischer 2004, S. 70 f.
7 Ebd., S. 33.

Nicole Streitler-Kastberger

Archäologie der Kindheit
ZU ELISABETH REICHARTS ROMAN DIE *VOEST-KINDER* MIT EINIGEN
RANDBEMERKUNGEN ZU *FEBRUARSCHATTEN*

> Was soll ich schreiben, wenn ich mit dem Waisenhaus fertig bin?
> Ein anderes Stück Kindheit?[1]
> Hubert Fichte: *Eine Glückliche Liebe* (1988)

Wenn Christa Wolf in ihrem Nachwort von *Februarschatten* bemerkt, dass sie bei der Lektüre des Romans Zeuge einer „Ausgrabung"[2] wurde, so ist damit bereits das zentrale archäologische Verfahren Elisabeth Reicharts benannt. Ihm zugrunde liegt ein „Vorgang des Sich-Erinnerns"[3], der die beiden Texte *Februarschatten* (1984) und *Die Voest-Kinder* (2011) zu veritablen „kulturhistorische[n] Zeitdokument[en]"[4] macht. Dieses archäologische Verfahren, das sich ausgrabend, erinnernd auf die Kindheit bezieht, gilt insbesondere für Worte und Orte. Die Schrift aber ist der Ort, an dem sich die archäologische Ausgrabungsarbeit ereignet.

Als promovierter Historikerin, die sich in ihrer Dissertation mit dem kommunistischen Widerstand gegen den Nationalsozialismus beschäftigt hat,[5] ist der Autorin die historische Recherche in zweierlei Sinne wohlvertraut: als Suche in der eigenen Geschichte und als wissenschaftliche Recherche in Bibliotheken und Archiven. Diese historische Recherche prägt ihr literarisches Schreiben, das sich an der Grenze von Individual- und Gesellschaftsgeschichte generiert. Es verbindet in paradigmatischer Weise *facts* und *fiction* zu einer Form von *faction*, die dokumentarischen Anspruch für sich erheben kann. Wie Annemarie Schwarzenbach, die „Archäologie [...] als Forschung nach den verborgenen (Bewusstseins-)Schichten der eigenen Kultur verstand"[6], begreift Elisabeth Reichart ihr Schreiben als eine solche Ausgrabungsarbeit, die im besten Sinne kulturhistorisch arbeitet und dabei wesentliche Beiträge zu einer (ober-)österreichischen Kultur-, Gesellschafts- und Mentalitätsgeschichte liefert.

1. WORTE
Archäologie ist bei Reichart erstens zu verstehen als Suche nach dem *archaeos logos* (αρχαίος λόγος), dem alten Wort, dem historischen Wort, das durch Bedeutungen, Denotationen und Konnotationen, angereichert und zugleich entstellt ist. Dies bedeutet eine Suche nach den Schlüssel- und Reizwörtern einer Gesellschaft und historischen Epoche. Reichart, die von Gerhard Rühm einmal als „autorin von unbestechlicher intelligenz und unbedingter leidenschaft" sowie als „herausragende stilistin"[7] bezeichnet wurde, arbeitet in ihrem Schreiben bewusst von einem sprachkritischen Ansatz her. Das rückt sie in die poetologische Nähe ihrer Nachwort-Schreiberin Christa Wolf. Sprache als Ort der Identitätsbildung und Erziehung, als Ort der Selbstermächtigung, aber auch als Herrschaftsmittel und Unterdrückungsinstrument: Dies alles ist in die Tiefenschicht des Romans *Die Voest-Kinder* eingegangen. Ingeborg Waldinger beschreibt dieses sprachkritisch-archäologische Verfahren Reicharts im Roman folgendermaßen: „Sprache ist Macht, instrumentalisiert von einer männerdominierten Gesellschaft. Also bohrt die Autorin ihre Feder in Sprachschablonen und Worthülsen, um Gewalt sichtbar zu machen."[8] Zu einem ähnlichen Befund kommt Christa Gürtler, wenn sie schreibt: „Mit ausnehmender Konsequenz unternimmt es Elisabeth Reichart, in ihren Texten darüber zu schreiben, worüber wir zu schweigen gelernt haben. Sie sucht der Sprache ihre Geschichte wiederzugeben und die Zeichen der Geschichte, die in die Sprache eingeschrieben sind, hinter den Sprachformeln sichtbar zu machen."[9]

Schon zu Beginn des Romans steht so die Sprachmacht im Mittelpunkt des Interesses, und zwar in der Person des „Pfarrers", der als „Besitzer der Worte"[10] bezeichnet wird, später auch als „Wortbesitzer" und „Wortmagier" (S. 37): „Er redete allein in einer Sprache, die niemand außer ihm und Gott verstand: Latein" (S. 5). Der Pfarrer als gesellschaftlich privilegierter Vor- und Fürsprecher ist dabei nur Exempel einer dominanten Männergesellschaft, die die Sprachmacht usurpiert hat. So ist auch die Rede von den Vätern, die als einzige Namen haben: „Voestler, Eisenbahner, Wirt, Arzt, Pfarrer, Trafikant, Bürgermeister, Briefträger, Fleischhauer, Schuster, Schneider, Polizist und Pensionist. Früher gab es eine Hebamme, aber die hat der Friedhof verschluckt, erzählte die Großmutter ihrer Enkelin" (ebd.). Die Frauen haben keine Namen, sie haben auch keine Sprache, sie haben nur „Montagworte": „Montagworte waren Frauenworte, Alltagworte, Waschtagworte. Den Waschtag konnte nur der Voest-Wind verhindern" (S. 19).

Nachdem der Pfarrer als Vertreter der hegemonialen Macht der katholischen Kirche, die immer schon eine phallo-logozentristische Institution war, die das „Wort" ins Zentrum ihrer Dogmatik stellte, nachdem also der Pfarrer wortgewaltig und sprachgewandt von der Kanzel gedonnert hat, verschluckt sich die namenlose kleine Protagonistin am Wort „Kirchenchor":

„Das Wort würgte sie, sie hätte es gerne ausgespuckt, aber ein Mädchen spuckt nicht, außer Kirschkerne in die Wiese, wo aus dem Kern ein neuer Baum wachsen kann, flüsterte ihr eine innere Stimme zu. Ohne Kirschkern im Mund, inmitten der Kirchenbesucher, musste sie das Wort hinunterschlucken. Sie rätselte, ob auch die erwachsenen Frauen die langen Worte verschluckten oder heimlich in ihre Taschentücher spuckten, die sie sich ständig vor den Mund hielten. Zu Hause wollte sie ihre Großmutter um ein Riesentaschentuch bitten, in dem sie alle Worte aufheben konnte, die noch zu lang waren für ihre kleine Zunge" (S. 7).

Der Kirchenchor stellt aber nicht nur eine sprachliche Kränkung dar, sondern vor allem auch eine emotionale – die erste in einer unzähligen Reihe –, wird doch die „Klein[e]" (S. 6) von ihrer Mutter als Grund genannt, warum sie nicht mehr im Kirchenchor singe. Doch das kleine Mädchen will keine „Zeitdiebin" (ebd.) sein und fordert deshalb die Mutter auf, wieder im Kirchenchor zu singen. Sie selber will auch im Kirchenchor mitsingen, doch dabei verschluckt sie sich schon am bloßen Wort.

Es sind keine Wörter, die Reichart ins Zentrum ihrer Poetik stellt, sondern immer „Worte". In *Die Voest-Kinder* sind es die „Sonntagworte" (S. 34) des Pfarrers und des Vaters, die den „Montagworte[n]" und den „Alltagworte[n]" (S. 37) der Frauen gegenübergestellt werden: „Die stummen Frauen hüteten die Sprache. Sie schwemmten die Worte im Löschteich, bis die Wäsche in Lumpen zerfiel" (S. 20). Die Großmutter, als vermittelnde, sanfte Behüterin der Enkelin, verfügt stattdessen über „Märchenworte": „Die Märchenworte gehörten der Großmutter" (S. 30).

„Das Kind beobachtete ihre Großmutter und war überzeugt, dass die Großmutter die Märchenwelt liebte. Dort lebten all die Wesen, die für sie unsichtbar blieben: Feen, Zauberer und weise Frauen, sprechende Löwinnen, Drachen und das Einhorn. Dem Kind waren sie alle vertraut, und sie wartete gespannt auf die Engel, diese wunderbaren Engel, über die sie nie genug hören konnte. Auf alle Märchen hätte sie verzichtet, aber eine Märchenstunde ohne ein Märchen über ihren Schutzengel war ihr unvorstellbar" (S. 31).

Worte können verletzen, Worte können aber auch verzaubern. Die ganze Bandbreite der Wirkungsmacht von Sprache wird in Reicharts Roman erhellt. Als die Mutter der Protagonistin das erste Mal verschwindet, bleiben dem Kind die Worte weg: „Mit trockenem Mund fiel das Reden schwer, blieben die Worte im Hals stecken, doch Mama konnte sie sagen, Mama war das schönste Wort, das sie kannte" (S. 54). Es gibt die schönen Worte, es gibt aber auch die hässlichen Worte wie „Nazi" oder „Zigeuner", die „Schimpfwort[e]" (S. 94), die sich die Kinder gegenseitig entgegenschleudern wie „Wortkeulen": „Die Voest-Kinder entdeckten einander, fanden Spiele, die auf der Straße herumlagen oder in ihren Körpern lebten, Gefangene vorgefundener Wörter, Sätze, mit denen sie einander verletzten.

Verletzbar waren sie alle. Ihnen allen fehlten die Voest-Väter, die Keller-Mütter. Die fehlenden Mütter und Väter wurden zu Wortkeulen, die sie sich mit all ihrer Wut entgegen schleuderten" (S. 92).

Es gehört zu den eindrücklichsten Erlebnissen bei der Lektüre von *Die Voest-Kinder*, in welch subtiler Weise Reichart auf die Missverständnisse rekurriert, die mit dem Spracherwerb naturgemäß einhergehen. Dazu gehört die Tatsache, dass viele Worte von den Kindern einfach übernommen werden, ohne dass sie deren genaue Bedeutung kennen. Diese „fremde[n] Wort[e]" integrieren sie jedoch in ihren Alltag, in ihre Spiele, und füllen sie mit eigenen phantastischen Bedeutungen auf: „In Spielen versteckten sie die Worte, die ihnen fremd waren: Marterpfahl, Wer fürchtet sich vorm schwarzen Mann, Tempelhüpfen, Schwarzer Zigeuner, Abschießen, Blinde Kuh, Schwarzer Peter" (S. 93). Dabei wird deutlich, welche Gewalt, ja welcher krude Rassismus in der Alltagssprache, ja sogar in der Kindersprache verborgen ist. Doch das Mädchen hat keine Angst davor, auch solche fremden Worte zu benutzen: „Sie versuchte neue Worte, nannte sich ein böses Kind, ein undankbares. Die Worte fühlten sich falsch an, bis sie ihr neues Wort für sich fand: Sünderin. Der Pfarrer hatte am Sonntag in seiner Predigt erzählt, wie Jesus einer Sünderin verzieh und ihr so zur ewigen Seligkeit verhalf" (S. 63).

So entsteht der Wunsch, selbst eine „Sünderin" zu sein, damit sie von Jesus gerettet werde. Doch ihre Mutter reagiert nur mit Unverständnis und Ablehnung auf die sprachspielerischen Aktivitäten ihrer Tochter: „Nach einigen Wochen drohte die Mutter dem Kind: Ich werde verrückt von deiner Wildheit, du bist doch kein Bub! Und dein blödes Gerede, Sünderin, Sünderin macht mich wahnsinnig! Du hast keine Ahnung, was du daher plapperst! Du kommst in die Irrenanstalt, sollen die sich um dich kümmern" (S. 66).

An dieser Stelle zeigt sich am deutlichsten, wie der kindliche Sprachgebrauch mit allen seinen Verzerrungen für die Erwachsenenwelt mit ihrem normierten Sprachgebrauch eine Bedrohung darstellt. Auf diese Bedrohung der Konventionalität durch das Kind antwortet die Mutter mit der Drohung: „Du kommst in die Irrenanstalt". Die Stelle könnte als intertextuelle Referenz zu Reicharts Monolog *Sakkorausch* (1994) gelesen werden, der die in eine Nervenheilklinik eingesperrte Helene von Druskowitz (1858–1918), die Philosophin und erste Österreicherin, die promovierte, noch einmal redegewaltig zu Wort kommen lässt. In der Nervenheilklinik verfasste Druskowitz ihren Traktat *Der Mann als logische und sittliche Unmöglichkeit und als Fluch der Welt: pessimistische Kardinalsätze*.[11]

Die einzig mögliche Reaktion auf diese Drohung der Mutter ist für das Mädchen ein wochenlanges „Schweigen" (S. 67). Nach ihrer schweren Krankheit, sie leidet monatelang unter „Lungenentzündung", „Keuchhusten" und „Rippenfellentzündung" (S. 77), verändert sich zunächst die Sprache der Mutter, die alle Wünsche und Aufforderungen, die früher in einer klaren und direkten Befehlssprache geäußert wurden, in höfliche „Müssten/Sollten/Könnten/Würden"-Konstruktionen (S. 80) verpackt. Auch die Tochter lernt diese neue Sprache, wundert sich aber, dass „niemand sie wegen dieser albernen Sprache ins Irrenhaus schicken wollte. Alle fanden, sie sei durch die Krankheit ein vernünftiges und kluges Kind geworden, das sich sehr gut ausdrücken könne" (S. 81).

Nur allmählich kommt das Kind, aus dessen Perspektive erzählt wird, hinter die Bedeutungen, die die Erwachsenen meist verschleiern, und entwickelt sich zu einer wahren Sprachvirtuosin. Diese Virtuosität äußert sich am deutlichsten im lied- oder kinderreimartigen Erstellen von Reihen. Als die Protagonistin aus dem „Kalkwasser", in dem die Eier haltbar gemacht werden, eine tote Maus fischt, singt sie: „Kalktod, Kalkmaus, Kalkgesicht, Hauskalk, Mauskalk, Eierkalk" (S. 90). Eine ähnlich düstere Wortreihe bildet gewissermaßen den Basso continuo in *Februarschatten*. Dort wird als Variation auf den Titel folgende Wortreihe litaneiartig wiederholt: „Baumschatten, Menschenschatten, Geräuschschatten."[12] Angesichts des Wasserkübels, den die

Mutter auf Anraten der „Tante" in der Küche aufstellt, um ihre Tochter, sollte sie zu frech oder zu „böse" sein, damit zu überschütten, fällt dem Kind in *Die Voest-Kinder* folgende Wortreihe ein: „Trinkwasser, Badewasser, Kochwasser, Putzwasser, Rasierwasser, Blumenwasser, Schwemmwasser, Abwaschwasser, Kalkwasser, Essigwasser. Es gab das Mostwasser, Weihwasser, Himbeerwasser, Nudelwasser, Schmutzwasser, den Wassereimer, das Brunnwasser, den Regen und Nieselregen, die Sintflut und das Hochwasser. Immer schneller reihte sie die Worte aneinander: Schnee, Eis, Hagel, Teich, Tümpel, Pfütze, Tränen, Speichel, Quelle, Bach, Wasserfall, Fluss, Strom, See, Meer, zählte sich alle Wasserworte auf, die sie kannte und stellte erleichtert fest, dass es für das Wasser in dem Eimer kein Wort gab, in dem ein Kinderkopf vorkam" (S. 65).

Der Unterdrückung durch die Sprachgewalt der Erwachsenen folgt die emanzipatorische Sprachvirtuosität des Kindes, das mächtig dagegen aufbegehrt. Dahinter steht die Überzeugung, dass die *„Grenzen meiner Sprache",* auch die *„Grenzen meiner Welt"* sind, wie Wittgenstein das im *Tractatus* formulierte.[13] Dort, wo die Grenzen der Sprache sind, muss, so folgert das Kind, auch eine Grenze für die elterliche Macht sein. Der Kübel wird nicht auf ihrem Kopf landen und ihr Kopf nicht in jenem. Es gibt nämlich kein Wort wie „Kopfwasser" oder „Kinderwasser" (S. 65). In *Februarschatten* hilft diese Tatsache indes nicht dagegen, dass Erikas Kopf von ihrer Mutter Hilde wiederholt in den Kübel gesteckt wird, denn dort heißt es: „Manchmal hat Hilde den Kopf der Tochter in einen Kübel Wasser getaucht. Um sie wieder zur Vernunft zu bringen."[14]

2. ORTE

„Sonntags verwandelte sich der Ort" (S. 5): Mit diesen Worten eröffnet Elisabeth Reichart ihren Roman. Ein Satz wie aus einem Lehrbuch für Romanästhetik: Zeitangabe, Verb, Ortsangabe. Dass Letzterer zunächst anonym bleibt, ist eine Form der ästhetischen Distanzierung, die die Autorin vornimmt und die sich auch auf die Figuren des Romans bezieht, die allesamt nur mit ihren Familienrollen benannt werden: das Kind, die Mutter, der Vater, die kleine Schwester, der Bruder, die Großmutter, die Tante etc. Eine ähnliche Distanzierung nimmt Reichart auch in *Februarschatten* vor, wo die Figuren zwar alle Namen haben, aber am Schluss des Romans folgender Satz steht: „die figuren sind erfindungen der erzählerin."[15] Die Autorin hat in Interviews eindeutig belegt, dass ihr Roman *Die Voest-Kinder* autobiografische Wurzeln hat.[16] Den Anstoß zu dem Text hatte das Linzer Stifterhaus gegeben, das die Autorin im Rahmen eines Projekts gebeten hatte, ein oberösterreichisches Thema zu behandeln: „Spontan kam ich auf die Voest. Ich recherchierte und es entwickelte sich diese Geschichte, in der ich auch auf meine Erfahrungen zurückgreife – und auf jene von vielen, vielen Voest-Kindern."[17] Nimmt man diese Selbstaussage der Autorin ernst, wird klar, dass es sich bei *Die Voest-Kinder* einerseits um ihre eigene Geschichte, andererseits aber auch um eine fiktive Geschichte handelt. Es ist insofern keine „Autobiografie", sondern eine „Autofiktion", die eigene Erfahrungen in eine fiktionale Erzählung einbaut.[18] Um dies auch erzählerisch deutlich zu machen, anonymisiert die Autorin wesentliche Komponenten des Erzählens, so die Orte und die Figuren. Sie entscheidet sich auch nicht für eine Ich-Erzählung oder „autodiegetische" Erzählung, sondern für eine Sie-Erzählung oder „heterodiegetische" Erzählung, und macht damit ganz deutlich, dass „Je est un autre" (Rimbaud).[19]

Auf die Beschreibung der Orte wirkt sich das insofern aus, als reale Orte meist, aber nicht durchgängig verschleiert werden. Der Name der Stadt Steyregg, wo Reichart geboren ist und die wohl das Vorbild für den Ort, in dem die Handlung einsetzt, abgibt, fällt nie, der Name der Stadt Linz selten. Stattdessen spricht die Autorin vom „Ort" (S. 5), der „Stadt" (S. 21) und der „große[n] Stadt" (S. 9), zuweilen auch von „Linz" (etwa S. 17). Die Stadtmauer der kleinen Stadt, ein archäologischer Fundus, der zu ihren offiziellen Sehenswürdigkeiten gehört, bildet den Ausgangsort für Phantasien, die das Kind in eine Märchenwelt versetzen, in der alle Fragen erlaubt sind, während in der realen Welt viele Fragen des Kindes als „dumme Frage[n]" (S. 21) abgetan werden. Die archäologische Arbeit der Autorin fördert diese Phantasien, die sich am historischen Bauwerk, am *archaeos topos (ἀρχαίος τόπος)* entzünden, wieder zutage: „Die Stadt war umgeben von den Resten einer mittelalterlichen Stadtmauer, gleich hinter dem Haus der Großeltern. Das Kind liebte die zerbröckelnde Mauer, aus deren Ritzen riesige Farne wuchsen, größer als sie. Sie grub ihre Nase in die Erde und befand sich im Urwald, hörte die Löwen seufzen, die Pageien, die größer waren als ihre Puppe, rufen und die Brüllaffen schreien, während sie sich von Ast und Ast schwangen. Ihr Pferd wieherte, als ein Krokodil vor ihnen über die feuchte Erde kroch, doch sie hielt die Zügel fest in der Hand, während es sich aufbäumte, ritt weiter, vorbei an Brunnen, aus denen Himbeersaft und heiße Schokolade flossen, an Menschen, die fliegen konnten, und rastete bei den Mädchen, die alle kluge Prinzessinnen waren und alles fragen durften, was sie wollten" (S. 21).

Neben den Zauberorten gibt es die trüben und düsteren Orte. Der Umzug aus dieser Zauberwelt der frühesten Kindheit, dem „Haus der Kindheit"[20], das auch das Haus der Großeltern und damit der Ort der Geborgenheit war, in die „Voest-Siedlung" stellt einen entscheidenden topografischen Einschnitt des Romans dar und markiert deshalb eine formale Abschnittsgrenze, die den ersten der sechs Teile vom zweiten trennt (vgl. S. 89). Die „Voest-Siedlung" wird folgendermaßen beschrieben: „Kleine gelbe Häuser mit noch nackten Gärten, in den ersten Jahren ohne Zäune, inmitten der flachen Ebene, auf der anderen Seite der Donau und weit weg von ihr, die Voest-Siedlung. Ihr Geburtsort war wenigstens eine Kleinstadt gewesen, aber hier war nichts, nur ein paar neue Häuserzeilen zwischen die Felder gebaut. Es war eine unfassbar öde Ebene, in die sie zogen, die Baustellen der aufregendste Teil der Gegend. Kein einziger Berg, nicht einmal ein Hügel, keine einzige Pferdekoppel, kein Wald, außer für die Toten, ansonsten Felder – neben ihrer Großmutter vermisste sie in den ersten Tagen vor allem den Pferdegeruch, und ihre Augen suchten den Horizont nach Hügeln, Bergen, Vögeln und Schmetterlingen ab, starrten ins Leere" (S. 89).

Der Umzug wird zu einer zentralen biografischen Erfahrung, die vor allem eine Trennung von der geliebten Großmutter bedeutet. Das Kind fühlt jedoch, dass auch die Mutter „die neue Umgebung" „hasste": „Immerzu war sie im Keller beschäftigt, schickte sie hinaus zu den Kindern" (S. 89). Der „Keller" zählt zweifellos zu den düstersten Orten des Romans *Die Voest-Kinder*. Hier gehen nicht nur die Mütter ihren immer gleichen, nie endenden Hausarbeiten nach und erleben dabei eine nachhaltige Entzauberung, die sie nur noch als „Keller-Mütter" (S. 92) erscheinen lässt. Der Keller ist auch der Ort, an dem die Vater-Imago in den Augen des Kindes endgültig zerstört wird: Hier züchtet der Vater nämlich entzückende kleine fellige Tiere, „Chinchillas", nur um sie anschließend zu töten und damit mehr Geld zu verdienen (vgl. S. 112–123). Diese Episode gehört zweifellos zu den düstersten des Romans und endet mit einem vereitelten Selbstmordversuch des Kindes (vgl. S. 122 f.).

3. SCHRIFT

Die Schrift ist eine „Echokammer", wie Roland Barthes schreibt.[21] Sie ist der Ort des Erinnerns, und die Erinnerung an die Orte und Worte ist in ihr aufgehoben. Nicht von ungefähr kommt deshalb der Schrift und dem Schreiben in Reicharts Romanen eine solche Bedeutung zu. In *Februarschatten* ist es das Ringen zwischen Tochter und Mutter um die Geschichte, die es zu erzählen gibt. Und dieses Ringen um die Geschichte macht einen Großteil des Romans aus, denn die Mutter verweigert sich zunächst noch den Fragen der Tochter, die sich nur für sie interessiere, weil sie ein Buch über sie schreiben wolle: „Kommt Erika meinetwegen öfter oder wegen des Romans, den sie über mich schreibt? Fragt Erika wieder so viel nach früher, weil sie sich für mich interessiert oder weil sie die Antworten für ihr Buch braucht?"[22]

Das sind die bohrenden Fragen, die die Mutter quälen. Der Roman wird so autoreferentiell und hat die Bedingungen seines Entstehens in sich eingeschrieben, eine Qualität, die ihn zu einem avantgardistischen Roman im Sinne Julia Kristevas macht, zu einem Schreiben, das sich selbst liest.[23] Die bohrenden Fragen der Tochter erlebt die Mutter jedoch als Zumutung, denn das „[V]ergessen" ist ihr zur zweiten Haut geworden: „Die Fragen der Tochter werden lästig. Wozu soll ich mich an meine Kindheit erinnern. Ich habe doch von klein auf gelernt: die einzige Möglichkeit zu überleben, ist zu vergessen. Vergessen die ungerechten Strafen. Vergessen die aufgegebenen Wünsche. Vergessen den Inhalt der Tagträume. Außer den einen, den ich gelebt habe. Vergessen die Scham über die Armut. Das Lachen über sie. Den Gestank im Haus. Die Einsamkeit im feuchten Schlafzimmer. Die Hoffnung, LERNEN zu dürfen. Hannes vergessen. Den kalten Februar vergessen."[24]

Als sie ihrer Tochter schließlich die ganze Geschichte des kalten Februartages erzählt hat, in dessen Folge sich ihr Bruder Hannes erhängte, hat sie das „[V]ergessen" überwunden, ja sie fragt sich sogar: „Habe ich etwas vergessen?" Sie fürchtet es zwar, hofft es aber eigentlich auch, „[d]amit ihr wenigstens ein Geheimnis geblieben ist"[25]. In den „Schattenaugen"[26] der Tochter lebt ihr Geheimnis weiter. In die Schrift der Tochter wird es eingehen.

Eine vollkommen andere Rolle kommt der Schrift in *Die Voest-Kinder* zu. Das Leben und Schreiben wird hier zu einem Fluchtraum für das Kind. Die frühe Lesefähigkeit der Erstklasslerin wird von der Lehrerin bemerkt, und sie versorgt sie in der Folge mit Büchern (vgl. S. 178f.). Das Kind erlebt dies als Auszeichnung, als ein wirkliches Wahr-Genommen-Werden. Das erste Buch, mit dem sie in Kontakt gekommen war, war der Atlas des Großvaters (vgl. S. 68). Die „goldene Schrift" (S. 139) darauf lässt sie noch Jahre später erschaudern vor Freude. Die Großmutter ist es dann, die ihr eine Art Tagebuch schenkt (vgl. S. 214) und es mit einem expliziten Schreibauftrag verbindet: „[W]enn du nicht darüber reden kannst, was im Zirkus passiert ist, dann schreib es auf" (ebd.). In das Buch trägt die Großmutter folgende Worte ein: „Ich liebe deine Fantasie. Fülle die Seiten mit ihr und danke Gott für diese Gabe. In Liebe, Oma" (S. 215). Das Kind will seine Geschichten aber lieber den Freundinnen auf dem Schulweg erzählen, als sie aufzuschreiben.[27] Außerdem fürchtet es, „in die Irrenanstalt" (S. 217) zu kommen, wenn jemand seine Geschichten liest. Die Großmutter rät ihr deshalb: „Vielleicht ist es wirklich besser, du hörst mit dem Schreiben auf. Fang zu malen an, von der Malerei versteht niemand etwas, und Kinder dürfen so und so malen, wie sie wollen" (ebd.). Das Kind beherzigt den Rat und malt „immerzu ein Bild: die Hölle" (ebd.). Doch schließlich findet sie zum Schreiben zurück. Als ihre Zimmergenossin im Spital sie fragt, was sie am liebsten tue, sagt sie: „schreiben" (S. 284).

„Seitdem sie sich als Gefangene empfand, dachte sie anders über ihr Schreiben. Ihr echtes Schreiben, nicht die Märchen über Afrika für ihren Bruder. Die fielen ihr leicht, die konnte sie laut vorlesen, ohne Angst zu haben, in die Irrenanstalt zu kommen. Ihr echtes Schreiben war anders, dabei starrte sie oft Löcher in die Luft, bis ihre Augen zu tränen begannen. Da, zwischen den Tränen, sah sie leuchtende Farben, sie drehten sich und schillerten, verschwanden und kamen zurück mit dem Tanz der Worte, die ihren Kopf klar machten und alles wirklich, was sie in Worte fassen konnte. Jetzt dachte sie, dass die Irrenanstalt auch nicht schlimmer sein konnte als eine Gefangenenanstalt. Eigentlich brauchte sie keine Angst mehr vor der Irrenanstalt zu haben und konnte schreiben" (S. 284f).

So wird das Schreiben zu einem Akt der Selbstbestimmung und Selbstermächtigung, der – auch er – ein Auftrag der Großmutter gewesen war: „Du gehörst nur dir!" (S. 199 und 231), hatte sie ihrer Enkelin erklärt. In einer Variation beendet der Satz auch den Roman, wo es heißt: „Es reicht, sich selbst zu gehören. Versprich mir, es wenigstens zu versuchen" (S. 301). Im Schreiben hat das Kind seine Selbstbestimmung gefunden.

1 Hubert Fichte: *Eine Glückliche Liebe*. Frankfurt a. Main: S. Fischer 2005 (= *Die Geschichte der Empfindlichkeit*. Hg. v. Gisela Lindemann.), S. 20.
2 Christa Wolf: Struktur von Erinnerung. In: Elisabeth Reichart: *Februarschatten*. Salzburg/Wien: Otto Müller 1995, S. 117–119, S. 117.
3 Ebd.
4 Eva Riebler: Mit den Augen und Ohren eines Kindes. In: *Etcetera* 47 (St. Pölten), März 2012.
5 Elisabeth Reichart: *Heute ist morgen. Fragen an den kommunistisch organisierten Widerstand im Salzkammergut*. Univ.-Diss. Salzburg 1983.
6 Heidy Margrit Müller: „Je serai Archéologue" – ein autofiktionales Lebenskonzept bei Annemarie Schwarzenbach. In: Elio Pellin/Ulrich Weber (Hg.): *„… all diese fingierten, notierten, in meinem Kopf ungefähr wieder zusammengesetzten Ichs"*. Göttingen: Wallstein 2012, S. 71–120, S. 73.
7 Gerhard Rühm: Prosa von erhöhter Temperatur. In: *Literatur-Landschaft Österreich*, hg. von Michael Cerha, Wien: Brandstätter 1995, S. 82–83, S. 82.
8 Ingeborg Waldinger: Gegen das Schweigen. Elisabeth Reicharts „Die Voest-Kinder". In: *Neue Zürcher Zeitung*, 23. 2. 2012.
9 Christa Gürtler: Die Faszination des Vergessenen. In: Hildegard Kernmayer/Petra Ganglbauer (Hg.): *Schreibweisen. Poetologien. Die Postmoderne in der österreichischen Literatur von Frauen*. Wien: Milena 2003, S. 123–130, S. 124.
10 Elisabeth Reichart: *Die Voest-Kinder*. Salzburg/Wien: Otto Müller 2011, S. 5. Im Folgenden im Text mit Seitenangaben zitiert.
11 Helene von Druskowitz: *Der Mann als logische und sittliche Unmöglichkeit und als Fluch der Welt: pessimistische Kardinalsätze*, hg. von Traute Hensch. Freiburg i. Breisgau: Kore 1988. Die Erstausgabe erschien ohne Jahresangabe in Wittenberg im Verlag Herrose unter dem Titel *Pessimistische Cardinalsätze (Kardinalsätze). Ein Vademekum für die freiesten Geister von Erna*. Vgl. auch Gürtler 2003 (Anm. 9), S. 127.
12 Elisabeth Reichart: *Februarschatten*. Wien: Österreichische Staatsdruckerei o. J. [1984], S. 8 und 164.
13 Ludwig Wittgenstein: *Tractatus logico-philosophicus*. Frankfurt a. Main: Suhrkamp 1994, S. 89. Kursivsetzung im Original.
14 Reichart, *Februarschatten*, S. 35.
15 Ebd., S. 185.
16 Vgl. Katharina Menhofer/Ruth Halle: Die Voest-Kinder. 09. 09. 2011, *Kulturjournal*, auf: http://oe1.orf.at/artikel/285709
17 Elisabeth Reichart zitiert in: Christian Schacherreiter: Die Voest-Kinder: Dummes Mädchen? Böses Mädchen? Sünderin? In: *Oberösterreichische Nachrichten*, 21. 09. 2011.
18 Zur Unterscheidung von Autobiografie und Autofiktion vgl. Peter Gasser: Autobiographie und Autofiktion. Einige begriffskritische Bemerkungen. In: Pellin/Weber (Hg.) S. 13–27.
19 Vgl. Matias Martinez/Michael Scheffel: *Einführung in die Erzähltheorie*. München: C. H. Beck 1999, S. 81–84.
20 Anna Mitgutsch: *Haus der Kindheit*. München: Luchterhand 2000.
21 Roland Barthes: *Über mich selbst*. München: Matthes & Seitz 1978, S. 81.
22 Reichart, *Februarschatten*, S. 35f.
23 Vgl. Julia Kristeva: Bachtin, das Wort, der Dialog und der Roman. In: Jens Ihwe (Hg.): *Literaturwissenschaft und Linguistik. Perspektiven und Ergebnisse*. Bd. 3. Zur linguistischen Basis der Literaturwissenschaft. Frankfurt a. Main: Athenäum 1972, S. 345–375, S. 346.
24 Reichart, *Februarschatten*, S. 41.
25 Ebd., S. 181.
26 Ebd., S. 182.
27 Vgl. Elisabeth Reichart, Abenteuer im Kopf. In: Hildegard Kernmayer/Petra Ganglbauer (Hg.): *Schreibweisen. Poetologien. Die Postmoderne in der österreichischen Literatur von Frauen*. Wien: Milena 2003, S. 119–122, S. 119.

IN EINE ANDERE LANDSCHAFT ÜBERSETZEN

Geoffrey C. Howes

Elisabeth Reichart in Nordamerika: Rezeption, Übersetzungen, Aufenthalte

Fünf Jahre nach dem Erscheinen von Elisabeth Reicharts Durchbruchsroman *Februarschatten* erschien 1989 bei der Ariadne Press in Kalifornien Donna L. Hoffmeisters Übersetzung *February Shadows*. Damit begann Elisabeth Reicharts Rezeption in Nordamerika. Bald darauf wurden die ersten Arbeiten der nordamerikanischen Germanistik zu ihrem Werk publiziert. 1990 hielt Helga Schreckenberger einen Vortrag über „Geschichtsbewußtsein und Identitätsgewinn in Elisabeth Reicharts Prosa" auf der Tagung der Modern Language Association of America in Chicago. Regina Kecht schrieb im Artikel über „Faschistische Familienidyllen-Schatten der Vergangenheit bei Henisch, Schwaiger und Reichart" im 1991 von Donald G. Daviau herausgegebenen Sammelband *Austrian Writers and the Anschluss* erstmals auch über Elisabeth Reichart.

In den 1990er Jahren hielt das Interesse an Reicharts Texten an. Von 1991 bis 2002 erschienen ein Buchkapitel, ein Interview und siebzehn Aufsätze, die von nordamerikanischen WissenschaftlerInnen verfasst wurden oder in Zeitschriften und Sammelbänden in den USA und Kanada erschienen. Dabei hat die Zeitschrift *Modern Austrian Literature* mit fünf Beiträgen eine große Rolle gespielt. In Sammelbänden der Ariadne Press (Riverside, Kalifornien) wurden sechs Aufsätze veröffentlicht, ein Artikel in der Zeitschrift *German Studies Review*.

Diese Aufsätze behandeln vor allem *Februarschatten*, aber auch *Komm über den See*, *Sakkorausch*, *La Valse*, *Fotze*, *Nachtmär* und *Das vergessene Lächeln der Amaterasu*. Von thematischem Interesse sind in erster Linie die Geschichtsaufarbeitung, Gender als soziale und ästhetische Kategorie, Familiendynamik und die Möglichkeiten und Grenzen der Sprache. Diese Tendenzen spiegeln das damalige (und noch keineswegs erloschene) Interesse der nordamerikanischen Germanistik und Austrian Studies an Sozial- und Kulturgeschichte wider. Die Beschäftigung mit diesen Themenkomplexen erklärt sich zum Teil daraus, dass man es als eine Hauptaufgabe der amerikanischen Germanistik sieht, den kulturellen und geschichtlichen Kontext der deutschen Sprache und Literatur im Unterricht zu vermitteln. So eignet sich das vielschichtige Verhältnis zwischen Frauenrollen, Familie, Provinz, Identität und Vergangenheit in Reicharts Texten hervorragend für die Interessen der nordamerikanischen ForscherInnen und ermöglicht Textvergleiche mit anderen österreichischen SchriftstellerInnen. In dieser Hinsicht sind besonders Brigitte Schwaiger und Peter Henisch zu nennen. Am Ende dieses Aufsatzes steht ein Verzeichnis der nordamerikanischen wissenschaftlichen Arbeiten zu Elisabeth Reichart.

In den späten 1990er und frühen 2000er Jahren erschienen weitere Übersetzungen: 1997 Richard H. Lawsons Übersetzung der Erzählung „Das Benefizkonzert" aus *La Valse* als „The Benefit Concert" in *Against the Grain*, einer von Adolf Opel herausgegebenen Anthologie neuerer österreichischer Prosa bei Ariadne Press und 2001 im gleichen Verlag der von Pamela S. Saur übersetzte Band *Escaping Expectations: Stories by Austrian Women Writers,* eine von Barbara Neuwirth herausgegebene Sammlung, die Reicharts Essay „The House of Women" („Haus der Frauen") enthält. Im Jahr 2000 wurden Linda DeMeritts Übersetzungen von *La Valse* und *Sakkorausch* in einem Band mit dem Titel *La Valse & Foreign* im Verlag der State University of New York (SUNY) herausgebracht.

2006 setzte das wissenschaftliche Interesse an Reicharts Texten wieder ein und bis 2012 erschienen sieben weitere Beiträge, wobei sich die thematischen Schwerpunkte deutlich vom einführenden zum zusammenfassend-rückblickenden Modus verschoben. War Elisabeth Reichart in den 1990er Jahren für die nordamerikanische Germanistik eine Entdeckung, so galt sie im neuen Jahrhundert als eine vor allem im Bereich der Austrian Studies bekannte und etablierte Autorin. Das zeigt sich zum Beispiel an Linda DeMeritts Profil „Elisabeth Reichart" (2007) im Online-Nachschlagewerk *The Literary Encyclopedia*.

Auch auf mehreren wissenschaftlichen Tagungen, die sich mit österreichischer Literatur und Kultur befassten, standen Referate zu Reicharts Werken auf dem Programm, zum Beispiel an der University of Delaware (1996), am Lafayette College (Modern Austrian Literature and Culture Association, 1999) und an der California State University in Long Beach (Austrian Studies Association, 2012). 2001 organisierte Kirsten Krick-Aigner ein Forum zum Thema „Imagination in the Works of Elfriede Jelinek, Anna Mitgutsch, and Elisabeth Reichart" für die jährliche Konferenz der interdisziplinären German Studies Association und referierte selber über *Nachtmär*. Auf der Tagung *Austrian Writers Confront the Past 1945–2000* an der University of Pennsylvania im April 2002, bei der Elisabeth Reichart auch aus ihren Texten las, gab es ein Panel mit fünf Beiträgen von führenden amerikanischen Reichart-Expertinnen: Linda DeMeritt (Allegheny College), Jennifer Michaels (Grinnell College), Elizabeth Snyder Hook (damals University of North Carolina – Asheville), Kirsten Krick-Aigner (Wofford College) und Gisela Roethke (Dickinson College). Die Referentinnen besprachen u.a. *Februarschatten*, *Komm über den See* und *Nachtmär*, und das damals für die Literaturwissenschaft wichtige Thema „Erinnerung".

Über die Austrian Studies hinaus wurde Elisabeth Reicharts Œuvre auf allgemeinen germanistischen und literaturwissenschaftlichen Tagungen thematisiert, z. B. auf der Konferenz der Northeast Modern Language Association in Montreal (1996), dem Kongress der German Studies Association in Seattle (1996), der nationalen Tagung der American Association of Teachers of German in Chicago (1998), der jährlichen Konvention der Coalition of Women in German in Arizona (2002), der Mountain Interstate Foreign Language Conference in Charleston, South Carolina (2003), und der Kentucky Foreign Language Conference in Lexington (2010).

Die amerikanische Rezeption von Elisabeth Reichart ist eng mit den Universitäten und Colleges verknüpft, speziell in germanistischen Kreisen und unter Österreich-SpezialistInnen interessiert man sich für ihre schriftstellerische Leistung und die Einsichten, die man bei der Lektüre ihrer Literatur in die österreichische und europäische Gesellschaft gewinnen kann. Man kann also nicht von einer allgemeinen, populären Aufnahme sprechen, aber die Anzahl der deutsch schreibenden AutorInnen, die mittels Übersetzung ein größeres amerikanisches Publikum erreichen, ist ohnehin sehr klein.

Besonders hervorzuheben sind die persönlichen Verbindungen, die sich während mehrerer Aufenthalte Elisabeth Reicharts über zwanzig Jahre lang entwickelt haben. Im Herbst 1994 war Reichart mit der Unterstützung der Max-Kade-Stiftung als Writer in Residence am Allegheny College in Pennsylvania. Gastgeberin war Linda DeMeritt, die seither neun Artikel über Reicharts Werk und die oben genannten Übersetzungen und deren Einführung veröffentlichte und somit die führende nordamerikanische Reichart-Forscherin ist. DeMeritt und ihr Kollege am Allegheny College, Peter Ensberg, organisierten im Herbst 1994 ein Symposium für zeitgenössische österreichische Literatur, bei dem Reichart las, und veröffentlichten 1996 ein Interview mit ihr in *Modern Austrian Literature*.

Auf diesem Symposium lernten meine Kollegin Christina Guenther und ich die Autorin kennen, und wir luden sie ein, im nächsten Jahr gleichfalls als Max Kade Writer in Residence an die Bowling Green State University in Ohio zu kommen. Im Wintersemester 1995 hielt sie Seminare zur zeitgenössischen deutschsprachigen Literatur und zum eigenen Werk für unsere fortgeschrittenen Studierenden.

Im Herbst 2001 organisierte Margarete Lamb-Faffelberger am Lafayette College in Pennsylvania eine Konferenz der Modern Austrian Literature and Culture Association, auf der drei österreichische AutorInnen auftraten: Gerhard Kofler, Evelyn Schlag und Elisabeth Reichart. Im folgenden Sommersemester trat Reichart wiederum einen

Aufenthalt als Max Kade Writer in Residence am Dickinson College in Pennsylvania an, betreut von Gisele Roethke. Jennifer Michaels lud Elisabeth Reichart 2005 als Writer in Residence nach Grinnell College in Iowa ein. Im Herbst 2007 verbrachte sie wieder drei Monate an der Bowling Green State University.

Vor allem im Rahmen dieser Gastaufenthalte fanden Lesungen von Elisabeth Reichart statt, nicht nur an den Gastinstitutionen. Die Auftritte am Lafayette College (2001) und an der University of Pennsylvania (2002) wurden bereits erwähnt. Im September 1996 las Reichart an der Acadia University in Nova Scotia, Kanada, aus dem Monolog *Sakkorausch*, und bei derselben Veranstaltung hielt Karl Müller (Universität Salzburg) einen Vortrag über „Elisabeth Reichart und die zeitgenössische österreichische Literatur". Im Herbst 2007, während des Aufenthaltes in Bowling Green, wurde sie von der University of Illinois at Chicago, dem österreichischen Generalkonsulat und dem Goethe-Institut Chicago zu einer Lesung nach Chicago eingeladen. Sie hielt auch am Bates College in Maine eine Lesung und besuchte ein Seminar an der University of Michigan-Dearborn.

Seit rund fünfundzwanzig Jahren genießen also nicht nur die Werke Elisabeth Reicharts das Interesse der VertreterInnen von Austrian Studies in Nordamerika, sondern die Autorin selbst ist durch ihre zahlreichen Gastbesuche und Auftritte bei diesen KollegInnen – und bei vielen Studierenden – persönlich bekannt. Angesichts ihrer beeindruckenden literarischen Produktivität wird das wahrscheinlich weiterhin so bleiben.

LITERATURVERZEICHNIS 1991–2012

Maria-Regina Kecht: Faschistische Familienidyllen-Schatten der Vergangenheit in Henisch, Schwaiger und Reichart. In: *Austrian Writers and the Anschluss: Understanding the Past-Overcoming the Past.* Hg. Donald G Daviau. Riverside: Ariadne 1991, S. 313–337.

Jürgen Koppensteiner: Zwischen Anpassung und Widerstand: Bemerkungen zu zeitkritischen Prosawerken von Peter Henisch, Elisabeth Reichart und Gerald Szyszkowitz. In: *Modern Austrian Literature* 25 (1991), S. 41–59.

Maria-Regina Kecht: Resisting Silence: Brigitte Schwaiger and Elisabeth Reichart. Attempt to Confront the Past. In: *Gender, Patriarchy, and Fascism in the Third Reich: The Response of Women Writers.* Hg. Elaine Martin. Detroit: Wayne State Univ. Press 1993, S. 244–273.

Linda DeMeritt: The Language of Love and War: Elisabeth Reichart's *Fotze*. In: *Script* 8 (1995), S. 36–38.

Linda DeMeritt: In Search of a Personal Voice: Elisabeth Reichart. In: *Austria Kultur* 5 (1995), S. 12–13.

Linda DeMeritt u. Peter Ensberg: ‚Für mich ist die Sprache eigentlich ein Schatz': Interview mit Elisabeth Reichart. In: *Modern Austrian Literature* 29 (1996), S. 1–22.

Jennifer E. Michaels: Breaking the Silence: Elisabeth Reichart's Protest Against the Denial of the Nazi Past in Austria. In: *German Studies Review* 19 (1996), S. 9–27.

Linda DeMeritt: The Possibilities and Limitations of Language: Elisabeth Reichart's *Fotze*. In: *Out From the Shadows*. Hg. Margarete Lamb-Faffelberger. Riverside: Ariadne 1997, S. 128–142.

Linda C. DeMeritt: Representations of History: The Mühlviertler Hasenjagd as Word and Image. In: *Modern Austrian Literature* 32 (1999), S. 134–45.

Nancy C. Erickson: Writing the I/Eye: Women's Narratives in Works by Anna Mitgutsch, Elisabeth Reichart, and Renate Welsh. In: *Modern Austrian Literature* 32 (1999), S. 90–110.

Linda DeMeritt: Lebkuchenherz and Cultural Identity: Elisabeth Reichart's Nachtmär. In: *Modern Austrian Literature* 32 (1999), S. 85–99.

Linda DeMeritt: Die Kunst des Erinnerns: Elisabeth Reicharts *Das vergessene Lächeln der Amaterasu*. In: *Script* 17 (1999), S. 17–23.

Linda C. DeMeritt: The War between the Sexes: Gender Relations in the Works of Elisabeth Reichart. In: *After Postmodernism*. Hg. Willy Riemer. Riverside: Ariadne 2000, S. 283–297.

Jacqueline Vansant: „Die Orte müssten Trauer tragen": mapping the past in Elisabeth Reichart's *Komm über den See* (1988). In: *Towards the millennium: interpreting the Austrian novel 1971–1996*. Hg. Gerald Chapple. Tübingen: Stauffenburg 2000, S. 185–201.

Elizabeth Snyder Hook: Re-experiencing the Horror: Elisabeth Reichart's *Februarschatten*. In: *Family Secrets and the Contemporary German Novel*. Rochester: Camden House 2001, S. 135–56.

Laura Ovenden: Body, Voice and Text in Elisabeth Reichart's Dramatic Monologue *Sakkorausch*. In: *Postwar Austrian Theater: Text and Performance*. Hg. L. C. DeMeritt u. M. Lamb-Faffelberger. Riverside: Ariadne 2002, S. 236–256.

Julia Neissl: Violent (Male) Language in Austrian Women Writer's Discourse on Sexuality: Examples in Elisabeth Reichart, Elfriede Jelinek and Elfriede Czurda. In: *Repensando la violencia y el patriarcado frente al nuevo milenio/Rethinking Violence and Patriarchy for the New Millenium*. Hg. F. de Diego u. A. Schwartz. Ottawa: University of Ottawa Press 2002, S. 63–73.

Audrone B. Willeke: Healing the Split Self: Women's Incest Narratives in Postwar German Literature. In: *Repensando la violencia y el patriarcado frente al nuevo milenio/Rethinking Violence and Patriarchy for the New Millenium*. Hg. F. de Diego u. A. Schwartz. Ottawa: University of Ottawa Press 2002, S. 75–85.

Maria-Regina Kecht: „Wo ist Mauthausen?": Weibliche Erinnerungsräume bei Elisabeth Reichart. In: *Modern Austrian Literature* 35 (2002), S. 63–86.

Kirsten Krick-Aigner: Teaching the Intersections of Self and Society Through Austrian Literature: Erich Hackl's *Abschied von Sidonie* and Elisabeth Reichart's *Februarschatten*. In: *Teaching Austria* 2 (2006), S. 70–88.

Linda C. DeMeritt: „Elisabeth Reichart". In: *The Literary Encyclopedia*. 2007

Felix W. Tweraser: Elisabeth Reichart's *Komm über den See*: Upper Austria and the Excavation of Its History. In: *Beyond Vienna: Contemporary Literature from the Austrian Provinces*. Hg. Todd C. Hanlin. Riverside: Ariadne 2008, S. 209–229.

Helga Schreckenberger: Suffering from Austria: Social Criticism in Prose Fiction of the Seventies and Eighties. In: Übers. Karin Barton. In: *Shadows of the Past: Austrian Literature of the Twentieth Century*. Hg. H. Schulte u. G. Chapple u. K. Zeyringer. New York: Peter Lang 2009, S. 107–124.

Karl Müller: Visual Understanding: Observations on Elisabeth Reichart's Prose. Übers. S. Rehm. In: *Shadows of the Past: Austrian Literature of the Twentieth Century*. Hg. H. Schulte u. G. Chapple u. K. Zeyringer. New York: Peter Lang 2009, S. 217–228.

Kirsten Krick-Aigner: Speaking Her Mind or Out of Her Mind? The Older Woman in Postwar Austrian Novels by Ilse Aichinger, Elisabeth Reichart, Eva Anna Welles, and Johanna Nowak. In: *Unredeemed past : themes of war and womanhood in the works of post-World War II Austrian women writers*. Riverside: Ariadne 2011, S. 83–111.

Felix W. Tweraser: Elisabeth Reichart's *Februarschatten*: The Mühlviertler Hasenjagd and the Language of Repression and Denial. In: *Modern Austrian Prose, Volume II: Interpretations and Insights*. Hg. P. Dvorak. Riverside: Ariadne 2012, S. 10–2.

Linda C. DeMeritt

Übersetzung als Akt des Übersetzens in eine andere Landschaft

In Elisabeth Reicharts Erzählung *Komm über den See* (1988) entscheidet sich die Hauptfigur, Ruth Berger, dass sie nach neunzehn Jahren als sehr erfolgreiche Simultandolmetscherin Lehrerin wird. Diese Entscheidung trifft sie nicht so sehr durch rationales Nachdenken, sondern weil sie seit langem unter schmerzhaften und nicht heilbaren Entzündungen im Mund leidet. Ruth muss ihren bisherigen Beruf aufgeben, weil sie ihr ganzes Leben lang nur die Worte von anderen gesprochen hat. Sie ist sprachbegabt, aber sie hat keine eigene Sprache; sie kann über jedes Thema sprechen, aber sie hat nichts zu sagen: „das Sprachwunder, Wunderkind, so ein Gedächtnis, so eine Sprachbegabung ... für alle Sprachen begabt, außer für die eigene!"[1]

Der neue Beruf bedeutet für Ruth gleichzeitig den Anfang einer Reise in eine persönliche und historische Vergangenheit, die zum Schweigen gebracht wurde: die Mitschuld der Österreicher an den Naziverbrechen des Zweiten Weltkriegs. Der Titel des Buchs, die Bitte über den See zu kommen, suggeriert einen Aufbruch in eine andere Landschaft oder ein Übersetzen in eine andere Sprache – eine Sprache der Identität und der Geschichte. Die Tiefe des Sees enthält die Stimmen der zum Schweigen Gebrachten und erregt Gefühle der Angst und Unsicherheit. Aber der See drückt auch eine Sehnsucht nach einer Selbstentdeckung aus und beinhaltet einen möglichen Widerstand gegen eine von außen bestimmte Sprache und Geschichte. Am Ende der Erzählung beginnt Ruth die Geschichte neu zu schreiben und macht sie dadurch zur eigenen.

Ruths Aufbrechen in ihre eigene Sprache und Selbstsuche wiederholt sich beim Lesen und noch mehr beim Übersetzen. Reicharts poetische Sprache zieht mich, als Übersetzerin, auch über den See in eine andere Landschaft. Durch Reicharts Text spüre ich ebenfalls eine Sehnsucht nach etwas mehr als nur dem Alltäglichen und Oberflächlichen, besonders jetzt, nach zehn Jahren als Verwalterin an einer Universität. Beim Übersetzen ihrer Texte werde ich konfrontiert mit anderen Welten, die nicht immer klar umrissen sind. Ihre Sprache verlangt von mir aktive Beteiligung und hinterlässt mich mit Fragen, Unsicherheit, Widersprüchen und Ambiguität. Und vor allem treffe ich immer erstaunliche Frauen, die den Mut und die Kraft besitzen, den Gesellschaftsnormen Trotz zu bieten, die von außen bestimmten Einschränkungen in Frage zu stellen und aufzubrechen, um ihren eigenen Weg „über den See" zu finden.

DIE ÜBERSETZUNG VON *LA VALSE. ERZÄHLUNGEN*

Die Erzählungen in *La Valse* (1992) beschreiben die einschränkenden und bedrückenden Gesellschaftsstrukturen, die das Individuum zum Schweigen bringen und schließlich in Gewaltakten ausbrechen. Die meisten Hauptfiguren können den Strukturen der Gesellschaft nicht entkommen, die auf einer unerkannten und verschwiegenen Vergangenheit basieren. Der Faschismus wirkt in der Gegenwart durch extremen Patriarchalismus und streng erzwungenen Gehorsam fort.

Die Schwierigkeiten mit der Sprache werden in allen Texten des Bandes thematisiert. Beispielsweise muss die Erzählerin in „Wie fern ist Mauthausen?" ihren Job als Führerin durch das Konzentrationslager Mauthausen aufgeben, weil sie ihre Sätze nicht mehr schockieren, sondern gewöhnlich geworden sind: „Ich habe Angst vor den fertigen Sätzen. Vor den alten Sätzen. Ich habe Angst, daß die Erfahrung sich nicht verändert hat in der Zeit des Vergessens."[2] In „Verlassene Schwestern" sprechen die zwei Schwestern Barbara und Clara nie darüber, dass die Entscheidung ihres Vaters, unbedingt und trotz Lebensgefahr einen Jungen zu haben, ihre Mutter getötet hat. Die Schwestern scheinen untrennbar zu sein, bis Barbara eines Tages einen Satz findet: „Ich werde Clara verlassen."[3] Dieser Satz spielt eine konkrete Rolle in der Geschichte. Zuerst wehrt sich Barbara gegen den Satz, dann akzeptiert sie ihn und sagt ihn ihrer Schwester, die Barbara aber erschießt, damit der Satz nicht wahr wird. Und in der Erzählung „Wie nah ist Mauthausen?" kehren die Erzählerin und ihre Freundin, Widerstandskämpferinnen im Zweiten Weltkrieg, nach Hause zurück, wo sie aber noch einmal ausgestoßen werden von einer Gesellschaft, die an die Vergangenheit nicht erinnert werden will. Diese zwei Frauen versuchen ein neues Leben aufzubauen wortwörtlich durch die Sprache, als sie ein englisches Wörterbuch kaufen und jeden Tag neue Wörter zu einander sprechen.

Diese Beispiele zeigen die Doppeldeutigkeit der Sprache, wie sie einerseits das Vergessen der Vergangenheit unterstützt, andererseits diese Vergangenheit hervorruft, und wie sie einerseits als Stütze der Gesellschaft funktioniert, andererseits dieser Struktur widersteht. Reicharts Figuren thematisieren eine Sprache der fertigen Sätze, aber gleichzeitig zeigt die Autorin eine andere Sprache, die zumindest theoretisch dem Individuum einen Ausweg aus diesen Strukturen anbietet. Dieses Selbstbewusstsein und das Reflektieren in der Sprache über die Sprache bricht die angenommene Natürlichkeit.

Reichart benutzt verschiedene Mittel, die Sprache zu brechen und dem Leser zu entfremden. Sie ruft bestimmte Erwartungen hervor, die dann wieder negiert werden. Zum Beispiel: Der Titel der ersten Erzählung „Der Sonntagsbraten" beschwört ein Gefühl der Gemütlichkeit und vielleicht sogar der Familienharmonie herauf, bis man über die brutale Behandlung der Kinder und Frauen von den nach dem Krieg heimgekehrten Männern liest. Ähnlich denkt der Leser beim Titel „La Valse" zuerst an einen Walzer, „den Tanz der Österreicher". Aber dieses Bild des Glücks wird zerstört, sobald man herausfindet, dass der Vater seine Tochter immer Walzer tanzen lässt, bevor er sie vergewaltigt. Manchmal bricht Reichart die Natürlichkeit auf durch einen Widerspruch zwischen dem Inhalt und der Form. So kann eine traditionell chronologisch erzählte Geschichte einen extrem unlogischen oder grotesken Inhalt beschreiben. In der Erzählung „Unter dem zuckenden Flügel der Taube ..." folgt der Leser mit Leichtigkeit einer Geschichte, die durch eine klare Sequenz der Geschehnisse und durch eine sachliche Sprache scheinbar logisch ist, außer der Tatsache, dass die sich so schön entfaltende Liebesgeschichte zwischen einem Mann und einer Taube stattfindet.

Als Übersetzerin werde ich herausgefordert, eine ähnlich „unnatürliche" Sprache zu erfinden, ohne den Text unlesbar zu machen. Manchmal ist das relativ leicht, wie bei den Beispielen oben, wo die Unnatürlichkeit durch unerwartete Widersprüche geschaffen wird oder durch das Reflektieren über die Sprache. Schwieriger sind jene Textstellen, wo der Rhythmus, die Alliteration und die Wiederholung der Wörter dominieren. Solche Stellen verlangen ein genaues Lesen des Textes in Verbindung mit der Bereitschaft, die eigene Sprache zum selben Zweck zu benutzen. So schreibt in „La Valse" die auf einen Freund wartende Erzählerin alle Worte auf, die mit Geräuschen zu tun haben. Beim Übersetzen ist es wichtig, dass der Ton der Worte die Sequenz bestimmt, wie im Originaltext. Gleichzeitig muss ich erkennen, dass nur ein Wort („schlagen") dreimal vorkommt und nur eins („schreien") zweimal. Das ist kein Zufall, denn diese Worte deuten sowohl auf die Brutalität des Freundes voraus, nachdem er endlich ankommt, als auch auf die Vergewaltigungen durch den Vater.

Am schwierigsten sind Passagen des inneren Monologs oder „stream of consciousness", wo es Gedankenfragmente, Logiksprünge und unerklärte Anspielungen gibt. Beispiele findet man vor allem in den Erzählungen „La Valse" und „Wie nah ist Mauthausen?". Schwirig sind solche Passagen deshalb, weil ich beim Übersetzen aus den vielen Hinweisen und Anspielungen versuchen muss, deren Bedeutung zu klären, aber auch die Offenheit beizubehalten. In „La Valse" gibt es verschiedene Sprechweisen aus der Bibel, dem Märchen und medizinischen Jargon ohne Erklärung oder Zusammenhang. Aus diesem Durcheinander von verschiedenen Anspielungen und Wiederholungen muss der Leser allmählich einen Sinn entdecken. So ist es mit dem Thema Vergewaltigung: Die Schwester wurde vergewaltigt, die Mutter und die Erzählerin wurden vom Vater vergewaltigt und dann die Erzählerin vom angeblichen Freund, die Töchter wurden von Lot vergewaltigt, und sogar das einzelne Loch in den Reihen von Büchern muss gefüllt werden, wie das Loch einer Frau gefüllt werden muss.

Die für den Leser und die Übersetzerin schwierigste Stelle findet man am Anfang der Erzählung „Wie nah ist Mauthausen?". Eva, die Erzählerin, befindet sich in Haft im Kaplanhof, einem Lager für Frauen. Die Erzählperspektive ist gebrochen und es wird manchmal aus der ersten und manchmal aus der dritten Person erzählt. Manchmal gibt es überhaupt kein Subjekt, sondern nur eine Infinitivphrase, was dazu dient, die Bestimmtheit von Zeit und Person zu suspendieren. Oft wird eine Person vage mit „du" angeredet, die entweder die Erzählerin oder die Leserin-Übersetzerin sein könnte. Sowohl der einen wie auch der anderen wird befohlen, etwas zu sehen oder zu fühlen, etwas zu tun und einen Zusammenhang aus den Ereignissen und verschiedenen Stimmen zu erkennen.

„Ein Wort entlässt das Sehen: Feuer! Tausend Jahre. Tausend Feuer. In der Angst verschwindet dieses Wissen. Der süchtige Körper, er hat all Erfahrungen gespeichert, er rettet dich. Körper sein. Ein Körper werden. Alle Frauen ein Körper."[4]

„A word sets your eyes free: Fire! Thousands of years. Thousands of fires. In your fear this knowledge disappears. Your body, hungry to survive. It saved all experiences. It will save you. To be body. To become a body. All women one body."[5]

Diese den Krieg und das Lager beschreibenden Sätze sind unvollständig und nicht „fertig". Ihre Nacktheit vermittelt dem Leser die Angst und Verzweiflung der Frauen und zieht ihn in den Text hinein.

DIE ÜBERSETZUNG VON SAKKORAUSCH. EIN MONOLOG

Elisabeth Reicharts erstes Theaterstück, *Sakkorausch*, uraufgeführt 1994 bei den Wiener Festwochen, dramatisiert die Kämpfe einer Frau, die sich weigerte, still zu bleiben, die weiter schrieb, selbst nachdem sie in die Irrenanstalt eingeliefert wurde. Die Hauptfigur basiert auf der historischen Helene von Druskowitz, ein weibliches Wunderkind, geboren 1856. Ihre Biografie beginnt vielversprechend, wird jedoch zum Alptraum. Mit fünfunddreißig Jahren hatte Druskowitz mindestens elf Werke veröffentlicht, sowohl literaturkritische Werke wie auch belletristische, aber keines ihrer Stücke wurde je aufgeführt und nie wurde sie als literarische Kritikerin anerkannt. Statt solcher Anerkennung wurde sie in die Irrenanstalt Mauer-Oehling eingeliefert, wo sie bis zu ihrem Tod siebenundzwanzig Jahre später blieb. Reicharts Monolog verleiht Druskowitz, deren Theaterstücke von niemandem gehört wurden, eine Stimme. Das Stück sucht die Psyche einer sensiblen und schöpferischen Frau zu artikulieren, die den Erwartungen des Patriarchats ausgesetzt war. Es zeigt nicht nur, wie die Gesellschaft sie zähmen will, sondern auch ihren unbezähmbaren Geist und ihre Rebellion gegen das literarische Establishment. Reichart nennt Druskowitz ihre „Lieblingswiderstandskämpferin". Der Monolog repräsentiert Widerstand gegen eine „Normalität", die absolut irrsinnig ist – die angebliche Normalität des Krieges, demgegenüber die Gedanken und Stimme von Druskowitz die einzig wirklich vernünftigen sind.

Reicharts Monolog ist ein poetisches Meisterwerk. Der Text ist durch eine formale Komplexität und Metaphorik gekennzeichnet, die sowohl den Leser als auch mich als Übersetzerin herausfordern. Schon beim Titel beginnen die Schwierigkeiten; wie übersetzt man „Sakkorausch"? Auf Deutsch bedeutet „Sakko" ein Herrenjackett, vielleicht ein Hinweis auf eine Karriere als Schriftsteller, die für die Zeit nicht typisch weiblich war. Und „Rausch" bedeutet auf Englisch „rush", vielleicht weil Druskowitz beim Schreiben oft Tee mit Alkohol getrunken hat oder weil ihre Gedanken und Wörter manchmal heraussprudeln, ohne auf traditionelle Sprachkonventionen achtzugeben. Auf Englisch gibt es einfach kein entsprechendes Wort, eine andere Lösung muss gefunden werden. Da Druskowitz „Sakkorausch" als Pseudonym benutzte, kann man ein anderes von ihren zahllosen Pseudonymen als Titel benutzen, nämlich „Foreign". *Foreign* hat auch den Vorteil, dass dieses Wort gut auf Druskowitz bezogen werden kann, die von der Gesellschaft als fremd und unnormal betrachtet wurde und wird.

Einmal sagt Druskowitz: „Ihr kostet mich zwar das Leben, aber nicht den Geist"[6], und der Inhalt des Monologs ist auch nicht ihre Biografie, sondern ihr Denken – mit Fragen, Löchern, Sprüngen, Widersprüchen und sehr viel Phantasie. „Gedichte" wechseln mit kurzen bruchstückhaften Sätzen und langen ununterbrochenen Wortergüssen (gegen die Männer oder den Krieg) oder Gedankenströmen (über das Schicksal der Frauen). Ohne Warnung fließt die Erzählzeit von der Gegenwart in die Vergangenheit und dann wieder zurück in die Gegenwart oder sogar in die Zukunft. Beim Übersetzen muss man auf die Wortspiele, die Alliterationen und den Rhythmus achtgeben und manchmal ganz andere Wörter und Sätze benutzen, um die gleiche Wirkung auf den Leser zu erreichen.

Ähnlich springt die Erzählung von einem konkreten Ereignis in die Gedanken von Druskowitz und wieder zurück in die äußere Realität. Oft werden solche Sprünge verursacht durch Hinweise, die immer weiter weg von dem ursprünglichen Wort oder Gedanken führen. Die Verbindung weiß nur Druskowitz, und sie behält sie für sich, ohne eine omnipotente Erzählerin, die kontrolliert oder ordnet. Der Leser muss selber die Verbindungen herstellen, die Chronologie, und die Bedeutungen der Metaphorik verknüpfen. Zwei der wichtigsten Metaphern sind der Krieg (sowohl zwischen Mann und Frau als auch der Erste Weltkrieg) und die verschwundene Tasche, die die Schriften der Erzählerin enthält. Die Erzählerin erwähnt im Text Krieg und Tasche immer wieder, normalerweise zusammen, aber sie erklärt weder deren Bedeutung noch die Verbindung und erzählt deren Geschichten nie vom Anfang bis zum Ende.

Reichart weigert sich, aus Druskowitz ein Objekt zu machen, und erlaubt ihr stattdessen für sich selbst zu sprechen. Die historische Druskowitz wird sogar als Mitautorin des Monologs bezeichnet und Reichart fügt ihrem Text nicht markierte Zitate ein, die dem bisher einzigen zugänglichen Werk aus der Zeit in Mauer-Oehling entstammen, *Der Mann als logische und sittliche Unmöglichkeit und als Fluch der Welt. Pessimistische Kardinalsätze*. Druskowitz spricht sogar mit ihren Schriften und lehnt ihren früheren optimistischen Glauben an die Möglichkeit einer perfekten Menschheit vehement ab. Konfrontiert mit dem unmittelbar drohenden Krieg, spürt sie nur Abscheu und Ekel gegenüber ihren Gedanken von früher. Der Leser kann nur schwer zwischen den unmarkierten Zitaten und Reicharts Text unterscheiden, so schwer, dass mein Herausgeber mich überzeugte, die Anführungszeichen in die Übersetzung einzubeziehen, damit der Text einem amerikanischen Leser verständlicher wird.

Reichart schließt auch die Stimmen von anderen Frauen in ihren Text ein, vor allem die Stimme der Dichterin Elizabeth Barrett Browning, zu der Druskowitz im Monolog spricht und die als Veräußerung von Druskowitz selbst dient. Am Anfang und Ende des Monologs nennt Druskowitz Elizabeth „Königin", einen Namen, auf den sie für sich besteht, und die Tasche, die Druskowitz immer sucht, enthält die Schriften von Elizabeth. Die erste Strophe von Elizabeth Barrett Brownings Gedicht „My Doves" wird am Anfang des Monologs zurückgerufen, und Druskowitz erinnert sich an drei Strophen gegen Ende des Monologs. Dadurch, dass Druskowitz den poetischen Teil von sich veräußert, kann sie gleichzeitig weiter Widerstand leisten, trotz der Tatsache, dass eine männliche Gesellschaft sie geschlagen und belästigt hat. Am Anfang des Monologs sagt Druskowitz Elizabeth, dass sie nicht mit den Vögeln wegfliegen kann, aber ganz am Ende bittet sie Elizabeth, genau das zu tun: „Mein mangelnder Glaube hat sie hier festgehalten. Ich halte dich nicht länger, FLIEG!, Königin, FLIEG!"[7] Die Großschreibung vom letzten Wort betont die Möglichkeit einer von der Unterdrückung befreiten Welt und bewahrt die Hoffnung auf einen Frieden, der eines Tages auch die Stimme von Frauen willkommen heißen wird.

NACHGEDANKEN DER ÜBERSETZERIN

Reicharts poetische Sprache, die die Erwartungen des Lesers immer wieder bricht, ist nicht leicht zu übersetzen und wahrscheinlich ein Hauptgrund, weshalb es bis jetzt nur drei Übersetzungen von Reicharts Werken ins Englische gibt: *Februarschatten*, *La Valse* und *Sakkorausch*, die letzten zwei von mir. Mein erster Versuch einer Übersetzung war eine der Erzählungen aus *La Valse*; Reichart war ein Semester lang Max Kade Writer in Residence an meiner Universität und wollte für eine Lesung mindestens eine Erzählung auf Englisch lesen. In den folgenden Jahren habe ich andere Erzählungen übersetzt, da ich sie in einem Literaturkurs mit dem Titel „Literary Responses to the Holocaust" auf Englisch benutzen wollte. In diesem Kurs habe ich oft die englische Übersetzung von *Februarschatten* benutzt. Ich verbrachte auch viel Zeit in Wien, wo ich im Literaturarchiv an den Übersetzungen von *La Valse* und dann an *Sakkorausch* arbeitete.

Beim Übersetzen muss man nicht nur mit dem Primärtext vertraut sein, sondern auch mit der Sekundärliteratur zum spezifischen Text. Es verlangt von der Übersetzerin, dass sie sich sowohl mit dem ganzen Œuvre der Autorin gut auskennt als auch mit der Bedeutung des zu übersetzenden Werkes für die literarische Entwicklung der Autorin. Schließlich muss die Übersetzerin die theoretischen Texte der Autorin studieren, besonders diejenigen zur Literatur, um die Komplexität zu verstehen, damit sie beibehalten werden kann. Insofern muss die Übersetzerin gleichzeitig Literaturkritikerin sein.

Wenn ich übersetze, beginne ich damit, dass ich Satz für Satz durch den Text gehe und die entsprechenden Wörter oder Sätze aufschreibe. Manchmal weiß ich sofort, dass ich das richtige Wort gefunden habe, aber viel öfter bleibe ich unsicher und weiß nur, dass ich noch suchen muss. In solchen Fällen benutze ich ein Wörterbuch oder einen Thesaurus, um die Wahlmöglichkeiten zusammenzustellen, was zu langen Listen führen kann. Alles, was mich unsicher macht oder womit ich noch nicht zufrieden bin, lasse ich in diesen Listen offen. Nachdem ich einmal so durch den Text hindurchgehe, beginne ich ein zweites Mal den Text durchzulesen und treffe dabei so viele Entscheidungen wie möglich. Manche Möglichkeiten kann ich sofort streichen; andere bleiben noch. Jedes Mal, wenn ich durch den Text gehe, wird die Übersetzung genauer. Sie klingt immer mehr englisch, da ich mich langsam, aber sicher vom ursprünglichen Text befreien kann. Das Übersetzen ist kein mechanischer Prozess, sondern ein hoch kreativer Akt, wobei die Übersetzerin viel deuten und auslegen muss.

In mancher Hinsicht ist das Übersetzen ein andauerndes Gespräch mit der Autorin, wenn dieses Gespräch auch meist unausgesprochen bleibt. Ich „spreche" mit ihr durch den ganzen Prozess hindurch. Ich frage mich, was sie sagen will, ob ich einen bestimmten Teil des Textes wirklich verstehe oder wie ich die Doppeldeutigkeit an einer bestimmten Stelle ausdrücken kann. Ab und zu kann ich mich zwischen verschiedenen Möglichkeiten nicht entscheiden und möchte Reichart fragen, welche ihrer Meinung nach besser passt. Wenn ich genau das getan habe, war die Autorin mit ihrer Zeit immer sehr großzügig, obwohl sie auch hin und wieder auf meine Fragen erwiderte, dass ich die Literaturkritikerin sei: „Was glaubst du, wie ich das gemeint habe?"

Gegen Ende des Prozesses bitte ich jemanden, die Übersetzung für mich durchzulesen. Dieser Leser muss Englisch als Muttersprache kennen, er muss die Literatur auch verstehen und schätzen, selber gut schreiben und eine Empfindsamkeit der Sprache gegenüber haben. Normalerweise ist dieser Leser mein Mann, ein pensionierter Englischprofessor, der solche Übersetzungen gern liest und es genießt, meine

Entscheidungen in Frage zu stellen und andere Möglichkeiten zu erfinden und zu diskutieren. Am wichtigsten ist die Tatsache, dass er kein Deutsch kann und daher sofort weiß, ob meine Übersetzung zu wortwörtlich oder nicht idiomatisch ist.

Beim Wiederlesen der Texte von Elisabeth Reichart in den letzten Wochen bewundere ich wieder ihre Meisterhaftigkeit. So komplex und metaphernreich sind diese Werke, dass man vielleicht nur durch den langsamen und sorgfältigen Akt des Übersetzens anfangen kann, ihre Bilder, Wortspiele und Hinweise zu begreifen. Heute wie damals bin ich über die Kraft der Sprache verwundert, eine Kraft, die mich „über den See" in eine andere Landschaft oder Lebensmöglichkeit transportiert. Durch ihre poetische Sprache fordert Reichart mich heraus, ihr auf eine Reise in eine andere Lebensmöglichkeit zu folgen, wo wir „den fertigen Sätzen" der Gesellschaft Widerstand leisten und vielleicht eine eigene Stimme und eine persönliche Geschichte erfinden können.

---

1 Elisabeth Reichart: *Komm über den See*. Erzählung. Frankfurt a. Main: S. Fischer 1988, S. 43.
2 Elisabeth Reichart: Wie nah ist Mauthausen? In: Dies.: *La Valse. Erzählungen*. Salzburg/Wien: Otto Müller 1992, S. 117–151, S. 154.
3 Elisabeth Reichart: Verlassene Schwestern. In: Dies.: *La Valse*, ebd., S. 45–57, S. 49.
4 Reichart, Mauthausen, S. 117.
5 Elisabeth Reichart: *La Valse & Foreign*. Ü: Linda DeMeritt. New York: State University of New York (SUNY) 2001, S. 71.
6 Elisabeth Reichart: *Sakkorausch. Ein Monolog*. Salzburg/Wien: Otto Müller 1994, S. 21.
7 Ebd. S. 66.

Zalina A. Mardanova

Translatorische Herausforderung des Romans *Februarschatten* von Elisabeth Reichart

Der Roman *Februarschatten*, mit dem Elisabeth Reichart 1984 ihren literarischen Durchbruch feierte, erschien 2012 in der bekannten Buchreihe *Österreichische Bibliothek in St. Petersburg* im Symposium Verlag, der auf die Herausgabe anspruchsvoller Prosa spezialisiert ist; der Schwerpunkt liegt dabei auf internationaler Literatur der Gegenwart (zu den übersetzten Autoren gehören unter anderem Elfriede Jelinek, Peter Høeg, Umberto Eco, um nur einige zu nennen).

Die Buchreihe stellt ein besonders ambitioniertes Projekt der 1993 in St. Petersburg eröffneten Österreich-Bibliothek dar. Nach Alexander W. Belobratow, dem langjährigen Leiter der Österreich-Bibliothek in St. Petersburg und dem Herausgeber der Reihe, wird hier der Versuch unternommen, das ganze Spektrum österreichischer Erzählliteratur zu erfassen. In den vergangenen zwanzig Jahren haben sich die bereits vierundzwanzig Bände zu einem Reiseführer für diejenigen russischen Leser entwickelt, die auf der Suche nach neuen Literaturlandschaften sind. Auch im universitären Bereich kann sie für Germanistikstudierende und -lehrende eine Orientierungshilfe in der deutschsprachigen Gegenwartsliteratur bieten, eine Art von Lektürekanon, da die Buchreihe kein marktorientiertes Unternehmen, sondern ein philologisches Projekt ist, das sich durch Interesse an Literatur als Kunst- und Kulturgut auszeichnet.

Meine erste Auseinandersetzung mit dem Roman von Elisabeth Reichart war noch nicht mit der Absicht einer Übersetzung verbunden. Eher zufällig auf das Buch gestoßen und tief von der Lektüre beeindruckt, kehrte ich immer wieder zu Reicharts Geschichte zurück, um jedes Mal etwas ganz anderes herauszulesen. Aus diesen verschiedenen Lesarten entwickelte sich allmählich jenes Gesamtbild vom Originaltext, das später die Übersetzungsstrategie maßgeblich prägte.

Die erste Lesart war die einer naiven Leserin, wenn auch mit philologischem Hintergrund, die sich vom Buch angesprochen fühlte und auf Grund eigener Erfahrungen und Betroffenheiten bestimmte Themenkomplexe als wesentlich erachtete. In den 1990er Jahren, als in Russland nach der Perestroika-Zeit einerseits durch die Aufdeckung der schockierenden Ereignisse aus der jüngsten Vergangenheit die Bewältigungsarbeit der eigenen Geschichte ausgelöst wurde, andererseits aber erste Signale für das „Einfrieren" von schmerzhaften Erinnerungen deutlich sichtbar wurden, las ich Reicharts Roman als eine Geschichte des Spätschadens, der zerstörerischen Nachwirkung eines jahrelangen Schweigens und einer ebenso beharrlichen Erinnerungsverdrängung des Traumas eines kollektiven Verbrechens und einer individueller Schuld der Mittäterschaft. Die Geschichte von Reicharts Protagonistin Hilde, die als Opfer par exellence hervortreten könnte, schien mir eine deutliche Warnung zu sein: Was kann mit einem kleinen Mädchen geschehen, wenn es sich in seiner Wahl zwischen dem geliebten Bruder („Hannes, de[r] *einzige* Bruder unter allen Brüdern"[1]) und der Großmacht Deutschland für Letztere entscheidet: „Deutschland oder Hannes. / Deutschland oder Hannes. / *Die Wärme* von Hannes. Oder die *Wärme* von Deutschland. / Beim Nachhausegehen entschied sie sich für Deutschland."[2] Und was kann mit einem einzelnen Menschen geschehen, wenn er als Lebens- und Überlebensstrategie das Prinzip Schweigen wählt. Er wird zu jener Existenz verurteilt, die sich am anschaulichsten (bzw. in ihrer hässlichsten Form) in der besonders von Elfriede Jelinek geprägten Metapher des „Vampirs" ausdrückt: nicht lebend und nicht tot sein, umringt von Gespenstern der Vergangenheit.

„Schweigen" als Schlüsselwort, ein Dorf, dessen Bewohner in ein Kollektivverbrechen in der NS-Zeit verwickelt sind, erfolglose Bemühungen, Vergangenheitsgespenster (‚Februarschatten') zu verdrängen – diese textinternen Signale verweisen auf die

Verbindung von Elisabeth Reicharts Roman *Februarschatten* zur Anti-Heimatliteratur in der Nachfolge etwa von Hans Leberts *Die Wolfshaut* (1960). In einer philologischen, genauer, einer literaturhistorischen Lesart, wird das Werk im Kontext anderer Texte interpretiert. Diese Verflechtung von jeweiligen Zusammenhängen ist zwar ein Konstrukt des Interpreten, beruht aber auf entsprechenden Merkmalen und Eigenschaften des literarischen Werks. Betrachtet man den Roman von Elisabeth Reichart im Kontext der Anti-Heimatliteratur, so werden nicht nur genrebezogene und damit konstitutive Elemente und Strukturen sichtbar; erkennbar wird dabei auch das Differente, das Besondere. Die distinktive Eigenart des Romans von Reichart hängt nicht zuletzt damit zusammen, dass eine Anti-Heimat-Geschichte aus feministischer / genderspezifischer Perspektive erzählt wird.

Das schockierende Ereignis – in der tragischen Geschichte der NS-Zeit als „die Mühlviertler Hasenjagd" bekannt – wird aus dem Blickwinkel eines kleinen Mädchens wahrgenommen, das selbst Opfer der sogenannten „schwarzen Pädagogik", der faschistoiden Verhältnisse der kleinbürgerlichen Einöde und der patriarchalen Familienverhältnisse ist. Gleichzeitig kann sie aber als Mittäterin bezeichnet werden, da sich die kleine Hilde dazu bereitfindet, das Versteck eines KZ-Flüchtlings (und dadurch auch ihren geliebten Bruder) zu verraten. Und als Erwachsene versucht sie ihre eigene Tochter mit ähnlichen Methoden der Repression, der Autoritätsausübung und des Liebesentzugs zu erziehen, unter denen sie als Kind selbst gelitten hat. Dagegen leisteten ihre Eltern – der Vater, ein brutaler Alkoholiker, und die Mutter, niedergeschlagenes Opfer von häuslicher Gewalt – mit ihrer stillhaltenden Nicht-Beteiligung an NS-Aktivitäten einen leisen Widerstand, nicht nur gegen die Staatsmacht, sondern auch gegen ihre nächste Umgebung. Das einseitige Schema von weiblichen Opfern und männlichen Tätern wird hier durch das Konzept der „Mittäterschaft" von Frauen relativiert, das sich auf Debatten der Frauenbewegung ab Mitte der 1970er Jahre bezieht.

Die feministische Lesart, die auf die problematische Repräsentation des „Weiblichen" fokussiert, schärft den Blick für die genderspezifische Dimension jener Themenkomplexe, die als besonders prägend für die deutschsprachige Gegenwartsliteratur insgesamt bezeichnet werden können: Erinnern und Vergessen, Aufarbeitung der Vergangenheit, Heimat, Gewalt, Trauma, Sprache, Täter-Opfer-Beziehungen, das Fremde und das Eigene. Aus feministischer Perspektive wird diese Thematik in *Februarschatten* in ihrer geschlechtsspezifischen Nuancierung in den Vordergrund gerückt: die patriarchale Gewalt, repäsentiert durch den Herrschaftskomplex Patriarchat-Faschismus-Katholizismus, das durch die Mittäterschaft von Frauen problematisierte Täter-Opfer-Verhältnis, die Bewältigungsarbeit an der eigenen Geschichte, die das weibliche Ich zu erzählen versucht, dessen Selbstverständnis durch die Attribute „ausgeschlossen", „im Stich gelassen" und „übersehen" beschrieben wird.

Diese verschiedenen Lesarten bilden den Ausgangspunkt für die „übersetzerische" Interpretation, die dem „close-reading" ähnlich intensivere Textarbeit impliziert und nicht nur Details festhält, die beim allgemeinen Erfassen des Sinngehalts nicht wahrgenommen wurden, sondern die ganze Geschichte auf ihren Erzählton abhorcht. Vor allem die Suche nach einem passenden Tonfall und Rhythmus wurde zur besonderen Herausforderung beim Übersetzen des Romans von Elisabeth Reichart.

Der Tonfall, der sich im Roman über alles legt, weckt Assoziationen zur Litanei, was nicht erstaunlich ist, wenn es um eine(n) österreichische(n) AutorIn geht: Über den „prägenden Einfluss, den die katholische Liturgie auf die Literatursprache einiger österreichischer Autoren hatte"[3], schrieb schon in den 1990er Jahren der österreichische Literaturwissenschaftler Wendelin Schmidt-Dengler. Bei der russischen Übersetzung orientierte ich mich vor allem an jenem Genre, bei dem das Prinzip der Wiederholung kennzeichnend ist: an das Klagelied (*platsch-pritschitanije*).

Es ist auffallend, dass *Februarschatten* rhythmisch äußerst ambivalent durchgestaltet ist: Ein erschwertes Sprechen geht in eine expressive Lamentation, fast einen Klagegesang über, um dann wieder beinahe zu verstummen. Erzählt wird eine Trauma-Geschichte, die sich in den psychoanalytischen Begriffen von „acting out" und „working through" beschreiben lässt, und dabei fast ausschließlich aus der Sicht und größtenteils mit der Stimme der traumatisierten Hauptfigur Hilde.

Aus dem „Dornröschenschlaf" des Alltagslebens durch den Tod ihres Ehemannes erweckt, beginnt die Romanheldin mit der schmerzhaften Erinnerungsarbeit ihren Leidensweg aus dem langjährigen Schweigen. Sie spricht mit „abgehackten, atemlosen Sätze[n]", wie Christa Wolf in ihrem Nachwort zum Roman Hildes qualvolle Sprachmanier charakterisiert.[4] Dieses abgehackte Reden gleicht einem unterdrückten Schluchzen. Es entsteht dabei der Eindruck, dass Hilde zwar bereit ist, ihre ständige innere Anspannung loszuwerden, um ihre Vergangenheitsgespenster freizulassen und sich von ihnen zu befreien, dafür aber tief verunsichert, verstört und sich selbst fremd ist. Die Anstrengung des unmöglichen Trauma-Erzählens – erzähltechnisch durch abgehackte Sätze dargestellt – schlägt dabei um in einen geradezu litaneihaften, rhythmisch prägnanten Ton der Klage und Anklage. Im ständigen Hin und Her zwischen Selbstbezichtigung und Selbstrechtfertigung, im ständigen „acting out", nähert sich Hildes notwendige Trauerarbeit dem Höhepunkt am Ende des Romans, als Hilde die traumatischen Erlebnisse der Vergangenheit im Erzählen vergegenwärtigt. In diesem erzählerischen Wieder-holen des Erlebten, das mit den Augen der kleinen Hilde gesehen wird, zeichnet sich die Szene dadurch aus, dass die rhythmisierte Prosa zum freien Vers wird. Es ist der Moment des stillen Widerstands, den das Mädchen Hilde sicher nicht richtig wahrgenommen hatte, sonst hätte es ein ganz anderes Leben gelebt. Erst in der Erinnerungarbeit kann sie als Erwachsene diese Szene in einem anderen Licht sehen:

„Da lag das Bündel noch immer neben den Stiefeln. Es wurde gewartet, bis alle Hausbewohner zurück waren. Dann befahl der Pesendorfer, daß jeder auf das Bündel steigen müßte.

Aber da rührte sich kein Fuß.

Seine Stiefel traten auf das Bündel. Traten. Bis nichts mehr da war, worauf sie treten konnten.

Gesenkte Köpfe.

Einer nach dem anderen ging in das Haus.

‚Deutschlandverräter!' Schrie der Pesendorfer ihnen nach.

‚Deutschlandverräter!'

Keiner hat seinen Fuß gehoben.

Keiner.

Keiner ist auf die Stiefel des Pesendorfer gestiegen.

Keiner.

Kein Fuß ist auf das Bündel gestiegen.

Keiner.

Keiner ist auf die Stiefel des Pesendorfer gestiegen.

Hilde ging nach oben."[5]

Seit Erscheinen des Romans *Februarschatten* sind schon fast drei Jahrzehnte vergangen. Dazwischen sind weitere Romane von Elisabeth Reichart erschienen und ich hoffe, dass auch sie bald den Weg zum russischen Leser finden.

---

1 Elisabeth Reichart: *Februarschatten*. Nachwort von Christa Wolf. Salzburg/Wien: Otto Müller 1995, S. 101.
2 Ebd., S. 107.
3 Wendelin Schmidt-Dengler: Das Gebet in die Sprache nehmen. Zum Säkularisationssyndrom in der österreichischen Literatur der siebziger Jahre. In: In: Christiane Pankow (Hg.): *Österreichische Beiträge über Sprache und Literatur*. Umeå: Universität i. Umeå 1992, S. 45–62, S. 46.
4 Reichart, *Februarschatten*, S. 117, siehe auch S. 51f in diesem Band.
5 Ebd., S. 110.

ANSICHTSKARTEN

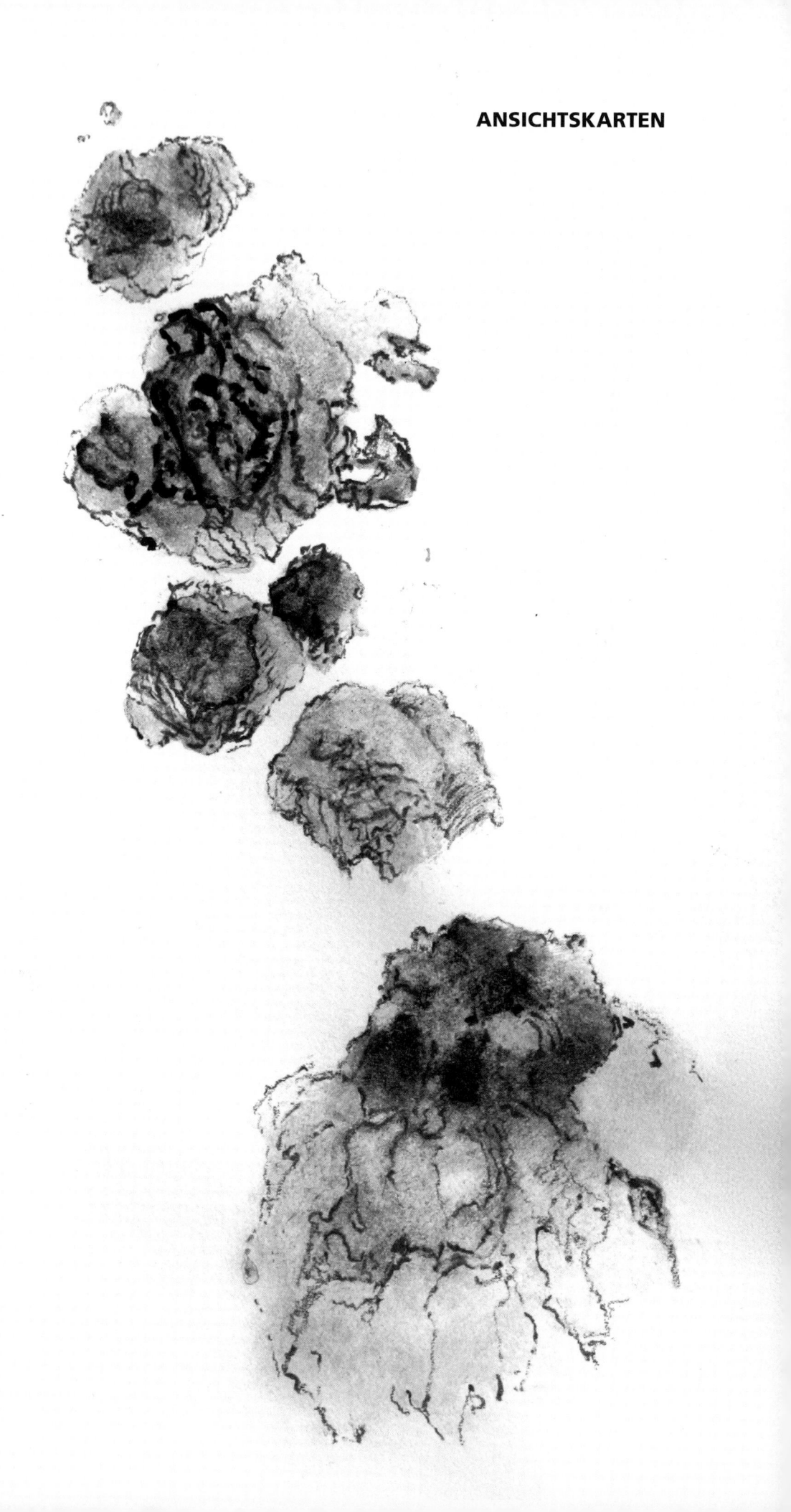

Erwin Einzinger

Ein Gruß in die Ruckergasse

Nachdenken über einen möglichen Einstiegssatz für diese Grußbotschaft, während drüben am Komposthaufen die aus dem Wald herübergesegelten Krähen sich an ihre tägliche Sortierarbeit machen und Krautblätter und Erdäpfelschalen mit ruckartigen Bewegungen ringsum in die Wiese verstreuen, dann und wann mit ein paar Trippelschritten aufeinander zulaufend, um auf diese Weise einen allzu dreist gewordenen Konkurrenten beim Futtern zu verscheuchen … Und: Ließe sich „Einstiegssatz" vielleicht ähnlich verstehen wie „Einstiegsluke" oder „Höhleneinstieg"?
Eine kleine Abschweifung am Beginn: Nachdenken kann bekanntlich bewundernswerte Ergebnisse hervorbringen. Ich selbst aber habe gestern kurz vor dem Einschlafen nur darüber nachgedacht, warum ich – und dies behaupte ich nun ohne jede Koketterie – eigentlich so erstaunlich denkfaul bin. Sogar mir Gedanken darüber zu machen, womit ich meine Tage verbringe – nicht zu selten zumindest teilweise etwa mit dem Schreiben –, reizt mich immer noch sehr viel weniger als dieses selbst. Und ich bin auch vergleichsweise eher unbegabt darin, mir für dieses eigene Schreiben besonders viel auszudenken, lieber stehle ich da und dort ein Wort oder eine vage Vorstellung von irgend etwas in der Hoffnung, damit früher oder später auf eigene Bahnen zu geraten. Es sind überhaupt eher die Wörter, nicht die Gedanken, die mich zum Schreiben bringen. Und ein Gedicht oder eine Seite Prosa hinzukriegen oder dies auch nur zu versuchen, macht meist wesentlich mehr Spaß, als etwa vor der Aufgabe zu stehen, über diese seltsame Art der Beschäftigung noch etwas Erhellendes äußern zu sollen. Gilt das nun auch für mein Verhältnis zur Arbeit von anderen? – Ja und nein. Insofern vermutlich wohl doch, als ich mit Sicherheit viel lieber deren Bücher lese, als darüber schreiben oder auch nur nachdenken zu müssen. Trotzdem setzen Bücher – lächerlich, dies überhaupt zu betonen – klarerweise auch Gedankenströme in Bewegung, rufen Bilder hervor, sorgen dafür, daß sich entlegene Erinnerungen einstellen. Aber dies geschieht, so kommt es mir zumindest vor, weitgehend anstrengungslos und wie von selbst, eben ausgelöst durch den Zauber oder die Überzeugungskraft des Geschriebenen. Darüber dann noch groß nachdenken zu wollen oder sollen ist wieder etwas ganz anderes.

Dies noch kurz dazu: Vor Jahren einmal lud Walter Pilar im Zusammenhang mit einem Projekt namens „Dichter über Dichter" weit über zwanzig Leute ein, Vorträge über Autoren zu halten, die ihnen wichtig wären, und er schlug mir damals vor, nachdem ich bereits Bücher von Robert Creeley übersetzt hatte, doch über diesen zu sprechen. Das tat ich dann auch, allerdings völlig ohne Manuskript, nur aus dem Stegreif und unterstützt von etlichen Büchern, in denen ich an bestimmten Stellen Lesezeichen eingelegt hatte, um dann darüber zu reden. Als die gesamte Vortragsreihe mit teilweise sehr interessanten Beiträgen vorüber war, erschien ein Sammelband, in dem die Ergebnisse des Projekts in Ruhe nachgelesen werden konnten. Der einzige, bei dem nur der Titel des Vortrags angeführt war, war natürlich ich, denn es hatte ja kein Manuskript gegeben, welches ich vorlegen hätte können, und meine mündlichen Ausführungen und Abschweifungen, selbst wenn man diese aufgezeichnet hätte, wären viel zu sprunghaft und chaotisch gewesen. Mich jedoch hinterher noch einmal hinzusetzen, um so etwas wie einen Aufsatz zu dem längst gehaltenen Vortrag nachzuliefern, hatte ich beim besten Willen nicht die geringste Lust.

Nun, was will ich mit all dem eigentlich sagen? Daß es mich etwa auch für den heute gegebenen Anlaß nicht so recht freuen würde, ein wenig Gedankenschmalz – so nannte das meine Mutter früher immer – einzusetzen?
Ich wische diesen Gedanken weg wie eine Unterstellung und atme zunächst einmal kurz durch: Ein Anfang ist immerhin gemacht, von nun an – auch dies eine im Lauf der Jahre des öfteren gemachte Erfahrung – sollte es eigentlich um einiges leichter und bunter vorangehen.

*

Elisabeth Reichart gehört – das kann ich zum Glück ohne langes Nachdenken behaupten – zu denjenigen Schriftstellerinnen, die ich persönlich am längsten kenne. Genaugenommen seit dem Zeitpunkt, als ihr erstes Buch in dessen allererster Form erschien, mit welcher sie damals übrigens gar nicht besonders glücklich war. Aber sie hatte, soweit ich mich erinnere, mit dem Manuskript einen Preis gewonnen, und der bestand nicht zuletzt darin, daß dieses im Verlag der Staatsdruckerei veröffentlicht wurde, auch wenn der nahezu nichts von dem bieten konnte, was man sich eigentlich unter einem Verlag vorstellt. Ich glaube mich weiters zu erinnern, daß ich das kurz zuvor erst erschienene Buch im Alois-Drasche-Park im IV. Wiener Gemeindebezirk zu lesen anfing, während unser Sohn und unsere Tochter auf dem dortigen Spielplatz vermutlich zum erstenmal in ihrem Leben inmitten von türkischen Kindern spielten. Wir lebten auch damals bereits auf dem Land, wo selbst ein Spielplatz etwas eher Ungewöhnliches ist: Zum Spielen gingen die Kinder normalerweise in den Wald oder auf die Straße vor dem Haus, und türkische Spielgefährten gab es in unserer Siedlung weit außerhalb des Orts natürlich ebenfalls nicht.

Wie auch immer, das Buch, von dem die Rede ist und das mich tief berührte, keineswegs etwa nur, weil es von dermaßen verstörenden Dingen mit großer Entschlossenheit und zugleich behutsam berichtete, hieß *Februarschatten*, und schon bald erschien es dann im damals ostdeutschen Aufbau Verlag, später auch bei ihrem österreichischen Verlag Otto Müller, mit einem im August 1984 verfaßten Nachwort von Christa Wolf, die ebenfalls ungemein beeindruckt gewesen war von dieser ersten Publikation der jetzt in Wien lebenden jungen oberösterreichischen Autorin, einer promovierten Historikerin, der es in den folgenden Jahren immer wieder gelingen würde, ihren analytischen Geist sowie die Haltung, Überprüfbares als Ausgangspunkt ihrer Untersuchungen zu nehmen, mit einer grundsätzlichen literarischen Kühnheit in Einklang zu bringen.

Fünfzehn Jahre später, am 9. Oktober 1999, gab es in den Kammerspielen des Linzer Landestheaters die Premiere einer Theaterfassung von *Februarschatten* zu bewundern, und wir besuchten die Produktion mit mehreren Schulklassen, von denen einige Elisabeth Reichart bereits persönlich kennengelernt hatten, als sie zu einer Lesung an das Gymnasium in Kirchdorf gekommen war. Die Eintrittskarte von damals sowie ein Hinweis auf *Afrika. Eine Einbildung*, eine Groteske über das Fremde, das Unbekannte, aufgeführt im selben Jahr im Theater Drachengasse in Wien, sind als Lesezeichen immer noch Erinnerungsstücke.

*

Eine mehr als zwanzig Jahre alte Ausgabe der Zeitschrift *Wespennest* liegt vor mir, mit Wiener Vorlesungen zur Literatur von Julian Schutting, Ludwig Harig, Alexander von Bormann, Buchi Emecheta, Ursula Krechel, Robert Schindel und Elisabeth Reichart, die uns diese Ausgabe einmal bei einem Besuch in Micheldorf mitgebracht hat. Ihre drei Vorträge standen unter dem bezeichnenden Titel „Die Grenzen meiner Sprache sind die Grenzen meiner Welt". Womit wir eigentlich schon mittendrin oder zumindest bei der nächsten Abschweifung sind …

Liebe Elisabeth, soeben habe ich mir, da Sissi heute nicht zum Essen kommt und bis zum späten Nachmittag in der Schule zu tun hat, fertig zubereitete und gefroren eingekaufte Innviertlerknödel mit – immerhin selbst zubereitetem – Bohnensalat gemacht, ein Gericht, mit dem sie ohnehin nicht viel Freude gehabt hätte: junk food. Im Mittagsjournal war die derzeitige Finanzministerin zu hören, als sie über die Bonuszahlungen der Manager redete, und sie verwendete dabei mit der größten Selbstverständlichkeit den Ausdruck „Bonis", weil sie offenbar nicht weiß, daß das jetzt ständig im Radio zu hörende Wort „Boni" bereits der Plural von Bonus ist. Es ist dies freilich nur eines von unzähligen Beispielen, die sich in diesem Zusammenhang anführen ließen. Denn die stets mit großem Ego auftretende und handelnde Frau offenbart in regelmäßigen Abständen, sobald sie sich vor Mikrofonen äußert, ihr höchst bescheidenes Niveau, das sich vor allem in ihrem Sprachgebrauch zeigt, und ich frage mit gutem Recht: Warum sind politische Entscheidungsträger in solch überwiegender Zahl dermaßen ungebildet und präpotent zugleich, daß sich all denen, die in der Sprache und ihren Möglichkeiten mehr sehen als bloß ein Mittel für Verlautbarungen, eigentlich permanent der Magen umdrehen könnte? Sind tatsächlich Leute, welche Politik zu ihrem Beruf gemacht haben, fast immer solche, deren Horizont in so vielen Bereichen dermaßen beschränkt ist, daß sie eigentlich beschämt sein müßten, obwohl sie sich ganz im Gegenteil meist ein Gehabe angewöhnt haben, als hätten sie, wie man bei uns gern sagt, die Weisheit mit Löffeln gefressen?

Stellen nicht Deine Bücher manchmal Fragen, die unter anderem mit derlei Dingen in Verbindung zu bringen wären? – Im ersten der drei Aufsätze für die erwähnten Wiener Vorlesungen zur Literatur heißt es ziemlich zu Beginn: „… immer wieder stelle ich fest, daß meine Fragen angesichts des ‚Fortschritts' der Naturwissenschaften zu rhetorischen Fragen verkümmern."

Am Schluß eines Aufsatzes der amerikanischen Dichterin Ann Lauterbach las ich unlängst, daß in einem Leitartikel einer Ausgabe der *New York Times* aus dem Jahre 2005 sinngemäß zu lesen gewesen sei: „Wir wachen auf und glauben zumindest zu wissen, wovon wir einigermaßen eine Ahnung haben, doch dann stellt sich heraus, daß wir auch diesen Gedanken verwerfen müssen …"

*

Es ist ein alter Hut – und dennoch: Wenn man weit genug nach Westen reist, gelangt man in Gegenden, in denen das, was für uns der Ferne Osten ist, im Westen liegt. Elisabeth Reichart hat in den U.S.A. gelebt, als sie Writer in Residence in Pennsylvania und im Jahr darauf in Ohio war. Und sie hat mehrmals längere Zeit in Japan verbracht, hat an der Universität Nagoya unterrichtet, hat auf der Südinsel Kyushu mit ihrem damaligen japanischen Ehemann Shinji gelebt.

Jahre davor erzählte sie einmal bei einem Besuch in Micheldorf von ihrem für die Alte Schmiede in Wien geplanten Projekt, zu dem sie verschiedene Autorinnen und Autoren einladen wollte, und als sie mich fragte, ob ich in letzter Zeit etwas Außergewöhnliches gelesen hätte, legte ich ihr den weitgehend übersehenen – und dies, obwohl er bereits mehrere Bücher im renommierten Suhrkamp Verlag veröffentlicht hatte! – Frankfurter Schriftsteller Reinhold Batberger ans Herz, dessen kurzer Roman *Auge* mich ebenso wie seine Erzählung *Beo* begeistert hatte. Sie lud ihn bald danach in die Alte Schmiede ein, und es passierte das, was in einem Literaturbetrieb nun eben passieren kann, der seine Scheinwerfer immer wieder gern auf eine begrenzte Zahl ohnehin bekannter Autoren richtet: Es kam überhaupt niemand zu dieser Lesung, was dazu führte, daß die beiden die geplante literarische Veranstaltung vergessen konnten und stattdessen gemeinsam in ein Lokal in der Nähe essen gingen, wie sie uns später einmal in Micheldorf erzählten.

Besteht etwa die Gefahr, daß ich ein wenig ins Anekdotenhafte zu geraten beginne, wenn ich in dieser Weise fortfahre? – Ich kehre noch einmal zum Beginn mit dem Einstiegssatz im Sinne eines „Höhleneinstiegs" zurück …

Daß sie in ihrer Zeit als Studentin in Salzburg beinahe eine Höhlenforscherin geworden wäre, konnte ich, als sie einmal davon erzählte, tatsächlich kaum glauben, aber es war so. Und mittlerweile warte ich nach all ihren zahlreichen realisierten und großteils mit höchst positivem Echo aufgenommenen Buchprojekten insgeheim immer noch auf eines, das dieses vor Jahren in der Literaturzeitschrift *SALZ* kurz angerissene Thema einmal in einer längeren Arbeit aufgreift.

Ihr vorläufig letztes Buch, das viel mit ihrer eigenen Kindheit als Tochter eines Vaters zu tun hat, der täglich in jene nahegelegene Firma zur Arbeit fuhr, die als „Vereinigte Österreichische Eisen- und Stahlwerke" eigentlich in abgekürzter Form VÖEST anstelle von VOEST heißen müßte, überreichte sie uns letztes Jahr, als wir sie gegen Ende des Sommers in der Stipendiaten-Wohnung des Landes Oberösterreich am Traunsee besuchten und dann schwimmen gingen.

In den Jahren davor waren wir um diese Zeit meist ins steirische Altaussee gefahren, wo sie sich gern zum Arbeiten für einige Wochen in der dortigen Unterkunft aufhielt, deren Ruhe und landschaftlich einzigartig schöne Umgebung verständlicherweise besonders von der literarischen Kollegenschaft aus der Großstadt Wien geschätzt wird. Einmal rund um den See gehen, zwischendurch eine gebratene Forelle zum Weißwein, begleitet von Shikibu, ihrem kleinen weißen Hündchen …
Apropos: In einem 2010 erschienenen Buch wollte ich an einer bescheidenen Stelle genau diesen Namen verwenden, hatte aber aus irgendeinem Grund die deutsche Bedeutung des japanischen Worts falsch im Kopf gehabt und in meinem Manuskript als „Schneeflocke" übersetzt verwendet. Zufällig rief sie damals bei uns an, und ebenso zufällig kam ich darauf zu sprechen, wobei sie mich auf meinen Irrtum hinwies. Sie schlug mir stattdessen das japanische Wort für „Kugelfisch" vor, das ich dann auch verwendete und das wunderbar in den Kontext paßte. „Shikibu" hingegen ist ein Name aus dem großartigen Kopfkissenbuch der Hofdame Sei Shonagon, vor mehr als tausend Jahren verfaßt und von Elisabeth Reichart in ihrer zweiten Wiener Vorlesung unter dem Titel „Die fließende Welt des Scheins" näher besprochen.

In ihrem schmalsten Buch, in dessen Klappentext es mit Recht heißt, es bewege sich zwischen Imagination und Realität, schrieb sie uns als Widmung einmal: „Mehr denn je beneide ich euch um die Wälder. Vielleicht schaffen wir es nächstes Jahr, uns zu sehen? Vom September bis November bin ich wieder in den U.S.A …"

Karl-Markus Gauß

Die Frau für Überraschungen

Elisabeth Reichart und ich haben in denselben siebziger Jahren in Salzburg studiert, beide Germanistik und Geschichte, und doch sind wir uns damals in dieser kleinen Stadt nicht wirklich begegnet. In jenen Jahren begannen jedes Semester wieder weit über hundert junge Leute, von denen mir als gebürtigem Salzburger die meisten aus Oberösterreich oder Norddeutschland zu stammen schienen, am renommierten Germanistik-Institut zu studieren, und so konnte es schon geschehen, dass man manche Jahrgangskollegen nur vom Sehen kannte. Von all den Salzburger Studenten, aus denen später Autoren wurden, war ich nur Erich Hackl als Freund verbunden, mit ihm allerdings, so steht es mir in der Erinnerung geschrieben, habe ich mich über zwei, drei Jahre in einem tage- und nächtelangen Gespräch befunden, das nur unterbrochen wurde, wenn sich der eine aus unaufschiebbaren Gründen zu entfernen hatte oder der andere entkräftet zusammenbrach. (Franz Innerhofer, Margit Schreiner, Alf Schneditz, Erwin Einzinger, Christoph Janacs oder Ludwig Laher kannte ich hingegen damals gar nicht, Klemens Renoldner gerade nur von ein paar Gesprächen.)

Ich erinnere mich an eine Vorlesung, die der Ordinarius Walter Weiss, wie es jahrelanger Brauch war, an einem Mittwoch zwischen zehn und zwölf Uhr angesetzt hatte, im großen Hörsaal 311 des inzwischen abgerissenen, schon damals, fünf Jahre nach seiner Errichtung etwas schäbig wirkenden Institutsgebäudes in der Akademiestraße 20. Die Vorlesung hatte „Die Literatur der DDR" zum Thema, und kurz bevor Weiss den Saal betrat, drehte sich die unmittelbar vor mir sitzende schlanke Kollegin, die mich bisher vor allem durch ihr glockenhelles Lachen für sich eingenommen hatte, um und legte ein in Geschenkpapier verpacktes Buch auf das Pult, zu meiner allergrößten Aufregung, denn ich hatte mit diesem Mädchen, wenn ich sie fast vierzig Jahre später so nennen darf, noch nie ein Wort gewechselt. Während mein Herz wie toll zu klopfen begann, nahm der neben mir sitzende Kollege, einige Jahre älter und schon im Rufe stehend, ein Dichter zu sein, das Päckchen mit der größten Selbstverständlichkeit an sich; es handelte sich um den Südtiroler Gerhard Kofler, den ich kannte, weil er in der Nähe der Wohnung im Stadtteil Lehen, in der ich mit meinem Bruder Bert und Erich Hackl wohnte, in einer Wohngemeinschaft lebte, die sich auf dem Türschild als „WG Pablo Neruda" bezeichnete. Ich weiß noch, dass Kofler das Geschenk, das er zum Geburtstag erhielt, sofort aus der Verpackung riss; aber ich habe, darüber wundere ich mich selber, vergessen, welches Buch ihm die in seinen Dankesworten als Genossin bezeichnete Elisabeth zugedacht hatte. Während vorne Professor Weiss über das Bitterfelder Programm referierte, sinnierte ich darüber, ob es nicht einerseits längst überfällig wäre, dass auch mich einmal eine schöne Kollegin mit einem Geschenk überrasche, und ob es mich andrerseits nicht gering genieren würde, es öffentlich wie Gerhard Kofler überreicht zu bekommen, der sich, im Unterschied zu mir kein Schüchterner, über das Präsent nichts als herzlich zu freuen schien.

Wenn ich zufällig im selben Hörsaal oder Wirtshaus saß wie Elisabeth Reichart, habe ich sie seit diesem Vorkommnis immer verstohlen beobachtet, sie schien mir aufs Schönste einen hochinteressanten Typus zu repräsentieren: die Frau, von der jederzeit eine Überraschung zu gewärtigen ist. Überrascht war ich zehn Jahre später – die ganze Studentenschar, die mit mir angetreten war, hatte sich längst in alle Richtungen zerstreut –, als ich Reicharts erstes Buch las, den Roman *Februarschatten*; überrascht nicht darüber, dass sie gleich in ihrem ersten Werk als meisterliche Autorin antrat, sondern dass diese Kollegin, die ich kaum gekannt hatte, überhaupt eine Autorin geworden war, denn es war mir sogar dies entgangen, dass sie zu den Schreibenden unter uns Lesenden gehörte.

Kennen gelernt haben wir uns erst in den neunziger Jahren, und seither ist mir von Elisabeth oft bestätigt worden, wie richtig meine juvenile Vermutung war: Es ist immer spannend, mit ihr zu reden, egal ob es um die großen Fragen oder die kleinen Dinge geht, um die Zukunft der Literatur, der Klassengesellschaft, des Planeten oder Gerüchte und Tratsch. Es ist spannend, weil Elisabeth meist nicht das sagt, wovon ich erwartete, dass sie es sagen würde, sie mir aufbrausend widerspricht, wo ich mich eines Sinnes mit ihr glaubte, und sie mir liebenswürdig Recht gibt, wenn ich befürchtete, mit meiner Meinung als erschreckend schnell gealterter Kauz alleine zu stehen. In jedem neuen Buch überrascht sie mich mit einer Facette ihrer Persönlichkeit und Künstlerschaft, von der ich bisher nichts wusste. Zuletzt habe ich von ihr, der großen Erzählerin, gar Gedichte zu lesen bekommen, Gedichte über Wien, von denen ich geradezu hingerissen bin. Mittlerweile glaube ich, das Einzige, womit mich Elisabeth Reichart noch überraschen könnte, wäre, wenn sie sich literarisch zu wiederholen und persönlich zu besänftigen begänne. Aber diese Gefahr ist gering: Sie bleibt eine Autorin, die nicht auszurechnen ist, die Frau, die überrascht.

Katharina Riese

So reden die Lilien
FÜR ELISABETH REICHART

*Ihr eilt ja von Gipfel zu Gipfel,
Lichte Athenerinnen.*

Auch du Schwester,
Warst immer im Licht!

*Blieb' ich doch gerne
Im Dunklen!
Wär's wohler mir im
Geborgenen.*

Nimmer ist dir recht,
Was du hast.
Was haben wir nicht
Für dich alles getan.

*Schweig still, davon
Sei nicht die Rede,
Ich gehe sonst heiß über
Den Rand.
Meine linke Seite ist leer!
Sieh her!*

Sag an, süße Gespielin,
Was meinst du?
Siehst links du so voll aus
Wie rechts.

Meine linke Seite ist leer.

Deine linke Seite ist leer?

*Meine linke Seite ist leer;
Unsereins ...
Unsereins kommt nicht vor
Als Besitzerin ihres Gemüts und
Ihrer Intelligenz.
Das – ist das ganze Problem.
Das Telefon läutet.*

Wir heben nicht ab.
Die Kunst ist der Liebe Pilot,
Sagt Ovid und da wir
Nicht haben zu viele Frauen
In Lyrik und Drama
Halte dich an die Männer
Und mach nicht alles
So kompliziert.

*Sei du einfach und
Eile von Gipfel zu Gipfel.
Ich bleibe in der Sohle
Des Tales und suche den gestrigen ...*

Jawohl, in der Sohle des Tales
Bliebst du und suchtest den gestrigen ...
Immer;
Das kann man wohl sagen,
Jedoch! Geschah es nicht
Zu deinem Wohle,
Gesteh!

*Ich hatte, du Trampel,
Doch nie eine Wahl!*

Ja, wieso denn, Ausfällige,
Ja, wieso denn?
Fasse in Worte die Leere,
Du Neunmalkluge,
Besserwisserin;
Verweigerst Gipfel um Gipfel
Und blickest
Vorwurfsvoll in die
Runde.
Kein Schwein hat etwas da-von!

*In Worte fassen die Leere?
Ja, was glaubst du,
Du realpolitische Memme.
Ich tat ja nie etwas
Anderes in meinem
Leben.*

Doch, du aßest Frittaten-
Suppe und anderes mehr.

*Sicher, ich hatte stets
Appetit auf das Neue,
Das stimmt
Doch satt war ich ebenso schnell.*

Du klagst und siehst
Finster mich an.
Mir ist das wurscht,
Ich gesteh's.

*Es juckt mich.
Es juckt.
Komme hol mir die Salbe.
Was mir fehlt, ist
Meinesgleichen.
Ich denk', ich sagte es
Klar.*

Du hüllst dich gerne
In Rätsel und ich löse
Den Knoten geschwind:
Es geht, es geht um die
Liebe, stimmt's?

*Wenn ein Gefühl die
Sparkasse betritt und
Verfängt sich in der
Drehtür am Eingang,
Wird Haß schnell aus
Liebe, und
Schwungvoll tritt in
Die Pedale das
Schicksal für die
Einsamen Eulen
In Athen.
Die Salbe nützt nichts.
Jetzt jucken schon beide Beine.*

Du Einzelfall, du
Schicksalsblöde Somatikerin du.
Ich habe Besseres vor,
Als in deine Leere zu blicken.
Dies mag schmerzhaft für
Dich sein,
Doch ist's nicht mein Bein.
Du liebst deinen Schmerz,
Den an Eltern statt adoptierten.
Von ihm, ich versteh',
Willst du nicht lassen.
Geschmerzteste unter den Nocken, du.

*Darf ich dich hier korrigieren!
Was bin ich nicht in Apotheken
Gewesen;
Mein halbes Leben in Ordinationen;
Zu den Weißkitteln lief ich,
Dreimal die Woche
und mehr.*

Du irrtest im Ziel,
Törichter Sturkopf!
Halte dich an Ovid!

*Ich kann die Männer
Nicht und auch die Frauen
Nicht leiden.*

Mehr an Geschlechtern
Jedoch
Hatte die Schöpfung
Nie!

Beiseite gesprochen:
So reden die Lilien
So vergeht ihre Zeit.
Einmal links.
Und einmal rechts.
Im Rhythmus der Standuhr.

Marie-Thérèse Kerschbaumer

Literaturproduktion[1] heute
FÜR ELISABETH REICHART

1.
Literatur, was ist das? Ist das ein Produkt aus gedruckter Sprache, aus Lettern eben? Später als schöne Lettern, les belles-lettres, in dem Sammelbegriff „Belletristik" ein Kürzel für die Lehre von schöner Literatur? Oder ein tönendes Gebilde aus Sprache in freier oder gebundener Form, nach den Gesetzen der Auswahl „gemacht", die sich im Laufe der Entwicklung einer je gegebenen Literatur stets ändern? Aber wer hat sie gemacht? Wie wurde sie gemacht, wie hat es angefangen? Was ist geworden, was wird sein?

„Wie stehen die Schreibenden [...] im Produktionsprozeß? Sind sie Unternehmer oder Arbeiter, ‚Urheber' oder ‚Produzenten'?" Diese Frage wurde 1971 im „Arbeitskreis Literaturproduzenten" diskutiert und von Michael Springer in einem grundsätzlichen Aufsatz[2] erläutert. Er weist auf eine Verwechslung von Tauschwert und Gebrauchswert durch die Vertreter der „wertfreien" Kunst und räumt ein, „sofern es um ‚echte' Kunst geht, [...] [produziert] [...] der Produzent nicht in Hinblick auf den Tauschwert des Produkts". Das Kunstprodukt hat aber, so Springer, einen Gebrauchswert. Die Betrachtung eines Gemäldes, das Hören von Musik, das Kunstprodukt wird konsumiert oder gebraucht – zur Kommunikation, zur Emanzipation, zur Lust.[3] Michael Springer folgert: „Die übergroße Trennung von Tausch- und Gebrauchswert beim Kunstprodukt hat sogar die paradoxe Folge, daß bei einem Großteil der auf dem Kunstmarkt umgeschlagenen Waren schon kein Mensch mehr sich für den ‚Gebrauchswert' interessiert: es wird gleichsam mit leeren Waschmittelpaketen gehandelt. Weder Kommunikation noch Emanzipation, noch ästhetische Lust sind primäre Produktionsziele. Der formale Gag garantiert hohen ‚Tauschwert'."[4]

Literatur, was ist das? Ein Spruch, ein Lied, eine Beschwörung, ein Gebet, mündlich überliefert, ehe die Aufzeichnung begann. Mythische Berichte, dem versammelten Volk vorgetragen, das Volk kennt den Hergang, achtet sehr auf die Wiedergabe, Fehler in Rhythmus und/oder Silbenzahl ahndet das Volk unter lautem Protest; das heißt, es geht auch und vor allem um das Schöne in Sprache und mit Sprache. Der Seher oder Barde, frei stehend, eine Lyra in Händen, Mimen hinter Masken, zu zweit auf einer Bühne, später zu dritt, nur zwei dürfen sprechen, der Chor mischt sich ein, warnend oder drohend, gleichgültig oder froh. Wovon leben sie, wer bezahlt sie?

Literatur, wie ist sie geworden?

Ob auf Ton, Wachs, Holz oder Papyrus, in Folianten von Hand aufgezeichnet, mit Inkunabeln versehen, mit oder ohne Fehler weitergegeben, Sprachvarianten der Region eingefügt. Abgeschrieben die Texte der gemeinsamen Sprache, Sprache eines siegreichen Volkes, von unterworfenen Völkern übernommen, abgeschrieben, Texte von anderen Völkern entweder nur übersetzt, oder übersetzt und nach eigenem Gutdünken erweitert, das heißt, ein neues Gebilde aus Sprache geschaffen, mit oder ohne Hinweis auf den ursprünglichen Text. Textgetreues Übersetzen ist eine späte Tugend, doch der Einfluß der Ausgangstexte auf ihre Leser und unbekümmerten Übersetzer war zu fast allen Zeiten Inspirationsquelle für die Entwicklung einer je eigenen Literatur.

Lesen und Schreiben war in Antike und Spätantike einer gebildeten Schicht vorbehalten, die Pflege und Verbreitung dieser Fähigkeiten oblag in unseren Breiten mit der fortschreitenden Christianisierung Europas den Ordensgemeinschaften und den mit ihnen verbundenen Frauen und Männern. Karl der Große, so wird berichtet, konnte nicht schreiben, nicht lesen. Als er es lernte, zog er Kleinbuchstaben den aus dem Griechischen entlehnten Großbuchstaben vor; einige wurden eigens für ihn, angeblich mit ihm, entworfen. Dann aber konnte er nicht genug bekommen vom Schreiben von Gedichten und Briefen, die hat er mit dem Mönch und persönlichen

Freund Alkuin aus York ausgetauscht. Der Dritte in diesem Freundschaftsbunde war Arno, Nachfolger des Abt-Bischofs Virgilius (745 bis 784) von Sankt Peter in Salzburg, eine Gründung des Franken Rupert aus dem Jahre 696. Der Iroschotte Virgilius war von Dublin über den fränkischen Hof nach Salzburg gekommen, das schon im sechsten Jahrhundert zum Herzogtum Bayern gehörte. Von Salzburg, von Sankt Peter aus, wurde die Christianisierung der Bayern betrieben, und im Jahre 788 erfolgte Bayerns Eintritt ins fränkische Reich. 798 wurde Salzburg von Charlemagne zum Erzbistum für ganz Bayern erhoben und Arno, von den Freunden genannt Aquila, war Erzbischof von 785 bis 821. Er mehrte die von Virgilius übernommene Bibliothek um einhundertfünfzig in seiner Schreibstube von Schülern Alkuins hergestellte Bände. Davon ist eine Handschrift mit Briefen Alkuins, genannt Flaccus, an Arno und Briefen Karls, genannt David, an Alkuin erhalten; die erzbischöfliche Schreibstube überdauerte ihren Begründer; in ihr entstand ein Andachtsbuch, das Ludwig der Fromme (814 bis 840), ein Sohn Karls, als Geschenk aus Salzburg erhielt. Darin findet sich in einer späteren Aufzeichnung das altnordisch-althochdeutsche Gedicht *Muspilli*/Weltenbrand.

Geschichtsfäden tauchen auf und verschwinden, wie alte Scherben, Knochen oder Texte, die einer Zeit gefallen, einer anderen nicht. Die Vorform einer Literatur deutscher Sprache ist bereits um das Jahr 800 im südlichen Raum, Passau, Bamberg, Regensburg – Salzburg und weiter im Donauraum in Übungsbeispielen für Alphabete griechischer, runischer, angelsächsischer Schriftzeichen sowie Stellen aus Ulfilas gotischer Bibel mit lateinischer Interlinearversion vorbereitet und in nachkarolingischer Zeit von lateinischen Texten verdeckt worden, um erneut zu erscheinen. Wir hätten Frau Ava, die Klausnerin, die Eremitin – erwähnt im Gedenkbuch des Stiftes Göttweig – nennen können, sie ist um 1127 gestorben, hat eine christliche Heilsgeschichte und ein Leben Jesu in deutschen Reimpaaren geschrieben und zwei Söhne gehabt, von denen einer noch lebte, als sie das schrieb. Martin Luthers Bibelübersetzung endlich hat 400 Jahre später die deutsche Schriftsprache aus den je passendsten deutschen Varianten der Dialekte gebildet und vereinheitlicht. Sein Gebot, die Bibel zu lesen, hat die in der karolingischen Schulreform begonnene Pflege der Volkssprache zu dem Ende gebracht, daß Lesen und Schreiben im deutschen Sprachraum für alle selbstverständlich geworden ist.

2.

Muß einer oder eine, die schreibt, das alles wissen? Muß nicht, kann sich aber diesem Wissen früher oder später nicht entziehen. Denn zum Begriff einer gegebenen Literatur gehört eine gegebene Sprache in einer gegebenen Zeit, in einem gegebenen geschichtlichen, geographischen, sozialen, zivilisatorischen Umfeld.

Bücher. „Ein Buch ist eines, in dem tausend Bücher drin sind", läßt Ulrich Plenzdorf seinen Protagonisten in *Die neuen Leiden des jungen W.* schreiben. Denn eins ist aus dem andern entstanden, ohne Lesen (ohne tausend Bücher gelesen zu haben) kann kein Buch, kein Text, kann kein sprachliches Kunstwerk entstehen. Und jetzt, nach der zweiten technologischen Revolution das elektronische Zeitalter? Literatur im Zeitalter ihrer elektronischen Reproduzierbarkeit? Texte entstehen und verschwinden – wie die Benjaminschen Engelmyriaden im Augenblick ihres Entstehens und Vergehens vor dem Angesicht ihres Schöpfers.

Nicht nur in früheren Jahrhunderten war Literatur, in welcher Form immer, einer gebildeten Minderheit vorbehalten. Das ist auch heute nicht anders. Früher konnten nicht alle Leute lesen. Heute können oder wollen nur wenige Leute unsere Texte lesen und auch verstehen. „Wir müssen uns damit abfinden, nur für wenige Leser zu schreiben" (Elfriede Gerstl). Wir Dichter und Literaten (beiderlei Geschlechts) des ausgehenden zwanzigsten und noch viel mehr des einundzwanzigsten Jahrhunderts müssen uns tatsächlich damit abfinden, nur für wenige Leser zu schreiben, vorausgesetzt, wir finden einen Weg, unsere Texte zu publizieren oder unpubliziert zu verbreiten. Vorausgesetzt.

3.
Nach dem zweiten Krieg – als wir noch Kinder waren oder noch nicht geboren – gab es Bücher, die von der Zerstörung, dem Raub, der Plünderung verschont, in den Regalen der Leute auf dem Lande, in Bibliotheken von Schulen, Pfarrämtern, Vereinen übrig geblieben waren. Die Besatzungsmächte setzten Leute ein, die in wieder geöffneten Druckereien Nachdrucke der Literatur der Zwischenkriegszeit besorgten; es kehrten die überlebenden Soldaten aus der Gefangenschaft, die Arbeitsdienstmädchen und -burschen von den Schanzenbauten der Front, fürs Leben gezeichnete Hitlerjungen und BDM-Mädchen in Fußmärschen durch ein zerbombtes Deutschland in die ehemalige Ostmark heim; kamen versteckte Frauen und Männer aus Kellergeschoßen und hinter Zwischenwänden hervor; boten verkleidete Täter den Besatzern ihre Dienste als Dolmetscher und später Denunzianten an; Lehrer wurden entlassen, andere ungeprüft eingestellt. Die Kirchen, vor Kriegsende zum Bersten voll, leerten sich wieder. Aber die Toten kehrten nicht zurück. Aber die Lebenden fanden keinen Trost. Und die Zeit verging bald langsam, bald schnell. Das Leben ging seinen Gang in einem wieder erstandenen Land, die einen wußten dies und die anderen wußten nichts, die einen fragten und die anderen fragten nicht.
Zeitungen erschienen, sie brachten Gedichte oder Geschichten und Berichte von Dichtern und Dichterinnen vergangener Tage. Leute gab es, die wußten viel, daß Dichterinnen auch jetzt noch lebten, so unglaubwürdig das war, und unter uns wohnten, irgendwo. Und eines Tages kamen die Schülerinnen auf die Idee mit den Gedichten. Und eines Tages kamen die Versuche mit den Geschichten. Einige erfanden Geheimschriften, andere lernten Gedichte auswendig, um sie ungefragt aufzusagen, übersetzten Gedichte von berühmten Dichtern in die soeben erlernte englische Sprache. Andere lasen Gedichte berühmter Dichter vor. Die berühmten Dichterinnen und Dichter waren schon tot. Noch lebende konnten nicht berühmt werden, denn das wurde erst nach ihrem Tode entschieden. Warum und von wem wurde nicht gesagt.
Wie ist einer oder die andere zum Schreiben gekommen? Nachahmung sagen wir. Es ist wie Malerei, einfach Bildkunst, zweidimensional: Nachformen, Nachzeichnen, Nachschreiben, Lernen durch Schauen und Tun. Ein Gedicht, eine Prosa nachahmen, umschreiben, abschreiben, Längen und Kürzen ändern, dem Inhalt eine Ordnung geben, der Form einen Rhythmus, eine Silbenzahl, oder umgekehrt, den Sinn ändern, Prosa in ein Gedicht, ein Gedicht in Prosa verwandeln, ein Gedicht aus einer anderen Sprache in die eigene übertragen, Parodie, Plagiat, oder – Inspiration?
Es ist innere Notwendigkeit, ein Zwang, eine Sucht, Gedanken formen, aufzeichnen, es einfach hinschreiben und wieder schreiben, Träume, Bilder, Wortmelodien, gelungen, mißlungen, einige Zeilen hingeworfen, verworfen, Zweifel und Fragen, versuchen, verzagen, und überall eine geschlossene Gesellschaft großer Namen und vollendeter Formen in Deutschland, wo die Verlage sind, in Österreich, das heißt in Wien, wo keine Begegnungen möglich sind mit Herren verschlossener Redaktionen, wo sich die Manuskripte türmen, wo die Möglichkeiten so begrenzt, wo Gedichte keinen Platz finden, wo keine Antwort erfolgt oder nur mürrische Mienen über das im Kaffeehaus schüchtern hingehaltene Gedicht, eine erste Veröffentlichung in Deutschland.
Dann, für die Verfasserin dieser Zeilen die entscheidende Begegnung mit der Kultur der romanischen Sprachen, Übersetzungen moderner italienischer Lyrik in einer österreichischen Studentenzeitschrift, Studienaufenthalte in Italien, als Dissertantin in Bukarest, Veröffentlichungen in deutschsprachigen und rumänischen Literaturzeitschriften und 1970 der erste Gedichtband *gedichte* im Verlag der deutschsprachigen Minderheit, Kriterion Verlag in Bukarest. Diese frühen Gedichte wurden erst siebzehn Jahre später in den ersten Gedichtband in Österreich *bilder immermehr* im Otto Müller Verlag 1987 integriert. Zu einer Publikationsgeschichte dieser Art gibt es zwei mögliche Erklärungen. Erstens, die Gedichte der Autorin sind oder waren für Redaktionen, Verlage, Kritikerinnen, Jurorinnen, die zeitgenössischen Distribuenten

(des deutschsprachigen Westens), nicht gut genug. Zweitens, die Dichterin ohne mächtige Verwandte hatte keine mächtigen Freunde. Die dritte Möglichkeit, sich bewußt/unbewußt mächtige Feinde gemacht zu haben – oder einfach dumm gewesen zu sein, wie von Interviewerinnen angedeutet –, soll in der Betrachtung des Literaturbetriebs eines demokratischen Landes keine Rolle spielen.

4.
Nach dem Krieg hatte sich viel getan in der blühenden Literatur deutscher Sprache. Es galt, den Anschluß an die vom Nationalsozialismus verbotene Kunst aller Sparten zu finden, in Wien war der Art Club ab 1946/47 Treffpunkt der jungen Maler, Bildhauer, Autoren und Musiker, die sich bemühten „gegenwärtig zu sein" (Wander Bertoni). Präsident war Albert Paris Gütersloh. H. C. Artmann eines der frühen Mitglieder. In Deutschland lud die Gruppe 47 zu legendären Zusammenkünften, Preisträgerinnen waren 1951 die österreichische Autorin Ilse Aichinger; 1953 Ingeborg Bachmann; 1952 war Paul Celan mit der Lesung der *Todesfuge* verkannt und belächelt durchgefallen. Peter Handkes spektakulärer Auftritt 1966 in Princeton bewirkte 1967 indirekt das Ende der Tagungen.

Die österreichische Literatur lebte, wurde aber, wenn überhaupt beachtet, als Literatur deutscher Sprache, verkürzt als deutsche Literatur, ihre Autorinnen und Autoren als Deutsche wahrgenommen. Nicht nur deshalb war es das Ziel vieler österreichischer Autoren und Autorinnen, für das eigene Werk einen Verlag der Bundesrepublik Deutschland zu finden.

Im Fokus der Aufmerksamkeit waren die großen Romane der Zwischenkriegszeit, die neuen Romane der Heimkehrer- und Kriegsgeneration, die Weltliteratur des Exils und bereits hier die Trennung nach Gutdünken und Laune der Großkritik; erinnert sei an die geteilte Rezeption der Brüder Heinrich und Thomas Mann oder von Peter Weiss. Namhafte österreichische Verlage waren an einer Hand abzuzählen, ihr Interesse an Lyrik war beschränkt, freie Plätze schon vergeben. Glücksache war, ob man sich den Vorstellungen der Entscheidungsträger und auch -trägerinnen anpassen konnte. Es gab die radikale Ablehnung der Traditionen durch die kommenden Jungen, gebildete Internatsschülerinnen und -schüler, auch Studenten der Medizin, der Psychoanalyse, der Soziologie. Die Auseinandersetzung mit der Führung des PEN-Clubs um die Vergabe des großen Staatspreises an Hans Carl Artmann war der Höhepunkt der Polemik des PEN-Präsidiums contra Gegenwartsautoren – und dieser gegen eine als vollkommen überholt empfundene literarische Ästhetik, ihre Verfahren und Themen.

1966 präsentierte die Österreichische Gesellschaft für Literatur unter Wolfgang Kraus den jungen italienischen Schriftsteller Claudio Magris mit seinem von Madeleine von Pásztory aus dem Italienischen übersetzten Werk *Der habsburgische Mythos in der modernen österreichischen Literatur* (Salzburg: Otto Müller 1966, Originaltitel: *Il mito absburgico nella letteratura austriaca moderna*, 1963). Die Ablehnung dieses Befundes einer literarischen Epoche und die Behauptung ihres tiefenstrukturalen Weiterwirkens nach 1945 war sowohl bei den Konservativen als auch bei der Avantgarde allgemein und aus semantischen Gründen verbissen, denn italienisch *mito* und deutsch *Mythos* bedeuten nicht dasselbe. Das Thema jedoch wäre einer neuen Betrachtung wert.

Verdikt der Neuen: Keine Inhalte mehr, Inhalte sind Lüge, Ideologie, Kitsch. Sprache ist Material. Als Material sei Sprache frei von Bedeutung, Verführung, Klischee. Es gab verstoßene Wörter, verschränkte Syntax, die Metathese, verfremdete Redewendungen, Reihungen, Zitate „gefundener Texte" aus Schul-, Lehr- und Sprachbüchern verschiedener Epochen, Serien im Vorbeifahren notierter Nummernschilder von Fahrzeugen mit Buchstaben/Zahlenkombinationen, da war der Weg zur Montage „gefundener" Textpassagen nicht weit.

Authentisches Wortmaterial war in den heimischen Dialekten zu finden; H. C. Artmann, dessen hochsprachliche Poesie und Prosa seit 1950 publiziert war, fand in der genialen Verschränkung von Lautschrift und archaisierendem Lexikon mit dem Band *med ana schwoazz dintn* 1958 große Aufmerksamkeit. Seine graphisch wie phonetisch verfremdete Kunstsprache des Wienerischen aus dem Fundus von Volkssage und Theater näherte die neue Dialektdichtung unter der Maske von Comics, Heftchen- und Fotoromanen der modernen Popkultur an und brachte sie auf die literarische Höhe der Zeit. Hochsprachliche und avantgardistische Literatur aus Österreich fand alsbald unter den Euphemismen „Wiener Gruppe" und „Grazer Gruppe" Anerkennung im deutschen Feuilleton, selbst in Teilen der deutschen Germanistik; mit der Ablehnung des Internationalen PEN, eine zweite, autonome Sektion – der im Ausland weit erfolgreicheren, im heimischen PEN-Club oft abgelehnten Avantgarde – in Österreich zuzulassen, kam es 1973 zur Versammlung des Freundeskreises der Schriftsteller, Maler, Filmemacher, Philosophen und anderer Komponisten in Graz, die sich den Namen Grazer Autorenversammlung gab und mit H. C. Artmann als erstem Präsidenten nach dem Vereinsgesetz konstituierte.

Bereits 1970 war im niederösterreichischen Neulengbach die Literaturvereinigung PODIUM um die Schriftsteller Alfred Gesswein, Alois Vogel, Wilhelm Szabo gegründet worden. Um dieselbe Zeit forderte der Arbeitskreis der österreichischen Literaturproduzenten den „Einsatz freiwerdender Mittel zur Entwicklung von künstlerischen und wissenschaftlichen Arbeitsmöglichkeiten, die die Produzenten vom Bittstellerdasein befreien"[5]. In Zusammenarbeit mit der Jugend und Volk Verlagsgesellschaft startete 1972 die vom Arbeitskreis „eigenverantwortlich redigierte" Reihe *Edition Literaturproduzenten*, die bis 1975 in zwanzig Bänden Belletristik, Projekte, Theorie und Dokumentation veröffentlichte.

Mitglieder dieses Arbeitskreises zählten 1973 zu den Gründungsmitgliedern der Grazer Autorenversammlung, andere kamen später hinzu, wieder andere traten aus der GAV aus. Die periodischen Zusammenkünfte, jährlichen Großveranstaltungen, Projekte und Arbeitskreise der Mitglieder der GAV wirkten auf die persönliche und künstlerische Entwicklung einzelner Autorinnen und Autoren und auf die Kulturpolitik des Landes. Neben dem Bestreben nach mehr und besser dotierten Stipendien bei Transparenz und Wechsel der Jurys und des Beirats des Kunstministeriums, forderten Arbeitskreise der GAV – in Fortsetzung der Literaturproduzenten und auch der IG-Autoren – die Verbesserung der sozialen Lage der Schriftsteller. In den Siebzigerjahren wurden auch Debatten zu Form und Inhalt der zu schreibenden Texte geführt, die aus Gründen des Vereinszusammenhalts in der Feststellung mündeten, daß man Qualität nicht messen könne.

Hier ist an Ernst Jandls mehrmals geäußerte These zu erinnern, die Aufgabe des Künstlers sei es, sich dessen bewußt zu sein, „in eine Reihe zu treten" und sich zu bemühen, mit der eigenen Arbeit etwas noch so geringes Eigenes zu schaffen, das einen befähige, sich in diese Reihe zu stellen. Das Eigene schaffen. Mit dem Schreiben von Texten möglichst aller literarischen Genres, die sich neben die Texte der großen Vorbilder stellen dürfen, sein Brot verdienen, war das Ziel und sollte auf dem österreichischen Schriftstellerkongreß von 1981 mit dem formulierten Selbstverständnis eines „arbeitnehmerähnlichen Berufsbildes" zu mehr Stipendien und zur Errichtung von Literaturhäusern führen. Die Jurys wurden für einige Zeit transparent und nach Vorschlägen der Literatur-Verbände mit unabhängigen Künstlern in abwechselnder Besetzung berufen. Kleinverlage wurden gegründet.

Die Erkenntnisse der sozialen, politischen Frauenbewegung und die Aufarbeitung der verschwiegenen Geschichte Österreichs führten zu einem Ansatz literarischer Produktion mit den Mitteln der avancierten literarischen Techniken der Zeit. In diesem Kontext entstand der Roman *Februarschatten* (1984) von Elisabeth Reichart. Die Jagd auf 500 Gefangene aus einer Sonderbaracke des Lagers Mauthausen, meist sowjetische Offiziere, die in der Nacht auf den 2. Februar 1945 ausgebrochen und bis auf 17 Überlebende von der Bevölkerung hingemetzelt worden sind, ist der verstörende Urgrund der verstörten Protagonistin Hilde. In 17 Kapiteln einer fragmentierten Prosa aus Selbstgesprächen der zur Zeit des Geschehens jugendlichen Zeugin, Rückblenden und Vorblenden auf das Leben dreier Generationen der beteiligten oder wissend schweigenden Proletarierfamilie bis in die erzählte Zeit, Schuld und Verteidigung im Gespräch, das in Wirklichkeit nicht stattfindet, Einwortsätze an die Tochter Erika, Schriftstellerin, der Mutter vergeblich Fragen stellend, so wie ein Sprechen der Bevölkerung über die Verbrechen nicht stattfindet. Gewissenserforschung zerrissen, vorher, nachher, währenddessen. Schuld und Schweigen. Einsam-Sein. Diese vielleicht erste in Sprache gegossene Sprachlosigkeit einer Generation traumatisierter Zeugen von Naziverbrechen in Österreich ist das starke Debüt einer bis heute die Ehre der Literatur verteidigenden österreichischen Autorin Elisabeth Reichart.

Was ist nach dem österreichischen Schriftstellerkongreß 1981 geschehen? Viele Verlage, viele Funktionäre, eine Flut von Publikationen. Der Fall der Berliner Mauer. Druckwerke verschwunden, Lektoren, Korrektoren verschwunden. Dichterinnen-Namen aus der Öffentlichkeit verschwunden, Studenten der deutschen Sprache weltweit verschwunden. Germanistische Institute weltweit geschlossen. Germanisten von Arbeitslosigkeit bedroht. Lesen, Schreiben, Sprechen verkürzt und verändert. Eine neue Rechtschreibung mußte her. Wem nützt sie?

Die Literaturproduzentin ist nicht nur vom Verlagskapital als „selfemploying labourer" abhängig. Als Literaturproletarierin sieht sie sich neuen „selfemploying editors" gegenüber, die selber nicht einmal leere Waschmittelpakete an die Frau bringen würden, da für sie die Literaturproletarierin nicht nur als Handlangerin, sondern Lektorin, Korrektorin, Setzerin und Verkaufsgehilfin – letzte Feudalenklave Kunstdistribution – Frondienst verrichtet.

Verfallserscheinung? Das Verschwinden der Sprache aus der Literatur? Literatur, durch neue Medien ersetzt. Demokratisierung bringt Ausbreitung, aber Verlust der Tiefe? Sprachveränderung rasant. Wir lernen Englisch, wir produzieren Unterhaltungsliteratur.

„Alles Vergängliche ist nur ein Gleichnis", sagt Johann Wolfgang Goethe. Was sagt der Buchmarkt? Alles Vergleichbare – Tauschwert sei Dank – ist vergänglich.

---

1 Literaturhistorische Fakten und Gedanken in diesem Aufsatz verdanke ich zwei Werken: Gershom Scholem: Walter Benjamin und sein Engel. In: *Zur Aktualität Walter Benjamins*. Aus Anlaß des 80. Geburtstags hg. von Siegfried Unseld. Frankfurt a. Main: Suhrkamp 1972, S. 87–138; und Josef Nadler: *Literaturgeschichte Österreichs*. Linz a. D.: Österreichischer Verlag für Belletristik und Wissenschaft 1948.
2 Michael Springer: Urheber oder Produzenten? In: Edition Literaturproduzenten. *Null-Nummer*. Hg. vom Arbeitskreis Literaturproduzenten. Wien-München: Jugend und Volk 1971, S. 17–21.
3 Ebd., S. 18.
4 Ebd., S. 19.
5 Vgl. Erste Erklärung des Arbeitskreises der österreichischen Literaturproduzenten. In: Edition Literaturproduzenten. *Null-Nummer*, S. 6.

Barbara Neuwirth im Gespräch mit Elisabeth Reichart

Haus der Frauen

Barbara Neuwirth: 1995 war Österreich Schwerpunktland auf der Frankfurter Buchmesse und die österreichischen Autoren standen im Mittelpunkt des nationalen und internationalen Interesses. Die Autorinnen weniger, und um hier zu korrigieren, habe ich das Buch *Schriftstellerinnen sehen ihr Land. Österreich aus dem Blick seiner Autorinnen* herausgegeben. Einer der besonders forcierten Beiträge, den ich immer als Schmuckstück im Buch erachtete, kam von dir. Dein Text „Haus der Frauen" hat, finde ich, an Brisanz und Wahrheit nichts verloren. Du hast ihn jetzt wieder gelesen. Wie ist es dir damit gegangen?

Elisabeth Reichart: Ich fand ihn sehr ironisch und witzig und war überrascht, dass ich aus dieser Distanz über das Problem, das damals noch aktueller war für mich, schreiben konnte.

B. N.: Und wenn du den Inhalt auf heute umlegst, wie geht es dir damit? Hat sich was verändert aus deiner Sicht?

E. R.: Ich glaube, dass der Literaturbetrieb brutaler geworden ist. Es wirkt auf mich so, als müsse man so und so aufgemascherlt sein und den Türsteher kennen, um heute in den Literaturbetrieb zu kommen. Ich merke das an den jungen AutorInnen, die auftreten, als wäre der Literaturbetrieb eine Disco. Und der Eintritt ist nur möglich bis 25. Das war nicht so, als ich zu schreiben begann. Die jungen Frauen glauben, überall dabei sein zu müssen. Es ist auch erstaunlich, wie sie mit Kolleginnen umgehen, wenn sie einschätzen, dass man ihnen nicht mehr nützlich ist. Das sind Verhaltensmuster, die habe ich als junge Autorin nicht erlebt und gekannt. Vielleicht gab es das damals auch, dass man ab 30 nicht mehr reinkommt, das weiß ich nicht, es war jedenfalls nicht so auffallend.

B. N.: Ich bin am Mentoring-Projekt des BMUKK beteiligt, das für alle Kunstsparten zur Förderung von jungen Frauen installiert wurde. Es ergänzt die Startstipendien, also die Förderung für die Unter-30-Jährigen. Zweien von den Einreicherinnen für ein Stipendium wird angeboten, aus einem mit Fachfrauen besetzten Pool individuell eine Mentorin zu wählen, von der sie ein Jahr lang Unterstützung erfahren können. Das Projekt zielt darauf ab, mithilfe von Role Models das symbolische Kapital der Frauen zu mehren. Die Mentorinnen sind gestandene Kunstschaffende und Kunstvermittlerinnen, aber von den Mentees kommt auch der Wunsch, Mentoren im Angebot zu finden. Manche junge Frauen wollen sich lieber in traditioneller Hierarchie an „starken Männern" orientieren.

E. R.: Es ist ein totales Rollback. Die wissen, die Männer haben die Macht, im Literaturbetrieb ist es so. Also hoffen sie: Wenn ich einen Mann als Mentor habe, der kann mich einem Verlag vorstellen. Wichtig in diesem Zusammenhang ist schon, wie sich der Betrieb verändert hat. Die Jungen sehen keine Chance ohne Kontakte. Ich hätte gar nicht schreiben können, wenn ich jeden Abend weggegangen wäre, unmöglich! Ich hasse dieses Nur-so-Rumstehen und Blablabla, sich zeigen, damit man gesehen wird. Mich reden die Leute dann ja an, wenn ich ausnahmsweise wo bin, weil eine Freundin liest. Vorwurfsvoll. „Sie sieht man aber selten!" Anders kann ich aber nicht arbeiten, für mich bedeutet es Stress, wenn ich am Abend weggehen muss, ich brauche diese offene Zeit.

B. N.: Ich brauche diese Freiräume des Rückzugs am Abend auch. Sie sind einfach nötig für die Psyche und um Raum zu schaffen für die Denk- und Schreibarbeit.

E. R.: Ich bin auch nicht überzeugt davon, dass dieser soziale Druck für die Literatur gut ist. Bis jetzt hat mich noch keiner davon überzeugen können.

B. N.: Zu dem Zeitpunkt, als du „Haus der Frauen" geschrieben hast, warst du schon eine anerkannte Autorin. Trotzdem kritisierst du im Text, dass du in bestimmte Bereiche gar nicht reinkommst.

E. R.: In meinem Leben gab es Fenster für den Zugang zu bestimmten Bereichen. Es gab z.B. das Theaterfenster. Und das waren Frauen, ausschließlich Frauen, die mir den Platz gegeben haben und meine Stücke inszenieren wollten. Wichtig waren zum Beispiel Elisabeth Wäger bei den Wiener Festwochen und Christine Wipplinger, die als Regisseurin ein Stück im Theater in der Drachengasse inszenierte. Aber die Drachengasse hat sich ja total verändert. Brigitte Heusinger, eine Dramaturgin in Linz, war an meinen Stücken sehr interessiert, die Off-Theaterszene ein bisschen. Zumindest für mich hat sich das Fenster aber wieder geschlossen, obwohl die Stücke erfolgreich waren. Das nützte nichts.

B. N.: Wurdest du von einem Theaterverlag vertreten?

E. R.: Ich hatte einen in Deutschland, den habe ich dann aber gekündigt, weil Gruppen, die die Stücke aufführen wollten, unleistbare Bedingungen abverlangt wurden. Der Verlag benahm sich im Streben nach Gewinn nur destruktiv. Dann war ich mit zwei Stücken in einem österreichischen Theaterverlag, der aber nichts gemacht hat. Man wartete auf den „Ansturm von selbst". Ich bin mit diesen Erfahrungen allerdings kein Einzelfall, die Theater haben sich geschlossen. Ich komm jetzt nochmals auf etwas zurück, das mich selbst langweilt, weil's immer wieder kommt: Es ist auch eine Frage des Alters. Denn die Theater wollen 20-jährige AutorInnen, die alles mit sich und vor allem ihren Stücken machen lassen. Die wollen keine fertigen Stücke haben, sondern Textflächen.

B. N.: Das sind sie von Elfriede Jelinek gewöhnt.

E. R.: Leider hat sie einen Dammbruch bewirkt, leider. Weil sie mit den Textflächen inszenatorisch machen können, was sie wollen, erwarten die Regisseure das jetzt von allen. Und wer macht da mit? Das machen 20-Jährige, die hoffen, dass sie reüssieren können. Und manche werden dann so verheizt bis zum Selbstmord, mir kommt Sarah Kane in Erinnerung, diese talentierte Engländerin, die mit 20 so erfolgreich war und sich als 28-Jährige umgebracht hat. Es ist ein ganz brutales Gewerbe geworden. Ich bin froh, dass ich nicht mehr so jung bin. Aber ich bin noch immer, wie ich es im „Haus der Frauen" auch beschreibe, nicht der Mensch, der Türen einrennt und anderen hinterherrennt, um irgend wo reinzukommen. Ich weiß nicht, ob Frauen damit auch Erfolg haben, Männer haben ihn. Schau dir an, wie viele Bestsellerautoren es in Österreich gibt – das hat nichts mit Qualität zu tun! Ich kenne Bücher von Frauen, die mich viel mehr überzeugt haben als dieses Gängige, das so toll sein soll. Bei den meisten bin ich über das Hineinlesen in der Buchhandlung nicht einmal hinausgekommen.

B. N.: Im Text schreibst du auch davon, dass die mediale Öffentlichkeit für dich als Frau nicht zugänglich ist. Siehst du da eine Veränderung?

E. R.: Damals hatte ich noch ein bisschen mehr Zugang. Es gab generell mehr Interesse an den Autorinnen und Autoren, mehr Möglichkeiten, essayistische Beiträge unterzubringen, mehr Literatursendungen im Rundfunk und mehr Aufforderungen von Zeitungen – bei mir zwar weniger, aber für die Männer. Jetzt gibt es keine Essaybände mehr – oder ich kriege das nicht mit, ich werde jedenfalls nicht mehr aufgefordert, für Essaybände einen Beitrag zu verfassen. Für mich hat sich die Landschaft verändert, es ist eindeutig schlechter geworden. Ich habe den Eindruck, dass auch die Kollegen wenig gefragt sind. Ein Kollege hat mir erzählt, dass ihm sein Verlag gesagt hat: „Bring ja keinen Essayband, wir machen keinen mehr." Kriegst du noch Aufforderungen?

B.N.: Gelegentlich fürs *Presse Spektrum*, ein gewachsener Kontakt. Aber sonst schon seit Jahren nicht mehr. Man hat den Eindruck, dass es nur noch eine Handvoll AutorInnen gibt, die medial angefragt werden – je nach bereits vorhandenen Kontakten zu den Medien.

E.R.: Schade. Auch Ö1 hat sich total verändert.

B.N.: Ich habe ein Hörspiel geschrieben – schon abgelehnt. Lucas Cejpek wollte es gerne machen, es ist eine feministische Sicht auf den Eurydike-Stoff, den ich auch schon dramatisch bearbeitet habe. Das Stück ist damals in Linz und Salzburg aufgeführt worden. Das Hörspiel bedient sich eines Strangs des Dramas und ist eine gänzlich neue Arbeit. Der Redakteur fand aber auf die in seiner Ablehnungsmail selbstgestellte Frage, „warum man zu den ohnehin schon bestehenden Variationen des Themas noch eine neue hinzufügen" sollte, keine Antwort außer, dass er („wir") „bei Hörspiel-Neuproduktionen in erster Linie an zeitgenössischen Inhalten und Formen" interessiert sei. „Selbstverständlich gibt es Ausnahmen", räumte er dann gleich noch ein, allerdings ohne die Kriterien dafür preiszugeben. Ich verstehe schon nicht, was an meinem Hörspiel nicht zeitgenössisch sein soll … Jetzt ist es also abgelehnt und ich weiß, in Österreich habe ich keine Chance mehr, es woanders anzubieten. Ein Redakteur bestimmt über die Hörspielproduktion in ganz Österreich.

E.R.: Seitdem der Konrad Zobel weg ist, ist es wieder eine Altersfrage. Und in Deutschland kommst du als Österreicherin gar nicht rein, wenn es keine Koproduktion mit dem ORF gibt. Die haben selbst so viele Schreibende, manche haben hundert Hörspiele geschrieben, die leben nur von Hörspielen. Es ist dasselbe wie am Theater: Wir haben es mit einer Generation der Selbstmacher zu tun. Weil die Fluktuation immer schneller wird, deshalb machen sie, so lange sie an den Schalthebeln sitzen, am liebsten alles selbst. Das heißt dann: Bearbeitungen. Wochenlang sind dann in Deutschland die Hörspielsendeplätze belegt von „bearbeitet nach Thomas Mann". Und die Bearbeitung machen die Regisseure und Redakteure, das machen nicht mehr die AutorInnen.

B.N.: Im „Haus der Frauen" schreibst du davon, wie du von einer öffentlichen Runde wegen deines Inputs „zurechtgewiesen" wirst. Es gibt immer wieder Respektlosigkeiten von Männern gegenüber Frauen, die ihren Vorstellungen nicht entsprechen. Ich denke jetzt auch an den Auslandslektor, der einen Kommentar im *Wespennest* unterbrachte, in dem er dir unterstellt, du lehntest es ab, mit dem Publikum zu diskutieren,

E.R.: – habe ich nie!

B.N.: Er empört sich darüber, dass du nicht an einem ernsthaften Gespräch mit dem Leser interessiert wärst.

E.R.: Aber das war was ganz anderes! Seine Frage war, ob ich beim Schreiben an den Leser denke, das habe ich verneint. Denkst du beim Schreiben an die Leser? Da würde ich ja wahnsinnig!

B.N.: Nein. Der Artikel des Lektors beginnt mit dem Eigenauftrag: „Am 16. Mai [2001] erhielt Elisabeth Reichart den Anton Wildgans-Preis – ein Ereignis, das zur Stellungnahme herausfordert", um die Qualität einzelner Bücher – immer im Widerspruch zu bejahenden, lobenden Kritiken – zu bezweifeln, ja mehr noch, er steigert sich durch seine Sichtweise auf das Stück *Sakkorausch* zum Befund: „Ein Skandal, der freilich noch niemandem aufgefallen ist." Abschließend fragt er bedeutungsvoll: „Ist sich die österreichische Industrie wirklich bewusst, wem sie da […] ihren Preis verliehen hat?"

E.R.: In der Jury saßen Brigitte Hamann und Wendelin Schmidt-Dengler, der die Laudatio hielt. Jetzt fällt mir ein, während der Preisverleihung passierte auch etwas Ungewöhnliches. Denn nach meiner kleinen Dankesrede wurde ich vom Gastgeber, dem Vertreter der Industriellenvereinigung, belehrt! Ich hatte etwas über die Situation arbeitender Menschen gesagt und er fand sich herausgefordert, „die Unternehmer" zu verteidigen. Das muss man sich vorstellen, der Gastgeber hat nach meiner Dankesrede die Bühne erklommen und gesagt: „So geht es nicht, so kann man die Welt nicht sehen." So mag ich nicht behandelt werden. Bei mir erlischt dann das Interesse.

B.N.: Dieses kleinliche Reagieren, das Nicht-stehen-lassen-Können einer kritischen Stimme habe ich bislang nur erlebt, wenn es um Frauen ging.

E.R.: Ja, einem auszuzeichnenden Autor würde das nicht passieren.

B.N.: Wie gehst du damit um, wenn so was passiert?

E.R.: Kommt darauf an, wie ich selbst drauf bin. Ich habe auch einmal die Erfahrung gemacht, in der Kritik attackiert zu werden mit dem Eindruck, dass es nicht mehr um den Text geht. Es gab eine Kritik zu *Komm über den See*, das war wie eine Vernichtung. Da bin ich depressiv geworden, konnte lange nicht schreiben. Die kennen dich nicht einmal und wollen dich vernichten. Nach dem zweiten Buch, das war die massivste Erfahrung.

B.N.: Nach dem Buch *Fotze* gab's auch negative Stimmen?

E.R.: Nein, da war großes Schweigen! Außer Rühm, der es gelobt hat im *Standard* in dieser Serie ... was für eine Geschichte: Mein Uraltfreund Erwin Einzinger wurde vom Redakteur Michael Cerha aufgefordert, im Schneeballsystem (das ich abgelehnt habe!) über jemanden zu schreiben, und er hat mich vorgeschlagen. Aber der Redakteur fand das unpassend: „Da gibt es schon viel Bessere, überlegen Sie noch einmal, nehmen Sie doch wen anderen", wehrte er den Vorschlag ab. Einzinger hat eingelenkt und dann Rosei genommen. Aber als Rühm drankam, hat der mich genommen. Der Herausgeber muss sich ja in den Schwanz gebissen haben, wenn er so beweglich war, aber Rühm war berühmt und hat sich nichts dreinreden lassen. Er schrieb seine Lobeshymne über *Fotze*. Ich finde das Schneeballsystem übrigens deshalb so schlecht, weil die Herausgeber sich jeder Verantwortung entziehen, dann aber doch mitmischen, wie ich eben vom Einfluss auf Erwin Einzinger weiß – und wer weiß, bei wie vielen noch. Als Autorin aber bist in der Bredouille, weil alle, die du nicht nimmst, beleidigt sind. Ich gehe auch nicht gerne in Jurys, weil ich nicht gerne über andere urteile.

B.N.: Du hast in deinen Texten weibliche Hauptfiguren. Möchtet du auch über Männer schreiben.

E.R.: Sie kommen doch vor. Also der Bruder in *Die unsichtbare Fotografin* ist schon eine wichtige Figur, auch der Fotograf, ihr Kollege. Aber als Hauptfigur reichen sie nicht aus für mich. Frauen sind interessanter, vielfältiger, vielschichtiger. Hast du schon einmal Männer als Hauptfiguren genommen?

B.N.: Nur in einer Kurzgeschichte. Ich würde es schon gerne einmal probieren als eine Abenteuerreise. Und gleichzeitig scheue ich mich davor, weil ich das Gefühl habe, dass manches, was ich schreiben werde, mich ernüchtern wird, weil Schreiben auch ein In-die-Wahrheit-Setzen ist.

E.R.: Ist das so schlimm?

B.N.: Ich habe manchmal eine düstere Einstellung zum Leben. Zum Beispiel wenn ich Menschen anschaue, habe ich das Gefühl, Menschen sind hässliche Wesen. Mir gefallen Menschen als Wesen nicht. Ich schaffe es, einzelne Menschen als nicht hässlich zu empfinden. Ich spreche nicht von Äußerlichkeiten. Als 14-Jährige habe ich in mein Notizbuch geschrieben: Ich bin der Meinung, 11/10 der Menschheit gehören ausgerottet. Der totale Overkill.

E. R.: Vielleicht bist du die wiedergeborene Druskowitz. Die wollte auch die Menschen reduzieren, wobei sie nicht unrecht hatte, die Überbevölkerung macht uns kaputt.

B. N.: Mir ging es nicht um Überbevölkerung, ich war jugendlich radikal und hatte so hohe ethische Ansprüche, denen niemand – ich selbst auch nicht – genügen konnte. Weil ich aber verstand, dass der Overkill nicht gelingen kann, habe ich mir die Illusion einer Gesellschaft zugelegt, in der ich gestalten kann und etwas verändern.

E. R.: Aber das ist doch keine Illusion. Irgendwann muss das passieren oder wir gehen zugrunde. Wir steuern auf das Entweder-Oder zu. Wenn wir weiter die Erde vernichten, wird sie uns nicht mehr ernähren können. Wenn wir weiterhin so brutal miteinander umgehen, und die Brutalität nimmt ja zu, dann wird es sich nicht mehr ausgehen.

B. N.: Die Vorstellung der gestaltbaren Gesellschaft empfinde ich oft als Illusion, die aber nötig ist, denn nur auf der Basis dieser Illusion kann sich Hoffnung entwickeln. Also im Frauenzusammenhang kommen wir schon wieder weg von manchen Errungenschaften, die wir mühselig erkämpft haben. So viel Engagement und Arbeit von so vielen Frauen und das Erreichte genügt nie oder steht schon wieder in Frage. Das geht alles so wahnsinnig zäh.

E. R.: Aber wir arbeiten heute auf einem anderen Niveau. Ohne Kampf hätte sich nichts verändert.

B. N.: 30 Jahre feministische Arbeit, manchmal bin ich auch müde ... aber eh nur kurz!

E. R.: Bei meinem ersten Writer-in-Residence-Aufenthalt in den USA, das ist ewig lang her, da war ich damit konfrontiert, dass für die Studierenden die Bachmann altmodisch war. Sie hatten das Gefühl, emanzipiert auf die Welt gekommen zu sein. Altmodisch in den Augen von 20-Jährigen – das war ein Schock für mich. Allerdings: Wo ich war, da gab es keine Diskriminierung, ohne dass Frauen gleich vor Gericht gingen. Die College-Studentinnen waren in einer privilegierten Situation. Anders schaute es im banalen Alltag aus, im Billigrestaurant zum Beispiel. Deshalb dachte ich, arme junge Frauen, euch wird das Leben nur so um die Ohren fetzen, wenn ihr die heile Welt der Uni verlassen habt.

B. N.: Du bist zu deinem Stammverlag in Österreich zurückgekehrt.

E. R.: Ja, schon länger. Dass der Otto Müller Verlag meine Bücher hat, ist gut, er verramscht keine Bücher. Ich habe zwei Ausflüge zu großen Verlagen gemacht, beim ersten Mal ging der Lektor weg, der mich wollte, und der Nachfolger wollte sich einen Namen mit eigenen Autoren machen, und beim zweiten Mal haben sie von mir verlangt, *Das Haus der sterbenden Männer* „publikumswirksam" umzuschreiben. Der Chance, wenn ein großer deutscher Verlag dich will, kann man kaum widerstehen. Gott sei Dank habe ich der neuen Versuchung widerstanden, als man mich wieder abwerben wollte. Denn im Jahr darauf war auch dieser Lektor weg.

B. N.: Wenn du diese 30 Jahre literarisches Leben in der zunächst noch nur durch männlich dominierte Institutionen geprägten Szene bedenkst, was fällt dir abschließend ein?

E. R.: Traurig, dass es uns nicht gelungen ist durchzusetzen, dass Autorinnen, die ein paar Bücher und ein, zwei Preise bekommen haben, ein Grundeinkommen bekommen. Das Ansuchen um Stipendien finde ich grauenhaft, es ist ein Lotteriespiel, irgendwie unwürdig. Natürlich macht man es, wenn man weiß, es gibt jetzt kein neues Buch. Und dann muss man eine nicht zu kleine Anzahl Seiten vierfach einschicken, das sind schon Kosten, denn wenn man kein Geld hat, ist alles zu viel. Schade, dass wir das nicht geschafft haben. Auch die Lösung mit der Versicherung in der Gewerblichen Wirtschaft ist unbefriedigend. 20 Prozent Selbstbehalt bei Arztbesuchen – ich war seitdem nicht mehr beim Arzt! Wir sind ja keine Unternehmer! Da hat sich was zum Schlechten verändert.

B.N.: Ich finde es ja gut, dass wir jetzt auch eine Pensionsversicherung haben, als Letzte, die mit ihrem künstlerischen Beruf eine Versicherungsmöglichkeit bekommen haben.

E.R.: Tja, ich habe neben dem Studium immer gearbeitet, aber keine Versicherungszeiten erworben. Ich habe in Mauthausen gearbeitet. Hab ich an Pension gedacht? Wir waren so naiv, haben immer gearbeitet, aber nicht angemeldet. Es war ganz üblich damals.

B.N.: Ja, es war üblich, aus Idealismus ohne Anstellung jahrelang zu werken – bei mir war es halt viele Jahre lang der Wiener Frauenverlag.

E.R.: Eine Hauptillusion war, dass wir für alles selbst verantwortlich sind und wenn wir es gut machen, ernst genommen werden. Ich finde das Leben so schön ohne Illusionen, man hängt nicht mehr den falschen Dingen nach.

Das Gespräch über Zusammenhänge von Literaturbetrieb und Geschlecht, ausgehend von dem Text „Haus der Frauen", fand im März 2013 in Elisabeth Reicharts Wohnung statt.

**ELISABETH REICHART
BIOGRAFIE
AUSWAHLBIBLIOGRAFIE**

BIOGRAFIE

Elisabeth Reichart

Geboren wurde ich 1953 in Steyregg/OÖ, weitere wichtige Orte: die Natur, besonders all ihre Gewässer, Traun, Linz, Salzburg, Gmunden, München, Tokio, Nagoya, New York, Berlin, Paris, Rom und Wien, wo ich als freie Schriftstellerin lebe.

Matura an der Höheren Lehranstalt für Fremdenverkehrsberufe, Klessheim, Salzburg, inklusive sommerlicher Praktika und dem Aufgeben des Schreibens. Anschließend war ich ca. ein Jahr im Fremdenverkehr tätig.

Studium der Germanistik und Geschichte in Salzburg und Wien, während dieser Zeit begann ich wieder zu schreiben. Abschluss mit der Dissertation *Heute ist morgen: Fragen an den kommunistisch organisierten Widerstand im Salzkammergut* (Salzburg 1983) bei Prof. Dr. Erika Weinzierl. Da ich mir das Studium selbst verdienen musste, arbeitete ich als Kindermädchen, gab Nachhilfestunden in Englisch und betreute während der Dissertationszeit zwei Jahre lang Schulklassen in der Gedenkstätte Mauthausen.

Einige Jahre als Lektorin im Verlag für Gesellschaftskritik tätig, nebenbei Studium der Japanologie (abgebrochen wegen Zeitmangels); seither erfolgt meine Bildung manchmal über Seminare (Lebens- und Sterbeberatung, Meditation, Yoga), aber vorwiegend privat, vor allem durch das Schreiben, mit Hilfe von Büchern und Gesprächen mit anderen Künstlerinnen/Künstlern, angeregt von meiner Neugier auf den sich mit jedem neuen Thema erweiternden Blick. Schwerpunkte: Literatur, Philosophie, Malerei, Fotografie, Kunstgeschichte – besonders die vergessenen Künstlerinnen, Philosophinnen, Wissenschaftlerinnen; übersehene Leben und eigensinnige, immer begleitet von den uralten Fragen: woher kommen wir, wer sind wir, wohin gehen wir?

Preise

Talentförderungsprämie des Landes Oberösterreich 1980
Rauriser Förderungspreis 1980 und 1982
ORF/ÖSD Preis 1984
Theodor-Körner-Preis für Literatur 1985
Förderungspreis der Stadt Wien für Literatur 1989
Österreichischer Förderungspreis für Literatur 1993
Elias-Canetti-Stipendium 1995–1997
Österreichischer Würdigungspreis für Literatur 1999
Robert-Musil-Stipendium 1999–2001
Literaturpreis der Salzburger Wirtschaft 2000
Anton Wildgans-Preis der österreichischen Industrie 2000
Landeskulturpreis für Literatur des Landes Oberösterreich 2009

Lehrtätigkeiten und Projekte

GASTPROFESSORIN:
1999 und 2004 Nagoya City University/Japan, Vorlesungen und Seminare, Thema: Cross-Cultural-Studies (auf Englisch)

WRITER-IN-RESIDENCE:
1994 Allegheny College/PA, Thema: Creative Writing
1995 Bowling Green State University/Ohio, Thema: Österreichische Literatur seit 1945
2002 Dickinson College/PA, Thema: Meine Literatur
2005 Grinnell College/Iowa, Thema: Österreichische Literatur
2007 Bowling Green State University/Ohio, Thema: Creative Writing

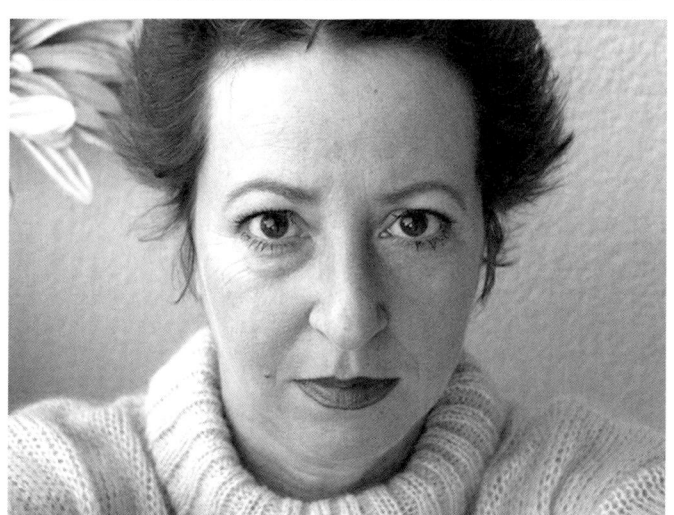

Fotos v. o. n. u.: Fritz Lorber, Ekko von Schwichow, Elisabeth Reichart, Christian Schneider

PROJEKTE:

1992 Leiterin des ersten AutorInnenlabors im Literarischen Quartier der Alten Schmiede, Wien

2008 Musenprojekt im Literarischen Quartier der Alten Schmiede, Wien

2008 Ingeborg-Bachmann-Projekt im Salzburger Literaturforum Leselampe

2009/2010 Tutorium der Salzburger Landesregierung gemeinsam mit dem Lektor Günther Opitz (dtv)

Schreibwerkstätten: Literaturforum Leselampe/Salzburger Literaturhaus, Kinderliteraturhaus Wien, Gymnasien (auch Online-Schreibwerkstätten), Frauengruppen

Lesungen, Vorträge und Lesereisen in Österreich, Schweiz, Liechtenstein, Deutschland, Schweden, Frankreich, Spanien, Tschechien, Slowakei, Slowenien, England, USA, Kanada, Mexiko, Japan, China, Russland

AUSWAHLBIBLIOGRAFIE

Buchpublikationen

Februarschatten. Roman. Wien: Edition Junges Österreich 1984.
Neuauflagen: Berlin: Aufbau 1985; Frankfurt a. Main: S. Fischer 1989; Salzburg/Wien: Otto Müller 1995; Berlin: Aufbau Taschenbuch 1997.
Übersetzungen: *February Shadows.* Ü: Donna L. Hoffmeister. London: The Women's Press und Riverside/USA: Ariadne 1988;
Ü: Zalina A. Mardanova, St. Petersburg: Symposion 2012.

Komm über den See. Erzählung. Frankfurt a. Main: S. Fischer 1988.
Neuauflage: Wien: Deuticke 2001.
Übersetzung: *Viens, traverse le lac.* Ü: Francoise Toraille. Paris: Éditions Métailié 1993.

La Valse. Erzählungen. Salzburg/Wien: Otto Müller 1992.

Fotze. Erzählung. Salzburg/Wien: Otto Müller 1993.

Sakkorausch. Ein Monolog. Salzburg/Wien: Otto Müller 1994.
Übersetzung: *La Valse & Foreign.* Ü: Linda C. DeMeritt. State University of New York (SUNY) 2000.

Nachtmär. Roman Salzburg/Wien: Otto Müller 1995.

Das vergessene Lächeln der Amaterasu. Roman. Berlin: Aufbau 1998.

Danubio im Traumwasser. Kinderbuch. Borchen: Verlag Ch. Möllmann 2000.

Lauras Plan. Jugendbuch. St. Pölten: Niederösterreichisches Pressehaus (NP) 2004.

Das Haus der sterbenden Männer. Roman. Salzburg/Wien: Otto Müller 2005.

Die unsichtbare Fotografin. Roman. Salzburg/Wien: Otto Müller 2008.

Die Voest-Kinder. Roman. Salzburg/Wien: Otto Müller 2011.

In der Mondsichel und anderen Herzgegenden. Gedichte. Salzburg/Wien: Otto Müller 2013.

Herausgeberschaft
Österreichische Dichterinnen. Salzburg/Wien: Otto Müller 1993.

Übersetzung
Antonio auf der anderen Seite der Welt. Kinderbuch. Aus dem Englischen. St. Pölten: Niederösterreichisches Pressehaus (NP) 2005.

Fotos v. o. n. u.: Marko Lipuš
www.literaturfoto.net, Alexander
Golser, Elisabeth Reichart

Theaterstücke
Sakkorausch. UA Wiener Festwochen 1994.
Inselfeier. Eine Farce. UA Hochschule Mozarteum, Salzburg 1996.
Februarschatten. UA OÖ. Landestheater, Linz 1999.
Afrika. Eine Einbildung. UA Theater Drachengasse, Wien 1999.
Abseits. Jugendstück. UA Stadttheater Passing 2000.
Aphrodites letztes Erscheinen. UA Projekttheater Wien 2001.

Hörspiele
Sakkorausch. ORF 1995.
Furien. ORF 1999.
Frohe Weihnachten. ORF, RAI, 2003.

Unselbständige Publikationen (Auswahl)

Die Grenzen meiner Welt sind die Grenzen meiner Sprache. Wiener Vorlesungen zur Literatur. In: *Wespennest* 82 (1991), S. 114–142.

Die innere Landkarte. An Ilse Aichinger. In: *Literatur und Kritik* 259/60 (1991), S. 35–40.

„Es wird gut sein". Im Hintergrund der Völkermord. Die Geschichte der Eva Korngold und ihrer Identitätswechsel. In: *Die Presse*, 22./23. Juni 1991.

Zum Tee bei Hitler. Künstler im Dritten Reich. In: *Die Presse*, 9./10. Oktober 1991.

Aus der Farce „Orchideen für Anni". In: *Literatur und Kritik* 265/66 (1991), S. 72–76.

Das Suchen suchen. Dank an Ilse Aichinger anläßlich der Verleihung des Roseggerpreises 1991. In: *Ilse Aichinger. Dossier 5.* Hg. v. Kurt Bartsch und Gerhard Melzer. Graz: Droschl 1993, S. 170–173.

Die vielen Ichs der Republik und ich. In: *Was wird das Ausland dazu sagen? Literatur und Republik in Österreich nach 1945.* Hg. v. Gerald Leitner. Wien: Picus 1995, S. 114–126.

Haus der Frauen. In: *Schriftstellerinnen sehen ihr Land. Österreich aus dem Blick seiner Autorinnen.* Hg. v. Barbara Neuwirth. Wien: Wiener Frauenverlag 1995, S. 185–192.

Schneesonne. In: *Neue Zürcher Zeitung*, 18./19. März 1995.

Altweibersommer. In: *Manuskripte* 129 (1995), S. 160f.

Nennform des Widerstands gegen die Menschenkälte. [Zu Marie-Thérèse Kerschbaumer]. In: *Der Standard*, 11. August 1995.

Trophäen. In: *Lesungsbilder: Österreichische Schriftstellerinnen und Schriftsteller lesen vor.* Hg. v. Kurt Neumann. Wien: Picus 1995, S. 33–36.

Überall Chinesen. In: *Frust der Lust.* Hg. v. Barbara Neuwirth und Sylvia Treudl. Reinbek: Rowohlt 1996, S. 57–69.

Das Lebkuchenherz auf der Brust. In: *99*, 21 (1996), S. 19–26.

Inselfeier. In: *3 Stück Österreich.* Hg. v. Tomas Friedmann und Petra Nagenkögel. Salzburg: Edition Eizenbergerhof 1996, S. 11–41.

Das fehlende Auge. In: *99*, 21 (1996), S. 17f.

Poesie ist Brot. Ingeborg Bachmanns Radikalität. In: *Neue Deutsche Literatur* 5 (1997), S. 95–104.

Elvira Jakobi oder die Angst vor Stricknadeln. In: *Fremd. Eine Anthologie.* Hg. v. Helmut Eisendle. Wien: Deuticke 1997, S. 147–167.

Auswahlbibliografie

Ein Apfel gegen den Durst. In: *99*, 30 (1998), S. 8–14.

Ein Traum geht um in Europa. In: *Österreich, Europa, die Zeit und die Welt beobachtet von Schriftstellerinnen und Schriftstellern aus Österreich.* Hg. v. Angelika Klammer und Jochen Jung. Salzburg: Residenz 1998, S. 142–157.

Damals. In: *Altes Land, neues Land. Texte zum Erich Fried Symposion 1999.* Hg. v. W. Hinderer, C. Holly, H. Lunzer, U. Seeber. Wien: Dokumentationsstelle für neuere österreichische Literatur 1999, S. 69–72.

Urwald, nichts als Urwald. In: *Script* 17 (1999), S. 7–13.

Schwester und Bruder. In: *„In die Mulde meiner Stummheit leg ein Wort...". Interpretationen zur Lyrik Ingeborg Bachmanns.* Hg. v. Primus-Heinz Kucher und Luigi Reitani. Wien: Böhlau 2000, S. 41 f.

Die Narbe. In: *Österreichisches Lesebuch.* Hg. v. Anton Thuswaldner. München: Piper 2000, S. 252–259.

Annäherungen. In: *Über Österreich zu schreiben ist schwer.* Hg. v. Gerald Leitner. Salzburg: Residenz 2000, S. 170–180.

Abenteuer im Kopf. In: *Schreibweisen. Poeotologien. Die Postmoderne in der österreichischen Literatur von Frauen.* Hg. v. Hildegard Kernmayer und Petra Ganglbauer. Wien: Milena 2003, S. 119–122.

Ja – nein – ja. In: *Schreibrituale.* Hg. v. Batya Horn und Elisabeth Wäger. Wien: Edition Splitter 2004, S. 126 f.

Fast eine Erinnerung. In: *VON SINNEN.* Hg. v. Valerie Besl und Michael Forcher. Wien: Hauptverband des Österreichischen Buchhandels 2004, S. 118–122.

Wir können nicht groß genug von uns denken. In: *Alte Meister, Schufte, Außenseiter.* Hg. v. Manfred Müller. Wien: Sonderzahl 2005, S. 106–117.

Das Leben lebt sich. In: *Die Welt, an der ich schreibe.* Hg. v. Kurt Neumann. Wien: Sonderzahl 2005, S. 168–173.

Der Rat der Königinnen. In: *verliebt, verlobt, ver ...* Hg. v. Sylvia Treudl. Wien: Edition Aramo 2006, S. 121–128.

Fremde Zeichen. In: *Freund und Feind.* Hg. v. Klaus Amann und Fabjan Hafner. Wien: Sonderzahl 2006, S. 129–139.

Morgentau. In: *Verlust und Erinnerung.* Hg. v. Christoph Lingg und Helmut Peschina. Wien: edition aufbruch 2009, S. 44.

Die Wand im Kopf. In: *Marlen Haushofer (1920–1970). Ich möchte wissen, wo ich hingekommen bin!* Hg. v. Christa Gürtler. Linz: StifterHaus 2010, S. 178 f.

Fluchtwege. In: *SALZ* 141 (2010), S. 47–50.

Minus von Kreta. In: *Katze liebt Frau liebt Katze.* Hg. v. Ruth Rybarski. St. Pölten/Salzburg: Residenz 2011, S. 172–183.

Die Wege zu den hundert Eiern. In: *Ein Regenbogen kennt kein Heimweh, Lebensentwürfe chinesischer Frauen.* Hg. v. Luise Kloos und Daniela Unger-Ullmann. Graz: edition keiper 2012, S. 48–62.

Menschen sind wir einst vielleicht gewesen. In: *100 Jahre Jura Soyfer*, Gala im Theater Rabenhof, Wien 2012.

Den Hotels, ein ungeschriebenes Loblied. In: *99*, 96 (2012), S. 17 f.

Zahlreiche Essays, Gedichte und Kurzgeschichten in Sammelbänden, Zeitungen und Literaturzeitschriften.

Beiträge zu Marianne Fritz, Ilse Aichinger, Marie-Thérèse Kerschbaumer, Joseph Roth, Ingeborg Bachmann, Marlen Haushofer, Fred Wander, Christa Wolf, Rezensionen und Einführungen zu japanischen AutorInnen, Kenzaburo Oe, Yoko Tawada u. v. m.

Übersetzungen

The Benefit Concert. In: *Against the grain. New Anthology of Contemporary Austrian Prose,* trans. Richard H. Lawson. Riverside: Ariadne 1997.

The House of Women. In: *Escaping Expectations*, edited by Barbara Neuwirth, translated by Pamela S. Saur. Riverside: Ariadne 2001.

Europe Has a Dream. In: *Europe in flames*, edited and translated by Jari Ehrnrooth and Niilo Kauppi. Helsinki: Helsinki University 2001.

Road on the Edge of Vienna. In: *Beneath Black Stars*, edited by Martin Chalmers, translated by Shaun Whiteside. London: Serpent's Tale 2002.

The Sunday Roast. In: *Austrian Identities*, edited by Craig Decker, translated by Linda C. DeMeritt. Riverside: Ariadne 2004.

Zivot se zivi. In: *Svijet o kojem pi`s´em*, hg. von Naser Secerovic, Biblioteka Sofra, übersetzt bei Connectum Sarajevo. Sarajevo 2007.

Gedichte. In: *The Entrance of the Last Pure Land*. Qinghai 2008.

Nightmare Tale. In: *Shadows of the Past*, edited by Hans Schulte und Gerald Chapple, translated by Gerald Chapple. New York: Peter Lang 2009.

Zusammenstellung von Christa Gürtler und Elisabeth Reichart

KURZBIOGRAFIEN

Kurzbiografien

Herausgeberin

Christa Gürtler geb. 1956 in Linz, Studium der Germanistik, Kunstgeschichte und Publizistik in Salzburg, Literaturwissenschaftlerin, Literaturkritikerin und Geschäftsführerin des Salzburger Literaturforums Leselampe, seit 1984 Lehrbeauftragte an der Universität, seit 2008 Mitkuratorin des Literaturfests Salzburg, Ausstellungskuratorin, zahlreiche Publikationen und Herausgaben, vor allem zur Literatur von Autorinnen, u.a. zu Elfriede Jelinek, Mithg. der Elfriede Gerstl Werkausgabe. Graz: Droschl 2012 ff.

Autorinnen und Autoren

Klaus Amann, geb. 1949, Professor für Neuere Deutsche Literatur und Leiter des Robert-Musil-Instituts für Literaturforschung der Universität Klagenfurt sowie des Kärntner Literaturarchivs. Zahlreiche Publikationen und Herausgeberschaften vor allem zur Literaturgeschichte des 19. und 20. Jahrhunderts sowie zur Gegenwartsliteratur. Herausgeber von Werkausgaben Robert Musils und Christine Lavants.

Linda C. DeMeritt, studierte Germanistik an der Michigan State Universität, seit 1982 Professorin am Allegheny College in Meadville, Pennsylvania, seit 2003 ist sie als Provost und Dean of the College tätig, zahlreiche Publikationen zur österreichischen Gegenwartsliteratur und Übersetzungen ins Englische, vor allem zu Elisabeth Reichart und Elfriede Jelinek. Sie war erste Präsidentin der Modern Austrian Literature and Culture Association (MALCA).

Erwin Einzinger, geb. 1953 in Kirchdorf, Studium der Anglistik und Germanistik in Salzburg, arbeitete als Lehrer an einem Gymnasium in Kirchdorf, lebt als Schriftsteller und Übersetzer (u.a. John Ashbery, Robert Creeley) in Micheldorf. Erwin Einzinger erhielt für seine Prosa und Lyrik zahlreiche Preise, u.a. Landeskulturpreis Oberösterreich (2002) und H.C. Artmann Preis (2010). Zuletzt erschien sein Gedichtband *Barfuß ins Kino*. Salzburg: Jung und Jung 2013. www.erwineinzinger.com

Konstanze Fliedl, geb. 1955 in Linz, Studium der Deutschen Philologie, Kunstgeschichte und Theologie in Wien, von 2002–2007 Professorin für Neuere Deutsche Literatur in Salzburg, seit 2007 in Wien; Mitglied zahlreicher Gesellschaften, u.a. seit 1997 Vorsitzende der Arthur-Schnitzler-Gesellschaft, umfangreiche Publikationen und Herausgaben vor allem zur österreichischen Literatur (u.a. Arthur Schnitzler), literaturkritische Beiträge in Rundfunk und Presse.

Barbara Frischmuth, geb. 1941 in Altaussee, wo sie auch heute wieder als Schriftstellerin und Übersetzerin lebt und ihren Garten betreut. Sie studierte Türkisch, Ungarisch und Orientalistik in Graz, Gründungsmitglied des Grazer „Forum Stadtpark"; in ihrem vielfältigen literarischen Werk beschäftigt sie sich intensiv mit der Vermittlung von Abendland und Orient, Christentum und Islam, zuletzt erschien ihr Roman *Woher wir kommen*. Berlin: Aufbau 2012. www.barbarafrischmuth.at

Karl-Markus Gauß, geb. 1954 in Salzburg, wo er als Schriftsteller, Kritiker und Herausgeber der Zeitschrift *Literatur und Kritik* lebt. Seine zahlreichen Bücher wurden in viele Sprachen übersetzt und oftmals ausgezeichnet, u.a. Vilenica-Preis (2005), Georg-Dehio-Preis (2006), Johann-Heinrich-Merck-Preis (2010), seit 2006 Mitglied der Deutschen Akademie für Sprache und Dichtung, zuletzt erschien *Das Erste, was ich sah*. Wien: Zsolnay 2013.

Brigitte Heusinger, momentan Operndirektorin am Saarländischen Staatstheater Saarbrücken, studierte Psychologie, Germanistik und Philosophie, bevor ihre Theaterlaufbahn begann, die sie an die Oper Frankfurt, an das Mecklenburgische Landestheater Neustrelitz, das Nationaltheater Mannheim, das Landestheater Linz und das Theater Basel führte, wo sie mit so namhaften Regisseuren wie Christoph Marthaler und Hans Neuenfels zusammenarbeitete.

Hans Höller, geb. 1947, Studium der Germanistik und Klassischen Philologie in Salzburg, bis Herbst 2012 Professor für Neuere Deutsche Literatur am Fachbereich Germanistik der Universität Salzburg; zahlreiche Publikationen und Herausgaben, vor allem zu Jean Améry, Ingeborg Bachmann, Thomas Bernhard und Peter Handke, zuletzt erschien: *Eine ungewöhnliche Klassik nach 1945. Das Werk Peter Handkes.* Berlin: Suhrkamp 2013.

Geoffrey C. Howes, geb. 1955 in Detroit, USA, seit 1986 an der Bowling Green State University in Ohio, seit 2002 Universitätsprofessor, von 2000–2005 Mitherausgeber (mit J. Vansant) der Zeitschrift *Modern Austrian Literature*. Zahlreiche Publikationen und Übersetzungen (u. a. Peter Rosei) vor allem zur österreichischen Literatur, zuletzt erschien: 'The Bestiality of Decency': Communal Cruelty in Erich Hackl's *Abschied von Sidonie*. In: *Modern Austrian Prose.* Hg. v. P. Dvorak. Riverside 2012.

Marie-Thérèse Kerschbaumer, geb. 1937 in Garches/Fr., lebt seit 1957 in Wien, Studium der Romanistik und Germanistik, Promotion 1973; erste Veröffentlichungen ab 1964, seit 1971 freischaffende Autorin (Essay, Prosa, Hörspiel, Lyrik) und Übersetzerin literarischer Texte, eine Werkausgabe in dreizehn Bänden und einem Essayband von Hans Höller erschien 2007 im Wieser Verlag, zuletzt veröffentlicht wurde *Freunde des Orpheus.* Essays. Klagenfurt/Celovec: Wieser 2011.

Markus Kreuzwieser, geb. 1957, Studium der Germanistik und Geschichte in Salzburg, freier Literaturwissenschaftler und AHS-Lehrer (BRG-Schloss Traunsee) in Gmunden, seit 1987 Lehr- und Forschungstätigkeit an der Universität Salzburg, Arbeit in der Lehrerfortbildung und Erwachsenenbildung, Mitglied des Adalbert-Stifter-Instituts, Linz, zahlreiche Vorträge und Publikationen zur deutschen Literatur und Deutsch-Didaktik.

Zalina A. Mardanova, geb. 1959 in Norilsk/Russland, Studium der Germanistik an der Nord-Ossetischen Staatsuniversität (NOSU) in Wladikawkas, Doktoratsstudium an der Universität St. Petersburg, seit 1987 Dozentin an der Fremdsprachenfakultät NOSU; Publikationen und Forschungen u. a. zur deutschsprachigen Gegenwartsliteratur und Literatur von Frauen, Tätigkeit als literarische Übersetzerin, Teilnahme an Symposien im In- und Ausland (u. a. Moskau, Paris, St. Petersburg, Wien).

Anna Mitgutsch, geb. 1948 in Linz, studierte Germanistik und Anglistik an der Universität Salzburg, lehrte an Universitäten in England, Südkorea und den USA, wo sie viele Jahre lebte, seit 1985 freie Schriftstellerin, lebt in Linz; ihre Werke wurden in mehrere Sprachen übersetzt und ausgezeichnet, u. a. Österreichischer Würdigungspreis für Literatur (2000), Solothurner Literaturpreis (2001). 2013 erschienen die Essaybände *An den Grenzen der Sprache.* St. Pölten: Residenz und *Die Welt, die Rätsel bleibt.* München: Luchterhand. www.anna-mitgutsch.at

Gerhard Moser, geb. 1962 in Villach, lebt als ORF-Journalist und Literaturkritiker in Wien. Träger des Österreichischen Staatspreises für Literaturkritik (2003).

Petra Nagenkögel, geb. 1968 in Linz, Studium der Germanistik und Geschichte in Salzburg, lebt in Salzburg als Autorin und seit 1996 Leiterin des Literaturvereins „prolit". Leitung von Schreibwerkstätten, Tätigkeiten in der Literaturvermittlung, zuletzt erschien *da die bäume, die sprache, ein schlaf. Anagramme.* Salzburg: Otto Müller 2012.

Barbara Neuwirth, geb. 1958 in Eggenburg/NÖ, Studium der Geschichte und der Ethnologie an der Universität Wien, Ausbildung zur Diplomdokumentarin, lebt in Wien und Mitterretzbach, 1985–1997 Verlegerin im Wiener Frauenverlag/Milena Verlag, Gastprofessuren in den USA, schreibt Prosa und seit 2003 auch Theaterstücke; für ihr Werk wurde sie u. a. mit dem Anton Wildgans-Preis (2005) und dem Förderpreis des Landes NÖ (2009) ausgezeichnet. www.barbara-neuwirth.com

Dana Pfeiferová, geb. 1967 in Dačice, Studium der Germanistik und Bohemistik, 1994–1996 Franz-Werfel-Stipendium an der Universität Wien, Dr. habil., Literaturdozentin am Institut für Germanistik, Universität České Budějovice. Forschungsschwerpunkte: Neuere österreichische Literatur, Libuše Moníková. Zahlreiche Publikationen und Tagungen, zuletzt erschien *Libuše Moníková. Eine Grenzgängerin.* Wien: Praesens 2010.

Evelyne Polt-Heinzl, geb. 1960 in Braunau/Inn, Studium der Germanistik, Politikwissenschaft und Philosophie in Salzburg und Wien, lebt in Hirschwang/Rax als Literaturwissenschaftlerin, Ausstellungskuratorin, Kritikerin und Essayistin, Publikationen vor allem zur österreichischen Literatur um 1900 und der Nachkriegszeit, Frauenliteratur, Lesekultur und Buchmarkt sowie kulturwissenschaftliche Motivuntersuchungen, zuletzt erschien *Österreichische Literatur zwischen den Kriegen. Plädoyer für eine Kanonrevision.* Wien: Sonderzahl 2012.

Katharina Riese, geb. 1946 in Linz, Studium der Volkskunde und Kunstgeschichte in Wien und Basel, lebt in Wien, Schriftstellerin, Publizistin, diverse Brotberufe. Schreibt Prosa, Theaterstücke, Hörspiele, zuletzt erschien *Vilma heiratet ihre Enkelin. Skizzenbuch.* Wien: Sonderzahl 2010.

Gerhard Rühm, geb. 1930 in Wien, lebt in Köln und Wien, Studium der Fächer Klavier, Komposition in Wien, Schriftsteller, Komponist, bildender Künstler, Grenzüberschreiter; Mitbegründer der „Wiener Gruppe", 1972–1996 Professor an der Hochschule für bildende Künste in Hamburg; Herausgeber des Werks von Konrad Bayer, seit 2005 gibt Michael Fisch seine *Gesammelten Werke* heraus. Sein Werk ist vielfach ausgezeichnet worden, u. a. Großer Österreichischer Staatspreis für Literatur (1991).

Robert Schindel, geb. 1944 in Bad Hall als Sohn jüdischer Widerstandskämpfer, der Vater wurde in Dachau ermordet, die Mutter überlebte Auschwitz und Ravensbrück und fand in Wien ihren Sohn wieder, lebt in Wien, seit 1986 freier Schriftsteller, schreibt Lyrik, Essays und Prosa, von 2009–2012 Professor am Institut für Sprachkunst an der Universität für Angewandte Kunst. Zuletzt erschien sein Roman *Der Kalte.* Berlin: Suhrkamp 2013. www.schindel.at

Wendelin Schmidt-Dengler, 1942, Zagreb–2008, Wien, Studium der Klassischen Philologie und Germanistik in Wien, bis 2008 Universitätsprofessor an der Universität Wien, 1996–2008 Leiter des Literaturarchivs an der Österreichischen Nationalbibliothek, Auszeichnungen u. a. Österreichischer Staatspreis für Literaturkritik (1994), Wissenschaftler des Jahres (2007). Seine *Vorlesungen zur österreichischen Literatur 1945 bis 1990 und 1990 bis 2008* erschienen zuletzt in einem Band unter dem Titel *Bruchlinien I und II.* St. Pölten: Residenz 2012.

Kurzbiografien

Brigitte Spreitzer, geb. 1964, lebt als Literaturwissenschaftlerin, Psychotherapeutin in freier Praxis in Graz, seit 1982 wissenschaftliche Mitarbeiterin am Institut für Germanistik der Universität Graz, 1994–2001 Mitarbeit am Grazer „Spezialforschungsbereich Moderne. Wien und Zentraleuropa um 1900", seit 1999 Universitätsdozentin für Deutsche Literatur, 2003–2009 Ausbildung zur Psychotherapeutin, Herbstsemester 2010/11 Gastprofessur an der University of Minnesota/Minneapolis, derzeit Forschungsschwerpunkt Literatur und Psychoanalyse.

Nicole Streitler-Kastberger, geb. 1972 in Dornbirn, Studium der Germanistik und Romanistik in Wien, Literaturwissenschaftlerin, Literaturkritikerin und Autorin, Mitarbeit an der digitalen Gesamtedition der Werke Robert Musils, seit 2005 wissenschaftliche Mitarbeiterin bei der Wiener Ausgabe sämtlicher Werke Ödön von Horváths am Literaturarchiv der Österreichischen Nationalbibliothek, Lehrbeauftragte an der Universität Wien. Zuletzt erschien Ödön von Horváth: *Eine Unbekannte aus der Seine / Hin und her*, hg. v. Nicole Streitler-Kastberger und Martin Vejvar. Berlin: de Gruyter 2012.

Andreas Tiefenbacher, geb. 1961 in Bad Ischl, lebt als Literaturkritiker, Autor, Sozialpädagoge und Betriebsratsvorsitzender in Bad-Goisern, Traismauer und Wien; Begründer der Anti-Heimatparodie, Mitglied der Grazer Autorinnen Autorenversammlung (GAV), für seine Werke erhielt er u. a. Ernst-Koref-Preis (2005), Mira-Lobe-Stipendium (2008), zuletzt erschien *Christbaumcrash. Roman*, Klagenfurt/Wien: Kitab 2012.

Sylvia Treudl, geb. 1959 in Krems/Stein, Studium der Politikwissenschaft in Wien, Promotion 1984, langjährige Mitarbeit im Wiener Frauenverlag (Verlegerin, Herausgeberin, Lektorin), 2000 Mitbegründerin des Unabhängigen Literaturhauses NÖ; seither Leitung des Hauses gemeinsam mit Michael Stiller, Herausgeberin in der Edition ARAMO sowie Mitherausgeberin der Reihe Neue Lyrik aus Ö; Vorstandsmitglied der IG AutorInnen, schreibt Lyrik, Prosa, Essay.

Elisabeth Wäger, geb. in Vorarlberg, lebt seit Herbst 1979 als Autorin in Wien, schreibt Lyrik, Prosa, Hörspiele und Theaterstücke, 20 Jahre Tätigkeit als Dramaturgin bei den Wiener Festwochen. Verantwortlich u. a. für Idee und Konzeption der Programmreihe ZEIT/SCHNITTE (1990–1997) mit dem Schwerpunkt von Projekten österreichischer AutorInnen, 1994 wurde in diesem Rahmen der Monolog *Sakkorausch* von Elisabeth Reichart uraufgeführt. Zuletzt erschien *Kopftheater. Roman*. Klagenfurt: Drava 2010.

Kathrin Wexberg, geb. 1978, Studium der Germanistik und Publizistik in Wien, seit 2004 wissenschaftliche Mitarbeiterin der STUBE – Studien- und Beratungsstelle für Kinder- und Jugendliteratur in Wien, Rezensentin der Fachzeitschrift *1000 und 1 Buch*, Mitglied der Österreichischen Gesellschaft für Kinder- und Jugendliteraturforschung und der Deutschen Gesellschaft für Kinder- und Jugendliteraturforschung, Mitglied im Beirat für Kinder-und Jugendliteratur des BMUKK, zahlreiche Veröffentlichungen zur Kinder- und Jugendliteratur.

Erika Wimmer, geb. 1957 in Bozen, lebt seit 1976 in Innsbruck, seit ihrem Studium der Germanistik und Vergleichenden Literaturwissenschaft arbeitet sie als Literaturwissenschaftlerin und freie Autorin, seit 1983 ist sie Mitarbeiterin des Forschungsinstituts Brenner-Archiv der Universität Innsbruck. Zuletzt erschienen *Die dunklen Ränder der Jahre. Roman*. Bozen/Wien: Folio 2009 und *Krista Hauser. Kulturjournalistin und Dokumentarfilmerin. Ein Porträt*. Innsbruck: StudienVerlag 2011.
www.erikawimmer.at

Christa Wolf, 1929, Landsberg/Warthe – 2011, Berlin, lebte in Berlin und Woserin / Mecklenburg-Vorpommern; Studium der Germanistik in Jena und Leipzig, seit 1962 freie Schriftstellerin, für ihr umfangreiches Werk, das in viele Sprachen übersetzt wurde, erhielt sie zahlreiche Preise, u. a. Georg-Büchner-Preis (1980), Österreichischer Staatspreis für Europäische Literatur (1995), Thomas Mann Preis (2010), Uwe-Johnson-Preis (2010).

Christiane Zintzen, geb. 1966, Studium der Germanistik (Basel, Wien, Marburg, USA), lebt in Wien als Kulturwissenschaftlerin, Literaturkritikerin, Bildautorin, Kuratorin der Reihe „Literatur als Radiokunst" (ORF); seit 1988 radiophone Beiträge zur Literatur und Printpublizistik, seit 2007 Literatur-Blog www.inadaequat.org

Bildende Künstlerin

Irene Zaharoff, geb. 1954 in Graz, nach dem Studium der Romanistik, Amerikanistik und Dolmetsch in Österreich, Italien und den USA absolvierte Irene Zaharoff das Studium der Malerei und Bildhauerei in Wien. Sie ist freischaffend in Wien tätig, jüngste Aktivitäten: 2008 Fertigstellung eines Atelierbaus in Wien/Mauer, Studienreisen nach Usbekistan, Kirgisien, Bali, Indien, Sibirien Gruppen- und Einzelausstellungen u. a. in China, in Finnland, Belgien, Deutschland und Österreich. Ausgangspunkt ihrer Arbeiten ist die Polarität Innen/Außen und die Auseinandersetzung mit Farbe als autonome Sprache. Ausdrucksmittel sind Malerei, Fotografie, Wort- und Geräusch-Assemblagen, Videoarbeiten, Rauminstallationen.

Die Arbeiten in diesem Heft (S. 25, 35, 113, 127, 149, 157) sind aus der Serie „inmitten", Bleistift/Aquarellstift auf Papier. www.i-zaharoff.com